DANS LA MÊME COLLECTION

SIGNIFICATION ET VÉRITÉ

QUESTIONS SUR LE TRAITÉ *PERI HERMENIAS*
D'ARISTOTE

Translatio
Philosophies Médiévales

Directeurs : Jean-Baptiste BRENET et Christophe GRELLARD

JEAN DUNS SCOT

SIGNIFICATION ET VÉRITÉ

QUESTIONS SUR LE TRAITÉ *PERI HERMENIAS* D'ARISTOTE

Textes latins introduits, traduits et annotés

par

Gérard SONDAG

PARIS
LIBRAIRIE PHILOSOPHIQUE J. VRIN
6 place de la Sorbonne, V e
2009

JEAN DUNS SCOT
Quaestiones in primum librum Perihermeneias,
Quaestiones in duos libros Perihermeneias
(in librum primum et in librum secundum),
© The Franciscan Institute of St. Bonaventure University

© *Librairie Philosophique J. VRIN,* 2009
Imprimé en France
ISSN 1779-7373
ISBN 978-2-7116-2162-0

www.vrin.fr

INTRODUCTION

Du temps de Duns Scot (1265/6-1308), il était d'usage de diviser le traité aristotélicien *Peri hermeneias* en deux livres distincts, du chapitre 1 au chapitre 9 inclus, et du chapitre 10 à la fin, probablement parce que les premiers chapitres concernent la proposition catégorique (par exemple, "quelque homme est juste") et les derniers, la proposition modale (« "quelque homme est juste" est possible »). Cette division se trouve également dans le commentaire de saint Thomas sur le même traité, ce qui indique qu'elle était habituelle. D'autre part, les *Questions* de Duns Scot nous sont parvenues en deux ouvrages différents, *Quaestiones in primum librum Perihermeneias* et *Quaestiones in duos libros Perihermeneias (in librum primum et in librum secundum)*. Les deux ouvrages, autrefois appelés *opus primum* et *opus secundum*, se trouvent dans le tome I des *Opera omnia*, publiés par Lucas Wadding à Lyon en 1639, et sont reproduits par les Éditions Olms, à Hildesheim, en 1968. Une édition critique des *Questions sur le Peri hermeneias* a été publiée en 2004 dans les *Opera philosophica*, tome III, par les soins conjugués de l'Institut franciscain de l'Université Saint-Bonaventure, New York, et de l'Université catholique d'Amérique, à Washington. La présente traduction a été faite sur le texte de l'édition critique, et vérifiée sur celui de l'*editio princeps*, à savoir l'édition Wadding. Comme la collection *Translatio* ne permettait pas de publier une traduction complète des deux ouvrages, une sélection a été opérée dans l'*opus primum* et l'*opus secundum*, afin de retenir les questions qui, quoique particulières quant à leur objet, sont significatives des conceptions scotistes dans leur ensemble.

Si le lieu et le moment où elles furent rédigées demeure conjectural (Oxford ou Paris), la destination des *Questions* n'est pas douteuse, ni la période de sa carrière où Duns Scot les rédigea. Tout d'abord, il est très vraisemblable que le texte aura servi à un enseignement. Ce qui tend à le prouver, c'est que les *Questions* ont connu deux rédactions successives; ensuite, une même question est traitée à deux reprises dans l'*opus primum*; enfin, certaines questions de l'*opus primum* sont reprises dans l'*opus secundum*, sans changement quant au fond. Ces particularités s'expliquent difficilement dans l'hypothèse où l'ouvrage aurait été composé pour lui-même, à la façon d'un livre destiné à la publication. Elles se comprennent mieux si l'on y voit le texte écrit d'un enseignement oral, qui aura été professé au moins deux fois. D'où l'on peut conclure que l'auteur a «lu» le traité *Peri hermeneias*, c'est-à-dire a commenté ce traité pour un public d'étudiants (bien que le terme commenter ne soit pas adéquat). En outre, les *Questions* sur le *Peri hermeneias* sont conformes à un genre particulier, celui, précisément, de la *quaestio*, en usage alors dans les écoles. La forme codifiée d'une *quaestio* est toujours la même. Elle s'ouvre sur un ensemble d'arguments *pro* et *contra*, pour une réponse affirmative ou négative à la question débattue,

lesquels sont suivis de l'exposé de diverses « opinions » déve-
loppant les « arguments initiaux ». Ensuite, le lecteur « détermine » la question, c'est-à-dire la résout. Pour finir, il répond
aux arguments initiaux « à l'opposé », c'est-à-dire en sens
contraire. La forme de la *quaestio*, qu'elles épousent, indique
clairement que la destination des *Questions* est didactique.

L'ouvrage, avons-nous dit, n'est pas un commentaire à
proprement parler, c'est-à-dire l'explication continue d'un
texte, puisqu'il est composé de questions distinctes et sépa-
rées. De plus, ces questions sont manifestement choisies et
formulées par le lecteur lui-même. L'on peut même aller
jusqu'à dire que, dans plus d'un cas, le traité d'Aristote, dont
un fragment est quelquefois reproduit en exergue, sert uniquement de prétexte pour soulever et traiter un problème que le
Philosophe n'a pas posé lui-même. Ainsi, l'exergue de la
Question 5, première partie, reproduit les premiers mots du
chapitre 2 du *Peri hermeneias*, où, après avoir donné la définition d'un nom, Aristote affirme que nulle partie d'un nom ne
présente de signification quand elle est prise séparément. Or,
le problème que Duns Scot soulève dans cette Question est
tout autre, puisqu'il s'agit de savoir « si un terme commun se
dit univoquement de suppôts existants et de suppôts non-
existants », c'est-à-dire si, par exemple, le terme "homme" se
dit au même sens d'un homme en vie et de Jules César. Si donc,
comme on le voit sur cet exemple, le choix de la question ne
découle pas directement du texte servant de point de départ, il
faut qu'il dépende d'autre chose, et ce ne peut être rien d'autre,
sinon l'intérêt particulier que la question soulevée présentait
alors dans l'ambiance intellectuelle des écoles. Tel est notamment le cas de la Question 2, première partie, qui est de savoir
« si un nom signifie une chose ou l'espèce [de cette chose]

dans l'âme ». En effet, dans un ouvrage postérieur, à savoir l'*Ordinatio*, Duns Scot nous apprend que cette question faisait de son temps l'objet d'une ardente controverse (*magna altercatio*).

En second lieu, l'enseignement auquel les *Questions sur le Peri hermeneias* se rapportent était un enseignement de logique, puisque l'auteur y renvoie lui-même à plusieurs reprises à diverses questions similaires qu'il a débattues antérieurement, ayant pour point de départ soit les *Prédicaments* (ou *Catégories*), premier livre de l'*Organon* d'Aristote, soit l'*Isagogè* de Porphyre, introduction à la logique aristotélicienne.

En troisième et dernier lieu, il est probable que l'auteur a dispensé cet enseignement de logique dans sa jeunesse. Deux éléments l'attestent. Tout d'abord, un élément externe. Si le but final de la formation que Duns Scot a suivie était de parvenir à la maîtrise en théologie, l'étude et l'enseignement de la logique étaient de son temps une étape préliminaire obligatoire. Ensuite, un élément interne. Bien que la plupart des positions soutenues par Duns Scot dans les *Questions sur le Peri hermeneias* soient reprises sans changement dans son œuvre théologique, à l'occasion de tel ou tel problème de logique ou de métaphysique, il est manifeste que, sur deux points au moins, l'auteur n'est pas encore parvenu à la doctrine qui sera la sienne au temps de sa maturité. Tout d'abord, dans les *Questions* (première partie, q. 2, § 38 et 49), il admet encore que l'objet premier de l'intellect, c'est-à-dire son objet propre et adéquat, est le ce-que-c'est* des choses sensibles (*quod quid est rei*), c'est-à-dire la nature spécifique de celles-ci (par exemple la nature humaine, commune à Socrate et Platon), ce qui est alors la conception traditionnelle, héritée d'Aristote, alors que plus tard, sans doute pour des raisons théologiques, il enseignera que l'objet premier de l'intellect est plus vaste (en droit, il est universel). C'est l'être pris comme entièrement indéterminé, et en tant qu'indifférent envers le sensible et le pur intelligible. Duns Scot admet également dans les *Questions* qu'il n'existe aucun concept qui serait commun à tous les êtres (première partie, q. 5-8, § 86). Or, il prendra conscience par la suite qu'il faut nécessairement poser un concept de ce genre, puisqu'il est requis par la doctrine de l'objet premier de l'intellect, si celui-ci doit avoir une unité.

Toutefois, les *Questions sur le Peri hermeneias* ont préparé le terrain pour la conception à venir. En effet, Duns Scot y enseigne déjà qu'un concept qui est un et le même signifie toujours la même chose. Il pourra donc poser, dans l'œuvre de la maturité, que le concept de l'être, ou la *ratio entis*, a toujours le même sens, ou signifie toujours la même chose, la différence étant évidemment que ce concept ne signifiera pas une quiddité déterminée, comme le concept de l'homme ou celui de la pierre signifient la quiddité de l'homme, ou celle de la pierre. Il signifiera un intelligible formellement contenu dans tout ce qui a une quiddité – non seulement les substances mais aussi les accidents, puisqu'une qualité, telle la blancheur, a une quiddité par soi. Puisqu'il est formellement contenu dans toutes les quiddités, le concept de l'être pourra en être abstrait. « Abstraction ultime », il sera non seulement entièrement indéterminé, mais encore nécessairement uni-voque. L'on voit par là comment la thèse de l'univocation de l'être (*univocatio entis*), qui est une thèse métaphysique, a pu être préparée par la thèse de l'univocité des termes simples, qui est une thèse sémantique.

COMMENTAIRE DES QUESTIONS DE LA PREMIÈRE PARTIE,
SUR LE PREMIER LIVRE DU *PERI HERMENEIAS*

Question 1

Si la question de savoir quel est le sujet du traité *Peri hermeneias* a pu être mise en discussion dans la première des Questions, c'est probablement parce que la traduction du titre de ce livre, tel qu'il était disponible alors en traduction latine – *De interpretatione* –, n'était pas sans ambiguïté. En effet, bien que le terme grec ἑρμηνεία puisse signifier une interprétation au sens d'une explication, un éclaircissement, voire une traduction (de même que *interpretari* peut se dire d'un nom en tant qu'il en traduit un autre, comme on le voit au § 1 de la question 1, et, à titre de comparaison, dans le texte de la Vulgate, en *Jn* 1, 42), néanmoins, le sens premier du terme grec est l'expression orale d'une pensée (de là qu'aujourd'hui l'on traduit plus volontiers "De l'expression"). Et c'est ainsi que l'entend Boèce, quand, dans le second commentaire qu'il écrivit du *Peri hermeneias*, il énonce la définition suivante : *interpretatio est vox articulata per se ipsam significans*, c'est-à-dire « voix articulée signifiant par elle-même ». Cette définition est reproduite dans notre texte, et suivie d'une autre, un peu différente, « voix articulée proférée avec l'intention de signifier » (q. 1, § 1 ; l'une et l'autre définitions seront comparées plus bas). La voix dont il s'agit est la φωνή σημαντική, c'est-à-dire la voix en tant qu'elle sert à signifier et communiquer. Si elle est dite articulée, c'est parce qu'à la différence des sons vocaux émis par certains animaux, la voix significative, qui est la voix proprement humaine, peut être décomposée en unités discrètes et invariantes (que l'on nommerait de nos jours des phonèmes), unies entre elles pour former un tout.

Parce qu'elle est articulée, la voix significative est dite aussi scriptible, c'est-à-dire apte à être mise sous forme écrite. Et puisque telle est la définition de la voix, le grammairien parlera des *voces*, pluriel de *vox*, pour désigner les parties grammaticales du discours, par exemple le substantif, l'article, l'adjectif ou le verbe, tandis que *litterae* désignera les mêmes voix écrites, et non pas les lettres de l'alphabet.

Cependant, Duns Scot détermine le sujet du livre par une autre voie, plus indirecte, en partant du principe que le traité *Peri hermeneias* est une partie de l'*Organon*. Selon Aristote, en effet, l'intellect effectue plusieurs opérations spécifiquement différentes, que l'on peut présenter de façon ordonnée, comme suit : dans la première, l'intellect conçoit diverses notions simples, telles que "homme" ou "blanc"; dans la seconde, il compose ces notions entre elles pour former des propositions, par exemple "quelque homme est blanc"; dans la troisième, il construit des syllogismes à l'aide des propositions ainsi composées. A partir de là, Duns Scot établit à la Question 1 que le sujet du *Peri hermeneias* est la proposition. Puisqu'en effet les termes simples, ou catégorèmes, sont traités dans les *Catégories*, le syllogisme dans les *Analytiques*, il s'ensuit que le traité *Peri hermeneias* aura pour sujet l'opération intermédiaire de l'intellect, à savoir la formation des propositions, ou énoncés – "proposition" et "énoncé" étant pris comme des termes équivalents, de même que l'on parle d'un énoncé mathématique pour une proposition mathématique.

En second lieu, Duns Scot estime que la proposition n'est pas considérée dans le *Peri hermeneias* en tant qu'elle est dans la voix, c'est-à-dire en tant qu'elle est exprimée, mais en tant qu'elle est dans l'esprit, c'est-à-dire en tant qu'elle est intelligée ou conçue. Tel passage du chapitre 1 du *Peri hermeneias* (16a 9-13) paraît autoriser cette interprétation, où Aristote déclare que la vérité et la fausseté ne sont pas dans les voix en tant que telles mais dans l'esprit de celui qui s'exprime, de sorte qu'une proposition est dite vraie si la conception de l'esprit qui compose ou divise, c'est-à-dire affirme ou nie, est vraie en premier. D'où il ressort que la proposition exprimée dépend de la conception de l'esprit quant à la vérité et la fausseté, c'est-à-dire au plan logique, sachant que l'objet de la logique est le vrai et le faux.

Bien que Duns Scot considère que le *Peri hermeneias* relève de la logique, l'on peut montrer cependant que certaines au moins de ses Questions relèvent plutôt de ce qu'on appellerait aujourd'hui la sémantique. Tout d'abord, les notions simples, exprimées par des termes simples, telles que "homme" ou "blanc", ne sont pas susceptibles d'être vraies ou fausses, selon Aristote, et selon Duns Scot aussi bien, qui le suit sur ce point. En effet, pour qu'il y ait vérité ou fausseté, il faut ajouter autre chose, en disant, par exemple, « quelque homme est », ou « quelque homme est blanc ». Par conséquent, lorsqu'il s'enquiert des notions simples, exprimées par des termes simples, Duns Scot ne les étudiera pas du point de vue de leur vérité ou de leur fausseté. Il les étudiera donc du point de vue du sens des termes qui les expriment.

Qu'est-ce que le sens d'un terme simple ? C'est ce qui est immédiatement compris à l'audition de ce terme, de sorte que – comme il est expliqué à la question 4, § 8 –, ou bien l'intellect de l'auditeur comprend le sens du terme qu'il entend, ou bien non ; ou bien il le comprend entièrement, ou bien pas du tout. Cette alternative – tout ou rien – est caractéristique de l'appréhension des termes simples (par opposition aux propositions, dont la compréhension n'est pas immédiate, mais successive puis globale), étant entendu que, s'il est compris distinctement, le sens d'un terme simple demeure en soi indistinct.

Seule, en effet, est claire et distincte la définition de la chose signifiée par ce terme. Ainsi, quand il perçoit le mot "homme", tout francophone saisit de quoi il s'agit par un acte distinct de l'esprit, et cependant le sens de ce mot demeure indistinct pour lui, du moins s'il ignore la définition de ce qui est signifié par ce mot, à savoir "animal rationnel". Par suite, comprendre le sens d'un terme, c'est comprendre distinctement quelque chose qui, en soi, est indistinct avant définition. Il en ira de même, à plus forte raison, d'un terme simplement simple, notamment le terme "être", avec cette différence cependant, que le sens de ce terme, en soi indistinct, ne pourra être rendu distinct au moyen d'une définition. En effet, la définition s'obtient par analyse du défini en ses parties essentielles. Par exemple, "homme" est analysable en "animal" et "rationnel". En revanche, le terme "être" n'est pas analysable en concepts élémentaires, qui seraient plus simples que lui. Tout au plus peut-on remplacer ce terme par quelque périphrase, par exemple « tout ce qui a une quiddité » (*omne habens quid*), « ce à quoi il n'est pas contraire d'être en effet » (*cui non repugnat esse in effectu*), et autres semblables périphrases, selon l'enseignement ultérieur de Duns Scot. C'est que, comme tout concept transcendant *, c'est-à-dire antérieur aux dix catégories, l'être n'est pas définissable.

Voyons maintenant ce qu'il en est des propositions. Quand il étudie les propositions, Duns Scot distingue clairement, d'un côté, la signification, et, de l'autre, la valeur de vérité. En effet, dans la seconde partie, sur le premier livre, il déclare que « les mots et les énoncés signifient la même chose, que la chose [signifiée] existe ou qu'elle n'existe pas » (q. 7-9, § 16). Il a également prouvé ceci, dans la première partie, que, « une mutation s'étant produite dans une chose en tant qu'elle existe, il ne se produit pas de mutation dans la signification de la voix

[qui signifie cette chose]» (q. 3, § 10). Or, ce qui vaut d'un
terme simple doit valoir d'une proposition, qui est composée
de termes simples. De fait, la proposition "Socrate court" a
nécessairement la même signification quand Socrate court et
quand il ne court pas, faute de quoi l'on ne pourrait pas dire que
"Socrate court" est faux quand Socrate ne court pas. Donc, la
même chose est signifiée dans l'un et l'autre cas. Et cela
prouve que la signification d'une proposition non seulement
est autre chose que sa vérité ou fausseté, mais encore qu'elle
est antérieure par nature, c'est-à-dire logiquement, à la vérité
ou la fausseté de cette proposition. La vérité ou la fausseté
d'une proposition de ce genre dépend de la *res extra*, c'est-
à-dire, en l'occurrence, du fait que Socrate court ou ne court
pas, mais la signification de la proposition n'en dépend pas,
puisqu'elle reste la même dans l'un et l'autre cas. La signification dépend par conséquent de la *res ut concepta*, c'est-
à-dire la chose en tant qu'elle est conçue, en l'occurrence que
Socrate court.

D'autre part, dans la deuxième partie, sur le second livre, à
la question 9, où il examine la proposition "un homme qui est
blanc court", Duns Scot montre que la relative peut être prise
en deux sens différents, selon que l'on considère qu'elle signifierait ou non la même chose si le sujet était "un homme
blanc". Or, savoir quel est ici le choix pertinent est une
question purement sémantique, à savoir l'interprétation du
pronom relatif. Que la sémantique soit autre chose que la
logique, ce qui le prouve encore, c'est que l'instrument
principal du logicien, à savoir le syllogisme, ne permet pas de
décider quel est le sens de certaines propositions. En effet, si
l'on dit, par exemple, « tout futur sera ; or, ceci est futur ; donc
ceci sera » (deuxième partie, sur le premier livre, q. 7-9, § 35),
le syllogisme est régulier à condition de poser que, dans la

mineure, "futur" se dit d'un futur, c'est-à-dire de tout ce qui est intrinsèquement un futur (par exemple demain, ou bien l'an 2108). En revanche, si l'on comprend que, dans la mineure, "futur" est un adjectif qualificatif qui se dit d'un événément singulier indéterminé dans sa cause, alors la conclusion ne suit pas, parce qu'un événement futur n'est pas un futur, mais quelque chose qui peut advenir ou non dans le futur.

Il ressort des observations qui précèdent que les *Questions sur le Peri hermeneias* relèvent au moins pour partie d'une science distincte de la logique, et qui ne porte pas encore de nom au moment où Duns Scot écrit, à savoir la sémantique, science de la signification des termes et des propositions. Toutefois, un point essentiel demeure constant. De même que la vérité d'une proposition dépend de la vérité ou de la fausseté de la conception de l'esprit, c'est-à-dire de ce que l'esprit est ou non dans le vrai quand il affirme ou nie quelque chose de quelque chose, de même la signification d'une proposition, antérieure par nature à sa vérité ou fausseté, dépend de la conception de l'esprit, ou plutôt de ce qui est conçu par l'esprit (la raison de cette précision sera expliquée plus bas). Aussi est-il nécessaire d'expliquer brièvement quelles sont les relations entre une proposition en tant qu'elle est exprimée (ou perçue) et la même proposition en tant qu'elle est dans l'esprit.

La signification d'un énoncé verbal, et d'abord celle d'un terme simple, n'est pas dans cet énoncé *ut in subiecto*, c'est-à-dire de la façon dont un accident est dans une substance, ou inhérent à une substance. Ce qui est manifeste, car, s'il en était ainsi, il suffirait à quiconque de percevoir un signe, quel qu'il soit, pour savoir ce qu'il signifie. Et si l'on dit qu'il suffit d'avoir appris la signification d'un mot pour percevoir ce qu'il signifie, il reste que la signification de ce mot n'est pas proprement perçue, comme est perçue la blancheur d'un homme blanc. La signification d'un énoncé n'est donc pas dans cet énoncé *ut in subiecto*. Elle est dans cet énoncé *ut in causa*. L'énoncé verbal est la cause par laquelle quelque chose est signifié à l'esprit de l'auditeur, mais c'est dans l'esprit de ce dernier que résident, comme dans leur sujet, les concepts et relations logiques dont l'énoncé verbal est le signe. Ainsi, "signifier" est l'acte d'un signe, ayant pour effet de « donner à intelliger quelque chose », « susciter l'intellection de quelque chose », ou encore « représenter quelque chose à l'intellect » (*dare aliquid intelligere, intellectum alicuius constituere, aliquid intellectui repraesentare*).

Qu'un terme simple ou un énoncé complet soient à même de représenter quelque chose à l'esprit, cela s'explique par le fait que des voix ont été « imposées » à cette fin, c'est-à-dire instituées à cette fin (abstraction faite des circonstances de leur imposition, qu'il n'est pas nécessaire de connaître afin de savoir que les voix sont conventionnelles). Ainsi, une voix a été instituée, ou une voix est instituée (au sens de l'accompli) comme un signe pour le concept de l'homme, ou la nature humaine. C'est pourquoi celui qui entend cette voix, et connaît la langue dans laquelle elle est imposée, pense à la chose dont cette voix est le signe. Enfin, "représenter quelque chose à l'esprit" veut dire "rendre quelque chose présent à l'esprit", sans qu'il soit nécessaire que ce qui représente soit à l'image de ce qui est représenté. A tout le moins, s'il existe une similitude entre le signe qui la représente et la chose représentée, ce n'est pas une *similitudo in esse*, mais une *similitudo in repraesentando*. Ce qui représente et ce qui est représenté n'ont pas un être similaire, ou ne sont pas de même nature (puisque le signe est sensible et le signifié, intelligible), et cependant le premier représente le second, c'est-à-dire est à même de rendre présent à l'esprit le second. L'on peut dire aussi – pour reprendre un exemple donné par Duns Scot dans une Question qui n'est pas traduite ici – que le terme "homme" est un « signe vrai » pour l'homme ou la nature humaine, de la façon dont un cercle à l'enseigne d'une taverne est un signe vrai du vin, et un « signe faux » du lait ou autre chose. Comme c'est un signe vrai, quoique conventionnel, du vin, le cercle fait penser qui le voit au vin, et non au lait ou autre chose.

Terme simple ou proposition complète, tout signe renvoie à une conception de l'esprit, puisque la signification ne saurait résider dans un signe comme dans son sujet, ainsi qu'on vient de le voir. Cependant, avons-nous dit, le signe renvoie à ce qui est conçu, plutôt qu'à l'acte de le concevoir. Ce qui est manifeste déjà dans le cas d'un signe écrit, puisque la conception de l'esprit qui a présidé à l'écriture n'est plus actuelle. Cela est vrai aussi d'un signe oral, car, bien qu'ici l'expression et l'intention de signifier soient concomitantes, il reste néanmoins que ce qui est proprement signifié, ce n'est pas cette intention elle-même, faute de quoi, aussitôt que celui qui s'exprime cesse de penser à ce qu'il dit, l'énoncé cesserait d'être significatif (il est manifeste aussi que l'on peut dire une chose et en penser une autre en même temps). Donc, la signification d'un énoncé ne dépend pas de l'intention de signifier comme un effet actuel dépend de sa cause actuelle. Elle dépend par conséquent de ce à quoi le signe est ordonné, c'est-à-dire les choses signifiées, bien que les choses signifiées par l'énoncé soient d'abord conçues de celui qui s'exprime. Et c'est vers les choses signifiées que dirige son attention celui qui perçoit un énoncé, non point vers les signes eux-mêmes (cela en raison d'une « loi douée naturellement d'une grande force », comme l'enseigne Augustin au chapitre VIII du dialogue *Du maître*), ni vers l'acte par lequel celui qui s'exprime conçoit ce qu'il exprime. Cet acte est, d'ailleurs, inaccessible en tant que tel à l'auditeur.

Aussi Boèce est-il fondé à dire qu'une voix est « signifiante par elle-même », et Duns Scot à dire qu'une voix est prononcée « avec l'intention de signifier », car le verbe signifier n'a pas le même sens dans l'un et l'autre cas. Ici, "signifier" veut dire "communiquer", et "intention de signifier" veut dire "intention de communiquer". Là, "signifiant par elle-même" veut dire "apte par soi à représenter quelque chose à l'esprit". C'est pourquoi signifier est l'acte propre du signe, et s'il peut se dire de celui qui communique quelque chose à un autre, c'est seulement de façon impropre. Les *Questions sur le Peri hermeneias* ont pour objet la signification des signes, non point la communication des pensées. Tel était, au demeurant, le propos d'Aristote lui-même dans son traité.

Autre chose : quand on considère l'économie des *Questions* de Duns Scot sur le traité d'Aristote, l'on est frappé de l'importance de la part dévolue à un problème particulier, qui n'est même pas formulé chez le Philosophe, savoir si un terme ou un énoncé conservent la même signification, que la chose signifiée existe ou non en acte dans la réalité. A cette question, Duns Scot répond positivement. Par cette réponse, il n'entend pas qu'il est indifférent et sans intérêt de savoir si la chose signifiée, ou l'état de choses signifié, existe ou non dans la réalité (il note d'ailleurs que l'esprit se porte plus spontanément aux choses qui existent qu'à celles qui n'existent pas, ou n'existent plus, comme le montre l'expérience – *cf.* première partie, q. 5-8, § 67). Il entend que l'existence de la *res extra* n'est pas la cause pour laquelle l'énoncé a une signification. D'où il suit qu'une voix significative est « signifiante par elle-même », et de même une proposition. Par cette conception, Duns Scot a séparé la question du sens de celle de la vérité. D'après ce qui précède, il a aussi, sinon séparé, du moins distingué le sens d'un énoncé de l'intention de communiquer. Ce qui constitue un signe ou une composition de signes comme tels, c'est uniquement l'identité des choses signifiées en tant qu'elles sont signifiées. Or, leur identité est indépendante à la fois des choses signifiées en tant qu'elles existent en acte ou non, et des choses signifiées en tant qu'elles sont conçues en acte ou non. Par là, les fondements sont jetés d'une sémantique scotiste des termes et des propositions élémentaires, qui, après les *Questions sur le Peri hermeneias*, sera développée et utilisée dans les œuvres de la maturité. En effet, puisque le sens des termes et des propositions est distinct de leur valeur de vérité, la sémantique est distincte de la logique. La sémantique est également distincte de la psychologie, puisque le sens des termes et des propositions ne dépend pas des actes psychologiques par lesquels termes et propositions sont conçus. Il dépend des choses signifiées, auxquelles les signes, simples ou composés pour former des propositions, sont essentiellement ordonnés.

Questions 3 et 4

Les Questions 3 et 4 développent et argumentent la thèse de la double indépendance du sens des termes et des propositions, qui vient d'être exposée sommairement. La Question 3 prouve qu'une mutation substantielle s'étant produite concernant la chose signifiée par une voix, une mutation ne se produit pas dans la signification de cette voix. Par une mutation substantielle, il faut entendre ici le passage de l'existence à la non-existence. Si la signification d'une voix signifiant une chose qui subit une mutation substantielle ne varie pas, c'est parce qu'une chose n'est pas signifiée en tant qu'elle existe, mais en tant qu'elle est intelligée, ou bien en tant qu'une espèce intellectuelle de cette chose est présente dans l'intellect (q. 3, § 10). Ici, Duns Scot déclare s'appuyer sur Aristote, qui, au livre premier des *Seconds Analytiques*, enseigne que, des choses qui se produisent de façon répétée, nous avons la même science quand elles se produisent et quand elles ne se produisent pas. Ce qui est incontestable, puisque nous savons, par exemple, ce qu'est une éclipse de lune, alors même que nulle éclipse n'a lieu. Tel est aussi l'enseignement de Robert Grossetête dans son commentaire du premier livre des *Seconds Analytiques* : « Toute démonstration, dit-il, est soit d'une chose qui est toujours, soit d'une chose qui est de façon répétée ». La constance du sens des énoncés est donc déduite par Duns Scot de la constance des vérités scientifiques. Peut-être cette déduction est-elle toutefois insuffisante pour fonder la thèse que Duns Scot ambitionne, puisque sa thèse n'est pas limitée aux énoncés scientifiques, étant de portée plus générale. Aussi peut-on estimer que Duns Scot s'inspire ici d'Avicenne, lequel, au livre I, chapitre 5, de la *Métaphysique* du *Shifa*, soutient qu'un énoncé peut porter sur une chose qui n'existe pas *in re*, pourvu que cette chose soit représentée dans l'âme. En revanche, si la chose en question n'avait d'existence ni *in re* ni *in intellectu*, elle ne pourrait faire l'objet d'aucun énoncé. « En effet, dit Avicenne, il est possible que la chose soit établie dans l'esprit et n'existe pas dans les choses extérieures. Mais si on entend autre chose que cela, cela serait faux ; il n'y aurait, à son sujet, d'aucune façon, un énoncé et la chose ne pourrait pas être connue ». Et c'est ainsi que Duns Scot lui-même l'entend.

Toutefois, la position de Duns Scot au sujet des mutations substantielles nécessite un supplément d'explication. Ce qui subit une mutation substantielle, c'est une chose singulière, par exemple une maison mise en démolition. Si le concept d'une maison n'est pas détruit en même temps que cette maison est démolie, c'est parce que ce concept n'a pas pour objet une maison singulière, sachant que les singuliers n'engendrent pas d'espèce dans l'intellect en tant qu'ils sont des singuliers, mais en tant qu'ils ont une nature (q. 2, § 48). L'objet du concept est la nature ou l'essence de la maison, qui est commune aux maisons singulières. Qu'adviendrait-il de ce concept, peut-on demander, si, faisant une hypothèse hyperbolique, l'on suppose que tous les suppôts de la maison, c'est-à-dire toutes les maisons singulières, venaient à être détruits ? Ici, Duns Scot aurait pu se rallier à la position d'Aristote, selon qui, si toutes les substances premières, c'est-à-dire les singuliers, étaient détruites, les substances secondes, à savoir les natures existant dans les singuliers, seraient détruites du même coup (q. 5-8, § 20). Pourtant, il ne le fait pas, car il maintient que, tous les suppôts d'une nature ou espèce étant détruits, le concept de cette nature subsisterait, et cette nature pourrait encore être définie. Cette position, qui paraît raisonnable, est un indice montrant que, chez Duns Scot, la distinction entre le concept d'une nature et cette nature elle-même est plus accentuée qu'elle ne l'est chez Aristote. Pour Aristote, en effet, un universel (par exemple la maison) est *in re et de re*; il est dans les singuliers et se dit des singuliers, de sorte que non seulement un universel ne pourrait se dire de ses singuliers s'il n'était pas dans ces singuliers, mais encore il n'existerait plus si les singuliers où il est n'existaient plus. Pour Duns Scot, une nature est *in re*; elle est aussi dans l'esprit, ou du moins dans cette partie de l'esprit qu'est l'imagination, où elle est repré-sentée « sous la raison du singulier », c'est-à-dire par l'image de telle ou telle maison particulière, au gré de l'imagination de tout un chacun (comment, à partir des images et de l'intellect, grâce à sa générativité propre, sont produits les concepts universels, ce point sera expliqué dans l'œuvre ultérieure, notamment à la distinction 3, partie 3, de l'*Ordinatio* I – *De l'Image* –, questions 2 et 3). Le concept, lui, ou universel proprement dit, est uniquement dans l'intellect. Voilà pourquoi, si tous les suppôts de la maison venaient à être détruits, l'on pourrait encore savoir ce qu'est une maison et en donner une définition, puisque l'intellect conserve en lui-même les espèces, ou concepts, qu'il a acquises des choses. D'une façon plus générale, chez Duns Scot, et déjà chez Avicenne, le domaine des universels, sorte de milieu intérieur à l'esprit, est plus nettement distingué du milieu extérieur qu'il ne l'est encore chez Aristote, quoique ce milieu intérieur ne soit pas un milieu subjectif, car, s'il est vrai que les concepts sont dans l'âme, et nulle part ailleurs, leur contenu est objectif, et le même pour tous. Quant aux raisons de cet important changement, il est impossible de les retracer ici, parce que l'évolution s'étend sur des siècles, et ne concerne pas uniquement la philosophie.

Selon Aristote, les lettres et les voix sont des signes conventionnels, non naturels. En effet, ni les unes ni les autres ne sont les mêmes chez tous, c'est-à-dire chez tous les peuples ; or, ce qui est par nature est le même chez tous ; donc, etc. En revanche, les « passions de l'âme » sont les mêmes chez tous. En effet, ce sont des « similitudes* » des choses ; or, les choses sont les mêmes pour tous ; donc, etc. La question 4 demande si la distinction que fait ici Aristote est pertinente. Duns Scot n'en doute pas, mais il doit faire face à l'objection selon laquelle, si les choses sont les mêmes pour tous, tous les hommes seront également savants, ce qui n'est manifestement pas le cas. Quoique l'objection semble naïve, la réponse que Duns Scot lui fait est intéressante pour le présent propos. De ce que, dit-il, les choses sont les mêmes pour tous, il ne suit pas que tous connaissent les mêmes choses, mais que les mêmes choses sont connues de tous ceux qui les connaissent. Cette réponse suppose que le concept d'une chose demeure identique, qu'il soit présent chez certains, et absent chez d'autres. D'où il suit que, même chez celui qui l'a acquis et, dès lors, le possède, le concept d'une chose peut être considéré doublement, soit en tant qu'il représente une chose, soit en tant qu'il est présent dans l'esprit de celui qui le possède. Pris au second sens, c'est un « accident de l'âme » ou une « qualité de l'intellect », ou encore, dirions-nous aujourd'hui, une réalité d'ordre psychologique. Pris au premier sens, c'est un représentant d'objet, ou une *intentio*, ou encore une réalité d'ordre noétique.

Cette distinction est déjà présente d'une certaine manière chez Aristote, puisque, au chapitre 1 du *Peri hermeneias*, aussitôt après le passage sur les voix et les passions de l'âme, le Philosophe renvoie, pour l'étude de ces dernières, à un autre de ses traités, le *Peri psychès*. C'est que, dit-il, « ce sujet intéresse une discipline différente » (16a 9), à savoir la psychologie, où il est montré comment les formes intelligibles présentes dans les choses sensibles sont imprimées dans l'âme. Comme l'âme subit cette impression, les formes intelligibles des choses peuvent être dites des « passions » de l'âme. D'où il ressort qu'Aristote considère, d'une part, les passions de l'âme qui sont en relation avec les voix, et, de l'autre, les passions de l'âme qui sont, ou bien contiennent les formes intelligibles des choses. Il s'agit de la même entité dans l'un et l'autre cas, mais le sujet du *Peri hermeneias* et celui du *Peri psychès* ne sont pas encore interconnectés. Quand ils le seront, c'est alors seulement que se posera la question de savoir « si un nom signifie une chose ou l'espèce [de cette chose] dans l'âme». Ce problème fait l'objet de la Question 2.

Question 2

Afin que le problème puisse se poser, une condition est requise, qui n'est pas chez Aristote. C'est de considérer les passions de l'âme non pas seulement comme des similitudes ou des images des choses, mais comme des signes des choses présents dans l'âme. Non point des signes conventionnels, comme les lettres et les voix; donc, des signes naturels. Le changement paraît minime, puisque l'essentiel demeure inchangé : les signes naturels signifient les mêmes choses pour tous, puisque les passions aristotéliciennes sont pour tous des similitudes des mêmes choses. Cependant, ce changement d'apparence minime ouvre la voie à un problème important, que l'on peut appeler « problème de la chaîne sémantique ».

Une chaîne sémantique est formée de quatre éléments, à savoir les signes écrits, les signes oraux, les concepts ou signes naturels, enfin les choses. L'ordre des éléments n'est pas le même selon qu'il est parcouru en descendant ou en remontant. L'ordre descendant est celui de la genèse, ou cause, des signes existants. Les choses extérieures engendrent naturellement dans l'âme des concepts, ou signes naturels; des signes oraux sont imposés, c'est-à-dire établis par convention, afin de signifier ces concepts; à leur tour, des signes écrits sont imposés pour signifier les signes oraux. L'ordre de la genèse ne nécessite pas l'homogénéité des éléments, serait-ce seulement parce que les choses qui engendrent ou causent des concepts dans l'intellect ne se trouvent pas dans l'intellect lui-même, mais à l'extérieur. Cet ordre ne nécessite pas non plus la co-présence de tous les éléments, puisque les signes oraux sont imposés après que les concepts ont été acquis. L'ordre ascendant est l'ordre sémantique. La chaîne sémantique doit être homogène, fermée aux deux extrémités, et tous les éléments doivent être présents simultanément. Elle doit être homogène. En effet, c'est seulement à cette condition que tout élément de la chaîne, à l'exception du premier, pourra être le signifié du précédent et le signe du suivant, à l'exception du dernier. Elle doit être fermée aux deux extrémités, à savoir, d'un côté, le premier signe et, de l'autre, le signifié ultime. Il est évident, en effet, que si la chaîne n'avait pas un premier élément, il n'y aurait pas de chaîne, et que, si elle n'avait pas un dernier élément, la chaîne pourrait se prolonger, de signe en signe, indéfiniment, de sorte que rien ne serait signifié finalement. Cet élément dernier, appelé « signifié ultime » (d'une expression reprise d'Augustin, semble-t-il), ce sont les choses, non point en tant qu'elle existent *in re*, mais en tant qu'elles sont connues de l'intellect, ou sont dans l'intellect comme le connu dans le connaissant (la seconde condition rejoint donc la première, à savoir l'homogénéité des éléments). Enfin, tous les éléments de la chaîne doivent être simultanément présents. En effet, afin que quelqu'un puisse comprendre un discours ou un texte, il est nécessaire que soient présents en même temps les signes oraux ou écrits, qui sont lus ou entendus, les concepts correspondants qui sont dans l'âme, enfin les choses, ce qui est toujours possible du fait que les choses, ou signifiés ultimes, sont présentes dans l'intellect en tant qu'elles sont conçues ou connues (la troisième condition rejoint donc la seconde).

La chaîne sémantique étant décrite, l'on peut revenir sur un point délicat, à savoir l'assimilation d'un concept à un signe naturel. Bien qu'elle puisse se réclamer de l'enseignement d'Avicenne, l'idée qu'un concept est un signe naturel dans l'âme rencontre une objection. C'est qu'un signe conventionnel et un concept ne sont pas de même nature ; ou encore, le terme "signe" n'est pas univoque quand il se dit du premier et du second. Une réponse possible est celle-ci : un signe écrit, par exemple "homme", signifie un signe oral, soit *om*, et il signifie aussi une essence. La raison en est que le signe écrit "homme" ne signifie pas le signe vocal *om* en tant que celui-ci est un son vocal, mais en tant que c'est un signe. De même, par conséquent, un signe oral ne signifiera pas un concept en tant que c'est un « accident dans l'âme », mais en tant que c'est le signe ou le représentant d'une chose, à savoir l'homme. Moyennant cette distinction, un concept peut être considéré comme le signe d'une chose dans l'âme. Par conséquent, tous les éléments de la chaîne seront homogènes. D'où la conclusion : « Comme tout signe d'un signe en tant que signe est signe du signifié [de ce signe], il s'ensuit qu'une voix, qui signifie une similitude en tant que celle-ci est le signe d'une chose, signifie aussi cette chose, de façon médiate cependant, c'est-à-dire parce qu'une voix signifie immédiatement ce qui est le signe d'une chose en tant que c'est un signe » (q. 2, § 20). Comme on le voit, cette réponse s'appuie sur la règle *signum signi [est] signum signati*, laquelle est elle-même probablement dérivée d'une proposition plus générale, qui provient du *Liber de causis* : *causa causae est causa causati*. De même que la cause d'une cause est cause de l'effet de cette cause, de même le signe d'un signe est signe du signifié de ce signe.

En dépit de son élégance, la description qui précède se heurte cependant à certaines difficultés, qui n'ont pas échappé à Duns Scot. Ces difficultés proviennent d'observations tirées de l'expérience. Tout d'abord, il est manifeste qu'un concept, qu'il soit ou non un signe naturel, n'est pas signifié par un signe oral, pour autant que signifier veut dire "rendre quelque chose présent à l'esprit". La présence d'un concept dans la chaîne sémantique n'est pas douteuse, car il est impossible de concevoir comment les signes pourraient être reliés aux choses directement, mais l'expérience montre que ce concept est connu par réflexion uniquement. C'est seulement par un acte réflexif et second que je conçois le concept que j'ai de l'homme et que, prenant ce concept pour objet, je puis savoir que ce concept, au plan logique, est un concept d'espèce, et non point un concept de genre (comme le concept de l'animal, par exemple). Or, si le concept de l'homme, en tant que concept, n'est pas conçu immédiatement quand le signe *om* est prononcé et entendu, l'on ne peut pas affirmer qu'il est signifié par le signe vocal *om* immédiatement. Mais l'observation décisive est formulée au paragraphe 9 : « Celui qui parle suscite une intellection. D'où l'on tire que "signifier, c'est susciter une intellection". Ce qui donc est signifié, c'est ce dont l'intellection est suscitée par une voix ; or, quand une voix a été prononcée, l'intellection suscitée n'est pas celle d'une espèce [ou concept], mais celle d'une chose, ainsi qu'il apparaît chez toute personne entendant une voix significative ». Peut-être peut-on ajouter, en s'appuyant sur le paragraphe 33, que le signe écrit "homme" ne signifie pas le signe vocal *om*, pour autant que signifier veut dire "rendre quelque chose présent à l'esprit". En effet, bien que le signe écrit soit le signe du signe oral, l'expérience de la lecture montre que ce qui est rendu présent à l'esprit par le signe écrit "homme", ce n'est pas le signe oral *om*, mais bien l'homme. La possibilité de lire un texte sans prononcer les mots est une donnée de l'expérience, de même que la possibilité de lire le même texte à voix haute. Puisque la même chose est comprise dans l'un et l'autre cas, la lecture à haute voix n'est pas présupposée par la lecture silencieuse comme une condition nécessaire, et il semble bien que l'une et l'autre lectures soient des *habitus* différents. Que l'on se rappelle seulement la surprise d'Augustin, anciennement professeur de rhétorique, quand, à Milan, il voit Ambroise lire en silence les Écritures.

Il ressort de ces observations que le terme "signe" demeure malgré tout équivoque, en dépit des efforts pour le réduire à l'univocité. Pris en un premier sens, un signe est une note pour autre chose. En ce sens, le mot écrit "homme" est un signe du mot oral *om*. Pris en un second sens, un signe est ce qui rend quelque chose présent à l'esprit. En ce sens, "homme" et *om* sont tous deux des signes de l'homme. Le premier sens concerne la chaîne sémantique prise en descendant, c'est-à-dire selon l'ordre de la causalité et de l'imposition. Le second sens concerne la chaîne sémantique prise en remontant, c'est-à-dire selon l'ordre de la signification. Or, ces deux ordres sont différents. En effet, la cause et l'effet sont des corrélatifs, tandis que le signe et le signifié sont des relatifs non-corrélatifs. Ce sont des relatifs aristotéliciens du troisième type : un signe implique un signifié, mais un signifié n'implique pas un signe. En effet, si le signifié est dit relatif au signe, c'est seulement parce que le signe est relatif à lui (q. 3, § 13 et 17). Ainsi, une chose qui est conçue de l'intellect n'est pas nécessairement signifiée (q. 2, § 43), et si elle est dite signifiée, c'est seulement en tant qu'un signe s'y rapporte. Comme l'ordre de la causalité et l'ordre de la signification sont différents, quoique les éléments soient les mêmes, la règle *signum signi signum signati* ne peut pas être dérivée de la règle *causa causae causa causati*.

La difficulté suscitée par le fait qu'un concept n'est pas immédiatement signifié par une voix, pour autant que signifier veut dire rendre quelque chose présent à l'esprit, conduit Duns Scot, après qu'il a longuement pesé le pour et le contre, à poser en définitive que ce qui est signifié par un signe n'est pas un concept mais une chose. Le terme "homme" ne signifie pas le concept de l'homme, il signifie l'homme, bien que le signe "homme" soit imposé comme un signe pour le concept de l'homme. Quand, à la fin de la Question 2, il arrête sa position définitive (elle ne changera plus par la suite, puisqu'il la réitère dans l'*Ordinatio*), Duns Scot a bien conscience qu'il s'écarte des autorités. En effet, tant Ammonius (*Periherm.* c. 1) que Boèce (*De interp.*, ed. prima, 1, c. 1), Albert le Grand (*Periherm.* 1, tr. 2) ou Thomas d'Aquin (*Periherm.* 1, lect. 2) enseignent que ce qui est immédiatement signifié par une voix, c'est une espèce ou concept. De plus, Boèce affirme que telle est l'opinion d'Aristote (q. 2, § 5). Si Duns Scot adopte une position différente, c'est que, dit-il, elle lui semble plus conforme à la raison, « comme il est manifeste » (q. 2, § 51).

En résumé, il semble qu'au terme de la Question 2, la théorie de la chaîne significative soit abandonnée, et la raison la plus probable, c'est que le terme "signe" est équivoque quand il est dit d'un mot et d'un concept. Cependant, Duns Scot n'abandonne pas pour autant plusieurs vérités, sur lesquelles cette théorie peut trouver à s'appuyer. Tout d'abord, les choses signifiées par les termes et les propositions sont les choses en tant qu'elles sont dans l'esprit comme le connu est dans le connaissant, et non point les choses en tant qu'elles existent, ce qui n'exclut évidemment pas que les choses signifiées puissent exister dans la réalité. En second lieu, il est certain que des concepts sont requis afin que quelque chose soit signifié à l'esprit, mais la présence de ces concepts dans l'esprit est connue par réflexion seulement (q. 2, § 35 et 42). Enfin, si Duns Scot juge que les concepts peuvent être considérés comme des signes dans l'âme, c'est pour une raison qui n'apparaît pas encore dans les *Questions sur le Peri hermeneias*, et se fera jour seulement dans l'œuvre ultérieure.

C'est que des concepts sont nécessaires afin que l'esprit puisse concevoir les choses qu'il connaît en l'absence de celles-ci. Les concepts sont donc des représentants d'objets, et des signes en ce sens. En revanche, les choses existantes et présentes sont connues des sens et de l'intellect en tant qu'existantes et présentes par un mode de connaissance spécifiquement différent, à savoir la perception sensorielle et l'intuition intellectuelle concomitante (si je sens la présence d'une chose, je sais la présence de cette chose). Dans l'œuvre ultérieure, le concept ne sera plus considéré comme le signifié d'un signe verbal, mais comme l'instrument de la connaissance dite « abstractive », c'est-à-dire une connaissance faisant abstraction de l'existence et de la présence des choses, par opposition à la connaissance « intuitive », par laquelle les choses singulières sont appréhendées dans leur existence actuelle ou en présence propre, et connues en tant que telles, dans les limites toutefois de la connaissance du singulier. Du reste, l'on trouve déjà dans les *Questions* une distinction bien nette entre la chose en tant qu'elle est conçue, à savoir la quiddité de singuliers spécifiquement identiques, et le "tout-composé" (q. 2, § 39). Le *totum compositum* n'est pas le composé hylèmorphique, qui est fait d'une matière et d'une forme. Il s'agit en réalité du σύνολον selon Aristote, qui signifie une quiddité prise avec l'existence actuelle, c'est-à-dire une quiddité prise dans un singulier existant. Or, c'est ce tout-composé (également nommé *simul totum*) qui sera posé par Duns Scot comme l'objet propre de la connaissance intuitive.

Notons pour finir que la théorie de la chaîne sémantique se maintiendra par la suite, chez divers auteurs du XIVe siècle, par exemple Jean Buridan dans ses *Sophismes* (chap. 1, 6e sophisme), et au-delà, avec l'idée récurrente (remontant pour le moins aux commentaires de Boèce sur le *Peri hermeneias*), que le concept est un « intermédiaire » entre les signes et les choses ; avec aussi les difficultés qui accompagnent cette idée. Toutefois, l'on peut estimer que cette théorie est caduque à partir des *Questions* de Duns Scot. Dans son œuvre ultérieure, Duns Scot posera que l'acte d'un signe est comparable à une cause produisant deux effets distincts, « selon un ordre essentiel ». Cette conception pourrait être illustrée par la somme vectorielle de deux vecteurs non co-linéaires. Soit A le signe, B le concept, C la chose. Le vecteur AC, somme des vecteurs AB et BC, ne passe pas par B, ce qui symbolise le fait que ce qui est signifié par A est la chose, C, non le concept, B. Cependant, tant la longueur que la direction du vecteur AC dépendent de B. Cette dépendance symbolise le fait que C, signifié par A, est la *res ut concepta* (inversement, la conception héritée de Boèce serait illustrée par la somme géométrique AC de deux segments AB et BC, ou par la somme vectorielle de deux vecteurs co-linéaires).

Question 6

La question 6 demande « s'il y a des suppôts simples d'un terme commun signifiant une nature vraie, outre les suppôts existants ». Une nature vraie est une nature réelle, par exemple l'humanité. Les suppôts simples d'un terme commun sont tous les singuliers dont ce terme peut être prédiqué par soi, attribuant à ces suppôts leur nature propre. D'un terme commun à ses suppôts par soi, il existe un ordre, du supérieur à l'inférieur, puisque le premier est plus général que les seconds. Cependant, la « raison de suppôt » et la « raison de terme commun » (c'est-à-dire ce qu'est un suppôt et ce qu'est un terme commun) ne dépendent pas de l'existence des suppôts *in re*, mais de la considération de l'intellect (q. 5-8, § 11), c'est-

à-dire de ce que l'intellect conçoit. En effet, exister est
« étranger », c'est-à-dire extérieur aux suppôts d'un terme
commun en tant qu'ils sont considérés par l'intellect. Déjà,
Aristote avait enseigné que l'existence actuelle est extérieure à
la quiddité (puisque, comme on l'a vu, "homme", pris séparément, n'est ni vrai ni faux). Duns Scot en tire à bon droit la
conclusion que l'existence actuelle n'est pas impliquée par la
raison de suppôt d'un terme commun (même position dans *Le
principe d'individuation*, q. 3, § 63). C'est pourquoi il posera
dans les *Questions* que "César est un homme" est vrai, bien
que César n'existe pas, ou n'existe plus.

Ici apparaît une importante distinction, entre le plan
quidditatif ou prédicamental, d'un côté, l'existence actuelle,
de l'autre. Par exemple, "cet homme", qui signifie un homme
singulier, peut être conçu sans faire entrer en ligne de compte
le fait qu'il existe ou n'existe pas, puisque ce qui est signifié
par "cet homme", c'est seulement qu'il n'est pas un autre.
Déjà, Avicenne avait observé que si l'on parle d'un homme qui
est un philosophe pieux, qui a été injustement mis à mort tel
jour dans telle ville, etc., tous les termes utilisés pour décrire
cet homme sont des termes universels, c'est-à-dire aptes à
être prédiqués de plusieurs. De la combinaison de ces termes
universels résulte un individu déterminé, à savoir Socrate,
non point un individu existant. C'est pourquoi, afin de
connaître Socrate en tant qu'existant, il faut recourir à un
mode de connaissance différent de celui de l'essence ou nature
(Avicenne pense à la perception, Duns Scot dira l'intuition).
Dans ces conditions, pour un suppôt d'une nature donnée,
l'existence actuelle sera un « accident ».

Cette thèse scotiste a été souvent mal comprise, comme si
Duns Scot pensait que l'existence advient à un suppôt de la
façon dont un accident proprement dit advient à une substance

existante. Ce qui dément cette interprétation, c'est quand il dit que «quelque chose d'identique conçu de l'intellect peut entrer dans le concept de ce pour quoi exister est un accident, et de ce pour quoi non-exister est un accident» (q. 5-8, § 86). Ce quelque chose d'identique, c'est, par exemple, la nature humaine, commune à un homme qui est en vie et à Jules César. Or, si, pour tout suppôt, la non-existence n'est pas moins un accident que l'existence, il s'ensuit que l'existence n'est pas un accident pour un suppôt existant. Sinon, en effet, il faudrait poser pour la même raison que la non-existence est un accident pour un suppôt non-existant. Or, l'on ne voit pas comment un accident pourrait advenir à un suppôt qui n'existe pas. Donc, l'existence n'advient pas comme un accident à un suppôt qui existe. Simplement, il y a des suppôts de l'homme qui existent, d'autres qui n'existent pas, n'existent plus ou pas encore. Cependant, "homme" se dit des uns et des autres au même sens, pour la raison qu'il n'y a pas, d'un côté, des hommes-existants et, de l'autre, des homme-non-existants. D'où l'on voit que "existant" et "non-existant" sont extérieurs ou étrangers à "homme", en tant qu'il se dit des uns et des autres. Par suite, "homme" conserve le même sens, qu'il se dise d'hommes qui existent ou d'hommes qui n'existent pas, ou n'existent plus. Et si l'on demande si, d'un homme qui n'est pas encore, il faut dire qu'il sera un homme, ou bien qu'il est un homme qui sera, c'est la première réponse qui est la bonne, car l'on ne sait pas à l'avance s'il sera, mais il est sûr que, s'il vient à être, ce sera un homme. Telle est du reste l'opinion d'Aristote, puisqu'il admet comme régulier le syllogisme suivant, bien que la majeure soit nécessaire, et la mineure contingente : "tout homme est un animal; Socrate sera un homme; donc Socrate sera un animal". Ainsi, l'existence est dite un accident, non point en ce sens que, pour un homme qui existe, il serait accidentel d'exister, mais en ce sens que l'existence est en tant que telle extérieure à l'ordre quidditatif ou prédicamental. Peut-on aller jusqu'à dire, selon l'affirmation fameuse d'un philosophe postérieur, que l'existence n'est pas un prédicat ? Afin de pouvoir en décider, il faudra étudier auparavant la distinction entre les deux sens du verbe être, selon qu'il est « second adjacent » (quand on dit *Caesar est*) ou « troisième adjacent » (quand on dit *Caesar homo est*), dans la proposition catégorique. Cependant, à la lumière de ce que précède, il semble déjà possible de considérer que la proposition "César est" affirme l'existence de César, sans qu'il s'ensuive pour autant que l'existence soit un prédicat de César, à la différence de "homme" quand on dit "César est un homme".

Questions 7 et 8

La question 7 demande « Si les propositions "César est un homme", "César est un animal" sont vraies, le sujet n'existant pas » ; la question 8, « Si les propositions "un homme est un homme", "César est César" sont vraies si ni l'un ni l'autre n'existent ». Pour expliquer ces deux Questions, il est utile de faire quelques rappels concernant la signification des verbes personnels en général, avant d'en venir à celle du verbe "est", d'autant que ces indications peuvent faciliter la compréhension des Questions de la seconde partie, sur les verbes au présent et au futur. Selon l'usage des grammairiens de son temps, Duns Scot considère que "est" ou "court" sont des verbes, quand nous dirions plutôt que les verbes sont "être" et "courir". L'on peut être surpris aussi par l'expression latine *hoc quod est* quand on lit *hoc quod est esse*, ou bien *hoc quod est qui est albus*, et autres syntagmes semblables. L'expression *hoc quod est* signifie que *est*, ou bien *qui est albus*, n'est pas pris comme une partie d'une assertion en soi, mais comme un objet d'analyse ; ou encore il est pris comme objet de la métalangue, si l'on entend par là la langue de l'analyse (dans la traduction française, l'expression latine *hoc quod est* est remplacée par des guillemets simples, plus commodes, et l'on écrit "est", "qui est blanc"). L'analyse dont il s'agit relève de la grammaire dite spéculative, par opposition à la grammaire pratique. Tandis que celle-ci, appliquée à des fins utiles, comme la correction du discours, étudie les règles de la conjugaison, celles de la syntaxe et autres choses semblables, celle-là étudie la nature du substantif et du verbe, la différence entre catégorèmes et syncatégorèmes *, etc., cela dans une intention purement théorétique, ce que veut dire le terme "spéculatif".

Dans la grammaire spéculative, une attention spéciale est accordée au verbe. La première raison en est que toute proposition repose principalement sur le prédicat, non pas sur le sujet, bien que le sujet soit le plus souvent énoncé en premier (deuxième partie, sur le premier livre, q. 5-6, § 3) – cet avis, on le remarquera, est à l'opposé de l'opinion, largement répandue, selon laquelle toute proposition repose principalement sur le sujet. Or, il n'y a pas de prédicat sans verbe, alors que le verbe suffit à la proposition, s'agissant de verbes impersonnels (*cf.* § 32). Ensuite, à la différence d'un substantif, qui signifie une seule chose s'il est univoque, ou bien, s'il est plurivoque, plusieurs choses appartenant au même genre de la substance, un verbe signifie, ou donne à connaître plusieurs choses de nature différente, « la chose du verbe » (*res verbi*), l'affirmation et la négation, enfin le temps. La chose du verbe est ce qui est signifié par le substantif correspondant, ou encore c'est la signification du verbe pris comme un nom. Ainsi, la chose du verbe "court" est la course ou l'action de courir (ou encore "le courir", dans une langue où le verbe peut être substantivé).

Ensuite, quand on dit "Socrate court", le verbe apporte ou introduit (*importat*) une affirmation, ou bien une négation, quand on dit "Socrate ne court pas" (Arnaud et Lancelot observeront plus tard, dans leur *Grammaire générale et raisonnée*, seconde partie, chapitre XIII, que, de toutes les parties du discours, seul le verbe est à même d'affirmer et de nier). Enfin, le verbe « co-signifie » le temps, par exemple le passé quand on dit "Socrate courut", ou l'accompli quand on dit "Socrate a couru".

Dès lors que la chose du verbe est rapportée au sujet, l'on a une composition. De même, l'on a une composition quand la chose du verbe est affirmée ou niée du sujet. Bien que les deux compositons soient identiques quant à la lettre, comme quand on dit "un homme court", elles ne sont pas identiques quant au sens. En effet, "un homme court" peut signifier ou bien qu'un homme est par nature apte à courir, ou bien qu'un homme est en train de courir. Dans le premier cas, la proposition n'a pas de contraire, puisque le contraire ne peut jamais être vrai; dans le second, l'affirmation admet une négation, qui est "un homme ne court pas". Prise au premier sens, la composition relève du « mode de signifier verbal », par lequel un acte est dit « incliné » à une substance. Prise au second sens, la composition est celle par laquelle la chose du verbe est affirmée ou niée du sujet. La confusion du mode de signifier verbal avec la composition affirmative ou négative peut donner lieu à d'amusants paradoxes, par exemple si l'on dit "l'homme tombe à l'eau, et le requin mange l'homme". Éternellement, dit Alain pour s'en amuser, l'homme tombe à l'eau, et, éternellement, le requin mange l'homme. Car, s'il est vrai à jamais que le requin est anthropophage, il suit, du moins en apparence, que le requin mange l'homme éternellement.

Le verbe être serait-il un cas particulier, comme on le pense généralement ? En un sens, non ; en un autre sens, oui. En effet, la proposition "un homme est" exprime que être est « incliné » à l'homme, et en dépend, de même que "courir" est incliné à l'homme et en dépend, car on ne voit pas comment "court" ou "est" pourraient être pris indépendamment de quelque chose apte par nature à être ou à courir. Si donc la proposition est prise en ce sens, sa négation, "un homme n'est pas", ne serait pas moins contradictoire que la proposition "un homme ne court pas" (en ce sens également "Dieu n'est pas" serait une proposition contradictoire). Comme les autres verbes, le verbe "est" introduit ou apporte avec lui l'affirmation et "n'est pas", la négation, quand ils se prédiquent d'un sujet, de sorte que la proposition peut être jugée vraie ou fausse. La particularité du verbe être consiste en ceci, qu'il peut être prédiqué du sujet de deux façons différentes, soit en tant que « deuxième adjacent » (*secundum adiacens*), quand on dit, par exemple, *Caesar est*, soit en tant que « troisième adjacent » (*tertium adiacens*), quand on dit *Caesar homo est*. Cette terminologie remonte à Aristote. Elle reflète la position habituelle des termes dans la phrase, en grec comme en latin. Et, bien que le latin scolastique, plus proche du français, dise plus volontiers *Caesar est homo*, la distinction "second adjacent/troisième adjacent" s'applique néanmoins, parce qu'elle est sémantique, et non point descriptive. Ainsi, quand le verbe "est" est prédiqué en second adjacent, il pose ou affirme l'existence actuelle du sujet, ou l'être du sujet pris au sens simple ou absolu. Quand il prédique en troisième adjacent, il affirme l'identité du prédicat avec le sujet, sans poser l'être du sujet, pris au sens absolu.

Après le verbe "est", une autre distinction s'impose, concernant le terme *ens* (pluriel *entia*). De toute Antiquité, dit

Duns Scot, il est admis que le terme *ens* peut être pris soit comme un participe, soit comme un nom, d'un point de vue grammatical (première partie, q. 5-8, § 70). Participe, il signifie la même chose que *exsistens* (c'est-à-dire "qui est hors de sa cause et hors de l'âme"); nom, il signifie « ayant une essence » (*habens quid*). Cette distinction de première importance se retrouve, par exemple, dans les Questions pseudo-scotistes sur les *Seconds Analytiques* (« *Ens* nom fait partie de l'essence de toutes choses, mais non point *ens* participe »; *Post.* II, q. 4, n. 2). Ainsi, bien que Socrate ne soit pas un *ens* au sens du participe, il est néanmoins un *ens* au sens du nom. Remarquons que la proposition *Socrates est ens* serait une *nugatio*, c'est-à-dire une tautologie. En effet, si *ens* est pris comme participe, cette proposition se réduit à *Socrates est*. S'il est pris comme nom, l'on ne dira pas *Socrates est ens*, Socrate est un être. L'on dira *Socrates homo est*, Socrate est un homme, étant entendu que *ens*, pris comme un nom, est formellement inclus dans *homo*, puisque *homo* est un *quid*, et que tout *habens quid* est un *ens*. Telle est, semble-il, la position de Duns Scot concernant le verbe être, réduite à l'essentiel.

Cependant, dans les Questions, Duns Scot affronte une conception différente, qui entend ne pas distinguer le verbe "est", second adjacent, du verbe "est", troisième adjacent. Selon cette conception – appelons-la conception B –, le verbe "est" signifie toujours la chose du verbe, c'est-à-dire l'être au sens de l'existence, et la raison alléguée est que la signification du verbe ne peut être changée du seul fait qu'un terme lui est adjoint, quand il est prédiqué en troisième adjacent (deuxième partie, sur le premier livre, q. 5-6, § 1). Par suite, quand le verbe "est" est prédiqué en troisième adjacent, la chose du verbe est encore prédiquée du sujet – non point simplement, comme quand on dit *Socrates est*, mais en tant que la chose du verbe est « spécifiée » par ce qui suit le verbe, formant un tout avec ce qui spécifie la chose du verbe, ou la caractérise. En revanche, selon la conception de Duns Scot, le verbe "est" spécifie, ou caractérise, ce qui le précède (le sujet) au moyen de ce qui le suit (le prédicat). L'on pourrait dire en latin, que, dans la proposition *Socrates est homo*, ce qui est prédiqué de Socrate selon Duns Scot, c'est l'*esse hominis*, c'est-à-dire l'être, ou la nature, ou le *quid* de l'homme, sans que l'existence actuelle de Socrate soit posée. Selon la conception B, c'est l'*esse hominem*, c'est-à-dire l'être en acte de l'homme; or, l'homme ne peut être en acte, si ce n'est chez un homme existant, selon cette conception.

La différence entre l'une et l'autre conceptions devient plus manifeste si l'on considère deux applications. Selon Duns Scot, la proposition "César est César" est vraie, parce que nulle proposition n'est plus vraie que celle par laquelle le même se prédique de lui-même (comme l'enseigne Boèce). Selon la conception B, ce qui est prédiqué de César, ce n'est pas César, mais "être César"; la proposition "César est César" n'est donc pas vraie, puisque César n'est pas ou n'est plus. De même, pour Duns Scot, "César est un homme" est vrai, puisque « dans le concept du sujet est inclus par soi le concept du prédicat » (q. 5-8, § 49). Selon la conception B, César n'est pas un homme, puisqu'il n'est plus. Toutefois, César peut « être appelé » du nom d'homme, selon cette conception; de même l'Antéchrist, qui n'est pas un homme, mais sera un homme, peut être appelé un homme. En effet, d'après la théorie de l'*appellatio*, qui semble remonter aux *Summule logicales* de Pierre d'Espagne, un suppôt est appelé du nom de sa nature quand il s'agit d'un suppôt existant, aussi longtemps qu'il est existant: *appellatio est acceptio termini communis pro re existente* (*Tractatus* X, *De appellationibus*). C'est pourquoi la proposition "César court" n'est pas vraie maintenant; cependant, elle est vraie pour le temps pour lequel César est appelé du nom d'homme (ou elle était vraie pour le temps pour lequel César était appelé du nom d'homme).

Cette théorie est exposée par Duns Scot dans un appendice à la question 6, sans critique ni commentaire. Pour quelle raison? Sans doute parce que, insuffisante pour rendre compte des propositions à prédicat « intentionnel » (c'est-à-dire exprimant une *intentio*, ou la quiddité d'une chose en tant qu'elle est conçue), la théorie de l'*appellatio* paraît appropriée s'agissant de propositions à prédicat « réel ». "César est un homme" est vrai, parce que César est un homme encore aujourd'hui, pour la raison indiquée plus haut. En revanche, "César court" n'est pas vrai toujours, parce qu'un prédicat réel ne peut être attribué à un sujet, si ce n'est un sujet existant. C'est pourquoi les propositions où le verbe co-signifie proprement le temps doivent être considérées séparément. Certaines des Questions de la seconde partie ont pour objet des propositions de ce genre, notamment les Questions 6 (« Si un verbe au présent est mis pour le maintenant actuel ou bien pour n'importe quel présent indifféremment », 7 (« Si une proposition au futur est déterminément vraie ou fausse »), et 8 (« Si la proposition "*a* sera" est déterminément vraie maintenant »).

COMMENTAIRE DES QUESTIONS DE LA DEUXIÈME PARTIE, SUR LE PREMIER LIVRE DU *PERI HERMENEIAS*

Question 5

Cependant, avant d'examiner le cas des propositions contingentes, l'*opus secundum* revient sur la question de

savoir « si le verbe "est" est seulement une copule unissant le
sujet au prédicat ». La question 5 de l'*opus secundum* traite
donc, au plan général, du même problème qui, dans l'*opus
primum*, était soulevé par des propositions particulières, telles
que "César est un homme". La réponse que Duns Scot donne
au § 29 est sans surprise, sachant ce qu'il a déclaré plus haut au
sujet des deux fonctions du verbe "est" : « Pour répondre à la
question, il faut donc savoir, dit-il, que, lorsqu'il prédique en
troisième [adjacent], le verbe "est" n'est proprement ni sujet
ni une partie du sujet, ni prédicat ni une partie du prédicat ;
il notifie que le prédicat est identique au sujet selon l'acte ».
Puisque donc, selon cette réponse, le verbe "est", troisième
adjacent, n'est pas un prédicat, ni une partie du prédicat,
il semble qu'il soit seulement une copule unissant le prédicat
"homme" au sujet "César", quand on dit "César est un homme".
Toutefois, le terme "copule" demeure vague, car l'idée qu'il
signifie se réduit à celle d'un lien ou d'une liaison. Or, il est
manifeste que le verbe "est", par lequel "homme" est prédiqué
de César, fait autre chose et davantage qu'établir un lien entre
"homme" et César. Pour comprendre la fonction du verbe
"est", troisième adjacent, il faut donc examiner de près ce que
dit Duns Scot, à savoir que le verbe "est" notifie, c'est-à-dire
signifie, ou fait connaître que « le prédicat est identique au
sujet selon l'acte ». Trois points sont à considérer. Premièrement, l'identité du prédicat avec le sujet ; deuxièmement, la
mention "selon l'acte" ; enfin, un dernier point, qui suit du
second par voie de conséquence.

L'identité du prédicat avec le sujet ne signifie évidemment
pas l'identité de l'un avec l'autre en prenant l'un et l'autre
comme des concepts logiques. Par définition, en effet, le
prédicat n'est pas le sujet, dans toute proposition. D'ailleurs,
ce qui, dans la proposition "César est un homme", est appelé

prédicat, peut être sujet dans une autre proposition, comme lorsqu'on dit "l'homme est un animal"; de même, le sujet de la proposition initiale peut être prédicat dans une autre, comme lorsqu'on dit "cet homme est César". L'identité est donc de ce qui est signifié par le prédicat, soit "homme", avec ce qui est signifié par le sujet, soit César. En second lieu, "homme" est mis ici pour la nature humaine. En effet, "homme" est un universel, c'est-à-dire un concept apte à être prédiqué de plusieurs, et, comme on l'a vu plus haut, un universel n'a d'existence que dans l'esprit. Or, un universel ne peut être identique à César, puisqu'un concept ne saurait être identique à un homme. Par suite, dire que César est un homme, c'est dire qu'il y a identité entre la nature humaine et César. Cependant, même sous cette forme, l'idée fait difficulté, puisque la nature humaine est quelque chose de commun, tandis que César est un singulier, et l'on ne voit pas comment ce qui est commun pourrait être identique à un singulier. La difficulté se dissipe si l'on observe que, lorsqu'elle est attribuée à César, qui est un singulier, la nature humaine est prise «sous la raison du singulier». Cependant, la contraction de la nature commune à la singularité est sous-entendue, quand on pose l'identité de cette nature avec César. Elle est sous-entendue, parce qu'elle doit être sous-entendue, et qu'elle peut être sous-entendue. Elle doit être sous-entendue, car, si l'on disait "César est cet homme", ou "cet homme est César", ce qui serait signifié, c'est que César n'est ni Brutus ni Tullius. Or, ce n'est pas là ce que l'on veut dire en disant que César est un homme. D'autre part, il est possible que la contraction soit sous-entendue, parce que la singularité est un mode de concevoir, non pas une nature, et qu'un mode ne change pas la nature prise sous ce mode. Que la singularité ne change pas une nature quand cette nature est prise sous ce mode, cela est manifeste, puisqu'il en va de même de l'universalité. En effet, quand on dit "tout homme", ce qui est signifié par "homme" n'est pas changé, bien que ce terme soit pris sous le mode de l'universalité, signifié par "tout". Par suite, la nature humaine contractée à la singularité est la même nature que la nature humaine prise en soi. C'est pourquoi il n'y a pas d'inconvénient à dire que la nature humaine est identique à César, quand on dit "César est un homme".

Duns Scot pose ensuite que le prédicat est identique au sujet « selon l'acte ». "Selon l'acte" ne peut signifier ici "selon l'acte d'exister", faute de quoi le verbe "est", troisième adjacent, aurait le même sens que le verbe "est", second adjacent, ce qui a été rejeté plus haut. "Selon l'acte" signifie ici "selon l'acte du sujet, en tant que celui-ci est quelque chose d'intelligible, soit qu'il existe, soit qu'il n'existe pas". En effet, « tout ce qui est intelligé est intelligé selon le mode de l'acte, étant donné que quoi que ce soit est intelligible du fait qu'il possède l'acte ; or, l'acte de chaque chose est ce selon quoi sa notion propre est prédiquée de cette chose » (deuxième partie, sur le premier livre, q. 5-6, § 30). En ce sens, la puissance et la privation sont en acte, puisqu'il existe une notion propre de la puissance, selon laquelle elle se distingue de la non-puissance ; de même pour la privation, dont la notion est distincte de celle de la négation. C'est pourquoi, "poète" peut être prédiqué d'Homère, car poser que Homère est un poète, c'est poser que "poète" est identique à Homère selon l'acte de l'intelligible, c'est-à-dire en tant que cet intelligible est intelligé.

Enfin, « les choses et ce qu'elles sont ne font pas une composition » (§ 31), ce qui est évident, puisqu'une chose ne saurait être composée d'elle-même et de son être. Par suite, comme le verbe "est", troisième adjacent, énonce ce qu'une chose est, dire que Homère est un poète, ce n'est pas dire d'Homère qu'il est un "être poète". Aussi le verbe "est" ne compose-t-il pas "poète" avec Homère quand on dit "Homère est un poète", de la façon dont "poète" est composé avec "homme" quand on dit "un homme poète". Car, "un homme poète" est la composition d'une substance et d'un accident, tandis que le prédicat "est un poète" n'est pas une composition, dont les parties seraient "être" et "poète". La composition, entendant par là une composition verbale, c'est le tout de la proposition "Homère est un poète". Par suite, le verbe "est" n'est pas un prédicat, ni une partie du prédicat ; « il notifie que le prédicat est identique au sujet selon l'acte ». En conclusion, l'on peut considérer le verbe être, troisième adjacent, comme une copule, ou un lien unissant le prédicat au sujet. Cela est suffisant au plan logique, dans la mesure où, posé que "homme" est "uni" à Socrate quand on dit "Socrate est un homme", cette proposition peut être déterminée comme vraie, puisqu'elle dit uni ce qui, *in re*, est uni (de même la proposition "Socrate n'est pas un âne" est vraie, puisqu'elle dit non-uni ce qui, *in re*, est non-uni). Cependant, la conception logique de la copule est évidemment insuffisante pour rendre compte de la sémantique du verbe "est", troisième adjacent, avec les trois caractères qui viennent d'être successivement exposés.

Question 6

La question 6 demande « Si un verbe au présent est mis pour le maintenant actuel ou bien pour n'importe quel présent indifféremment ». Plus précisément, il s'agit de savoir si, dans une proposition au présent, le verbe unit le prédicat au sujet pour un présent déterminé, ou bien pour tout présent, quel qu'il soit. Comme on l'a déjà indiqué plus haut, selon Aristote, le verbe est une partie du discours propre à signifier, ou plutôt co-signifier le temps, ce qui veut dire qu'en sus de la

signification qui est la sienne en tant que nom, et pris séparément (c'est-à-dire, selon l'usage actuel, quand il est pris à
l'infinitif), un verbe dans une proposition ajoute une « différence temporelle », c'est-à-dire le présent, le passé, ou le futur.
Ainsi, le verbe "courir" signifie en premier lieu l'action de
courir, et, quand on dit "Socrate court", une différence temporelle est co-signifiée, qui est relative à l'action de courir, à
savoir le présent. En termes scolastiques, la chose du verbe, à
savoir l'action de courir, est dite « restreinte » ou « contractée »
au présent par le verbe au présent.

La question a donc pour objet des propositions au présent,
plus précisément des propositions contingentes au présent, du
genre "Socrate court", non pas des propositions nécessaires,
qui sont au présent par accident, du genre "tout ce qui est est
en cet instant". Une proposition du genre "Socrate court" a
toujours la même signification, que Socrate coure ou qu'il ne
coure pas, mais elle n'a pas toujours la même valeur de vérité.
Pour qu'une proposition au présent soit vraie, il faut que ce
qu'elle énonce soit, puisque, selon Aristote, les choses ont
même rapport à l'être et au vrai (entendant par là le *verum
in re*). L'on doit noter aussi que, nécessairement, un verbe unit
les extrêmes d'une proposition – sujet et prédicat – pour la
même différence temporelle. En effet, quand on dit "Socrate
court", il est impossible de concevoir que Socrate soit mis pour
un homme qui a été, en tant qu'il a été, et "court" pour une
action présente, en tant que présente, du même homme. Donc,
dans "Socrate court", tant le sujet que le prédicat sont pris
ensemble « sous la raison du présent ». Cela explique pourquoi
cette même proposition peut être vraie dans le futur ou le passé.
En effet, s'il est vrai aujourd'hui de dire "Socrate court", si
Socrate court aujourd'hui, il est vrai demain de dire "Socrate
court", si demain Socrate court. La condition de simultanéité

du sujet et du prédicat, pris ensemble sous une même différence temporelle par le verbe au présent, est un indice montrant que, pour Duns Scot, le présent est conçu de façon prévalente comme une co-présence (on le voit aussi à ce qu'il dit de la mesure du présent, considérant que le présent est mesuré par la durée d'une action complète, prise en référence, et divisible en parties parallèlement aux divisions de cette action en parties – *cf.* § 43). Cette condition explique en outre pourquoi un verbe au présent ne saurait être mis pour tout présent indifféremment, mais toujours pour un présent déterminé ou « discret », par opposition à un présent « confus », comme lorsqu'on dit, par exemple, « si je cours, je cours ».

La réponse de Duns Scot à la question posée semble rejoindre celle de Simon de Faversham (à la question 11 de son *Perihermeneias*), reproduite au § 12, bien que le nom de ce logicien ne soit pas cité dans le texte. Un verbe au présent, dit ce dernier, « est mis pour le temps présent qui est actuel, aussi longtemps qu'il aura été actuel ; ainsi, il est mis maintenant pour le temps présent qui est maintenant, et d'autres fois pour un autre temps présent, aussi longtemps qu'il aura été actuel ». Le futur antérieur ne doit pas surprendre, car une proposition au présent n'est pas postérieure au présent qu'elle énonce. Elle est vraie aussi longtemps que le présent énoncé est actuel, et ne sera plus vraie dès lors que le présent énoncé aura cessé d'être actuel. Par suite, la différence des temps – présent et futur antérieur – exprime uniquement la distinction entre la proposition et son objet.

Cependant, Simon introduit dans son exposé une autre idée, qui concerne cette fois la nature même du présent, et non plus seulement les propositions au présent. Or, sur ce point, Duns Scot ne suit plus tout à fait son prédécesseur. Il apparaît en effet que, anticipant sur une conception qui fera florès bien plus tard, Simon conçoit le présent, par conséquent le temps, comme une forme commune aux présents successifs. C'est ce que montre l'exemple qu'il prend d'une porte, qui serait si étroite qu'un seul homme pourrait la franchir à la fois. D'abord, c'est Jean qui franchit la porte, ensuite Robert. De même, Robert passe d'un présent à un autre, puisqu'un présent ne reste pas. Néanmoins, tout se passe comme si, un présent chassant un autre présent, la forme du présent se maintenait, puisque, aussi longtemps qu'il est ou existe, Robert est toujours dans le présent. La difficulté inhérente à cette conception consiste en ceci, que la forme "homme" ne se distribue pas sur Jean et Robert de la même façon que le présent se distribue sur ce présent-ci et ce présent-là. Déjà, Aristote avait noté que le temps est une forme à part, parce qu'il implique le mouvement, c'est-à-dire le changement, de façon nécessaire et intrinsèque. Duns Scot corrige donc la conception de Simon sur le présent, en montrant que, s'il existe une similitude entre une forme, telle que l'homme, dans son rapport à ses suppôts, d'une part, le temps présent, d'autre part, il existe aussi une dissimilitude, plus fondamentale sans doute, qui empêche d'assimiler le présent à une forme commune. En effet, "homme" signifie la forme de l'homme, et « quoi que ce soit qui est conçu comme possédant l'acte de l'homme est conçu comme étant un homme » (§ 37), qu'il s'agisse d'un homme qui est, qui a été ou qui sera, en vertu de la règle *Dici de omni*, selon laquelle un terme commun se dit de tous ses suppôts par soi, quand rien ne lui est ajouté, qui restreigne son extension à une différence temporelle déterminée, par exemple le présent. De même, un verbe au présent notifie sa chose pour autant qu'elle possède l'acte du présent, quelle que soit la différence temporelle considérée, comme on l'a vu plus haut. Il y a cependant une dissimilitude. Rien, en effet, n'empêche de concevoir que "homme" convienne à une multiplicité de suppôts en même temps. Les présents sont multiples eux aussi, mais « selon l'ordre de la succession », de sorte que lorsqu'un présent est, un autre présent n'est pas. Par suite, « l'on ne peut pas concevoir qu'il en existe plusieurs en même temps, auxquels conviendrait le présent en acte » (*ibid.*). Faute de quoi, "tu seras blanc" pourrait « vérifier » "tu es blanc", c'est-à-dire avoir la même valeur de vérité. En raison de cette dissimilitude, « un verbe au présent n'unit pas un présent commun à un présent qui a été ou un présent qui sera, de la façon dont un nom commun signifie ses suppôts ». Un verbe au présent « unit donc un extrême [d'une proposition] à l'autre [extrême] pour n'importe quel temps présent, aussi longtemps que celui-ci aura été présent en acte » (§ 38).

Questions 7, 8 et 9

La septième question demande « Si une proposition au futur est déterminément vraie ou fausse ». Par une proposition au futur, il faut entendre ici toute proposition portant sur un événement contingent singulier, du genre "tu seras blanc au moment *a*". Cette question est à l'évidence suscitée par le chapitre fameux du *Peri hermeneias* sur les futurs contingents. L'exemple classique d'un futur contingent est celui d'une bataille navale, dont on ne peut savoir à l'avance si elle aura lieu ou non, puisque la décision est entre les mains des stratèges (tout au plus peut-on affirmer que la disjonction est vraie, à savoir que la bataille aura lieu ou n'aura pas lieu). L'exemple aristotélicien est souvent cité pour prouver que l'avenir n'est pas écrit à l'avance, mais celui que prend Duns

Scot montre qu'il n'a pas spécialement en vue des événéments qui dépendent de décisions humaines. Il raisonne sur tout futur contingent singulier, et, pour mieux cerner son propos, distingue trois sortes d'événéments futurs. Premièrement, un événement suit nécessairement de sa cause. Deuxièmement, il suivrait de sa cause nécessairement s'il n'en était pas empêché. Troisièmement, il est « indéterminé dans sa cause » (q. 7, § 14). Dans les présentes *Questions*, Duns Scot ne prouve pas que des événements indéterminés dans leur cause naturelle existent en effet, ce qui suggère qu'il tient ce point pour acquis (l'hypothèse dite du « démon de Laplace » lui aurait sans doute semblé impossible, pour des raisons qu'il n'est pas loisible d'expliquer ici). Il faut remarquer ensuite que la question n'est pas de savoir si une proposition au futur est vraie ou fausse, mais si elle est vraie ou fausse déterminément. Une proposition qui est vraie déterminément est une proposition qui peut être déterminée comme vraie, ce qui suppose qu'il existe un moyen de savoir si elle est vraie. Tel est le cas si ce qu'elle énonce est. Dans le cas contraire, elle est vraie ou fausse de façon indéterminée. Comme, par hypothèse, le fait que tu seras blanc en *a* peut se produire ou ne pas se produire, la proposition "tu seras blanc en *a*" est indéterminément vraie ou fausse. L'on remarquera que, pas plus qu'Aristote, Duns Scot ne prend en compte la probabilité, bien qu'il distingue une proposition catégorique, par exemple "tu seras blanc en *a*", d'une proposition modale, par exemple "il est possible que tu sois blanc en *a*", qu'il considère comme vraie (de fait, il est vrai maintenant qu'il est possible que tu sois blanc en *a*). Et puisque, conformément à la question posée, il raisonne uniquement sur des propositions catégoriques, Duns Scot rejette comme inconséquente toute combinaison d'une catégorique avec une modale, comme si l'on disait "tu seras blanc en *a* et tu pourrais ne pas

être blanc en a" –, ce qui, selon certains, serait le sens déve-
loppé de la proposition "tu seras blanc en a", dans la mesure où
cette proposition est conjecturale (q. 8, § 6-7). Or, comme le
premier membre de la phrase affirme qu'il est déterminément
vrai que tu seras blanc en a, il est impossible de dire dans le
second membre que tu pourrais ne pas être blanc en a. Cependant, dire que tu seras blanc en a n'empêche pas que tu pourrais
ne pas être blanc en a. Autrement dit, l'ordre du discours et
l'ordre de la réalité sont deux ordres différents.

Duns Scot fait ici une remarque intéressante.
Nécessairement, dit-il, une proposition au futur énonce
comme déterminément vrai ce qui sera, non moins qu'une
proposition au présent. En effet, toute proposition affirme
implicitement qu'elle est vraie, car, dire "tu seras blanc en a",
c'est dire "il est vrai que tu seras blanc en a". Par suite, la
proposition "tu seras blanc en a" affirme qu'elle est vraie.
Cependant, ce qui est affirmé est distinct de l'affirmation. Or,
ce qui est affirmé ici peut s'entendre en deux sens différents.
Ou bien en ce sens qu'il est affirmé qu'il en est maintenant
ainsi de toi, ou en toi, que tu seras blanc en a. Dans ce cas, la
proposition est fausse, puisqu'elle affirme comme devant se
produire de façon nécessaire ce qui, s'il vient à se produire, se
produira de façon contingente (sur ce point, Duns Scot suit
Boèce; « la fausseté, dit ce dernier, n'est pas dans le fait que la
chose arrive, mais dans le mode de prédication » – *De interp.*,
ed. secunda, III, c. 9). Ou bien ce qui est affirmé par la proposition est simplement quelque chose de futur, « pour lequel elle
signifie que, s'il vient à être présent, il est vrai à ce moment-là
de dire qu'il est » (q. 7, § 19); dans ce cas, la proposition est
maintenant vraie ou fausse de façon indéterminée. Cette
position revient à rejeter la rétroaction du vrai, car même si tu
es blanc en a, il n'aura pas été déterminément vrai de dire

maintenant que tu seras blanc en *a* – position qui renchérit sur celle de Boèce.

COMMENTAIRE DES QUESTIONS DE LA DEUXIÈME PARTIE, SUR LE SECOND LIVRE DU *PERI HERMENEIAS*

Des Questions sur le second livre ont été retenues ici celles qui portent sur l'unité des propositions. Toute proposition comportant deux extrêmes – sujet et prédicat – est une si les extrêmes sont uns. Si l'un au moins des extrêmes n'est pas un, la proposition n'est pas une, et se résout en deux ou plusieurs propositions. "Un homme est un animal" et, à plus forte raison, "un homme est un homme" sont des propositions unes, ou encore des propositions indécomposables en tant que propositions, parce que tant le sujet que le prédicat sont simples ou sont uns. Divers cas sont considérés, où le sujet est composé, explicitement ou implicitement : « un homme blanc court » (q. 6); « le blanc est musicien » (q. 7); « un homme blanc est un homme musicien » (q. 8); enfin, « un homme qui est blanc court » (q. 9). Le cas où le prédicat est lui-même composé n'est pas pris en considération, si ce n'est en passant, à propos de la proposition "un homme court rapidement", qui est jugée une, parce que l'acte et la qualité de l'acte signifiés par le prédicat forment un extrême qui est un (q. 9, § 25); ou encore à propos de la proposition "un homme est blanc musicien", qui n'est pas jugée une, parce que le prédicat n'est pas un (q. 7, § 49). L'unité de chacune des quatre propositions considérées ici dépend par conséquent de l'unité de l'autre extrême, à savoir le sujet. Duns Scot prouve que les trois premières propositions sont unes, parce que le sujet de chacune peut être considéré comme étant un. Il en va différemment de la quatrième, qui se résout en deux propositions distinctes.

Question 6

Duns Scot considère que la proposition "un homme blanc court" est une, bien qu'elle ne soit pas simplement une, à la différence de la proposition "un homme est un animal" (§ 39). Si le sujet peut être tenu pour un, c'est parce que l'accident "blanc" est un acte par rapport à "homme", qui est en puissance par rapport à l'acte "blanc" (lequel, certes, n'est pas un « acte simple », à la différence de "animal", mais un acte cependant, à tout le moins un acte « superficiel », comme dit Ammonius – *cf.* § 41). Or, de la puissance et de l'acte vient quelque chose qui est un. Un autre argument est que la proposition "un homme blanc court" est une, parce qu'elle contient une seule affirmation, sans poser qu'un homme est blanc (§ 44). En effet, l'expression "un homme blanc" est un « mode de concevoir ou de signifier l'accord de l'adjectif avec le substantif », qui sont pris comme formant un tout, et non point une affirmation, comme le serait sans doute "un homme qui est blanc".

Question 7

La proposition "le blanc est musicien" pose un problème un peu plus complexe que la précédente, parce qu'ici le sujet est un accident, non une substance, placé en position de sujet. C'est pourquoi le neutre *album* est requis. Cependant, l'accident est placé en position de sujet par accident (§ 47). Aussi *album* n'est-il pas ici un suppôt de *albedo*, ou la blancheur. Il est mis pour *homo albus*, qui est une composition implicite, où *homo* est sous-entendu. Si, d'implicite, la composition est rendue explicite, "le blanc est musicien" se ramène à "un homme blanc est musicien", et la syntaxe de cette proposition est similaire à celle de la Question précédente, "un homme blanc court". La proposition "le blanc est musicien" est donc une, mais non pas simplement une, comme le serait "un homme est musicien".

Question 8

La formulation de la question 8 est assez étrange à première vue, qui demande si cette proposition est une, "un homme blanc est un homme musicien", parce que, en français du moins, la phrase crée l'apparence qu'il y aurait un lien nécessaire entre "blanc" et "musicien", ce qui n'est pas le cas. En réalité, cette phrase ne fait rien d'autre, sinon rendre explicite la composition qui, dans la proposition de la Question précédente, était implicite dans le sujet, de sorte qu'il faut entendre "un homme blanc est musicien"; ou bien, en explicitant la composition implicite dans le prédicat, et en renversant l'ordre, "un homme musicien est blanc". Dans l'un et l'autre cas, la proposition est une, parce que le prédicat "musicien" se dit du tout "un homme blanc" (et "blanc" se dit du tout "un homme musicien"), qui est un sujet un, du fait que le sujet résulte d'une composition d'acte et de puissance. En revanche, quand on dit "un homme est blanc musicien", ou bien "un homme est musicien blanc", la proposition n'est pas une, parce que les prédicats ne sont pas ordonnés par rapport au sujet, mais seulement concomitants, de sorte que chacun est un acte séparé pour "homme" (les deux versions sont similaires, parce que "blanc" et "musicien" sont au même titre des « accidents par accident * »). Sans doute en irait-il de même de la proposition "un homme est blanc et musicien", qui se résout en celle-ci, "un homme blanc est musicien", puisque "blanc" et "musicien" ne forment pas un prédicat qui est un, lequel serait "blanc-musicien".

Question 9

La dernière question est la plus intéressante, qui demande si la proposition "un homme qui est blanc court" est une, parce que cette question ne concerne pas des noms mais un pronom, à savoir le pronom relatif, et que l'analyse des pronoms relatifs est plus délicate que celle des noms, sujets ou prédicats. Pour expliquer cette question, peut-être peut-on recourir à la distinction classique entre relative explicative et relative restrictive. Une relative est dite explicative si elle explicite un caractère contenu dans le sujet, de telle sorte que tout suppôt du terme sujet, ou toute instanciation du terme sujet, présente nécessairement ce caractère. En termes scolastiques, l'antécédent du pronom relatif est dit « l'exigeant » (*exigens*) et le subséquent, « l'exigé » (*exactum*). Une relative est dite restrictive si l'extension de l'antécédent est réduite par le subséquent. Il est manifeste tout d'abord que, lorsqu'on dit "un homme qui est blanc court", la relative ne saurait être explicative ; par suite, l'on n'écrira pas, en français, "un homme, [virgule] qui est blanc, [virgule] court", tandis qu'on écrira "une pierre, qui est lourde, tombe". La question est de savoir si la relative est restrictive. Si tel est le cas, la proposition "un homme qui est blanc court" sera une, puisque le sujet, à savoir "homme" restreint par "blanc" à "homme blanc", sera un. Dans ce cas, en effet, "un homme qui est blanc" se ramène à "un homme blanc". Eh bien, la position de Duns Scot est que la relative n'est pas restrictive. D'où il suit que la proposition "un homme qui est blanc court" n'est pas une proposition une.

Duns Scot le prouve d'abord par des arguments logiques. D'une part, toute proposition affirmative qui est une admet une négation et une seule. Or, il est manifeste qu'ici la négation peut tomber soit sur la relative, soit sur la principale. D'autre part, toute proposition qui est une peut former la majeure d'un syllogisme en ajoutant un signe logique, et l'on aurait "tout homme qui est blanc court". Or, la contradictoire de cette majeure serait "quelque homme qui est blanc ne court pas", puisque la contradictoire d'une affirmative universelle est la particulière niant le même prédicat du même sujet. Cependant, la proposition "quelque homme qui est blanc ne court pas" est problématique. En effet, elle ne saurait être vraie, à moins de supposer que nul homme n'est blanc (q. 9, § 53). D'où l'on voit que la syllogistique ne peut perdre de vue la réalité (au demeurant, c'est la réalité, non la logique, qui nous apprend que si, dans la proposition "un homme qui est blanc court", la relative est prise comme explicative, cette proposition n'est pas vraie). Un autre argument est celui-ci, de nature sémantique : bien que, dans l'expression "un homme qui est blanc", "blanc" ne soit pas un prédicat de "homme", comme lorsqu'on dit "un homme est blanc", et que "homme" ne soit pas le sujet de "blanc" mais le sujet de "court", Duns Scot considère que "un homme qui est blanc" est malgré tout une composition « formelle », et non pas une composition « matérielle », parce que "blanc" est attribué à "homme" par le verbe "est", et que toute composition incluant le verbe "est" est formelle (q. 9, § 30). Afin qu'elle soit matérielle, il faudrait que la composition "un homme qui est blanc" soit réduite à "un homme blanc", qui serait alors la "matière" du verbe "court".

Tiré de l'observation psychologique, le dernier argument fait appel à l'expérience de l'auditeur (ce qui est légitime puisque, comme on l'a vu, signifier, c'est représenter quelque

chose à l'esprit). Lorsque l'auditeur entend la phrase "un
homme qui est blanc court", il comprend que l'on parle d'un
homme qui est blanc, et d'un homme singulier. Par suite, "un
homme qui est blanc" est de fait une affirmation – qui équivaut
à celle-ci : "il y a là un homme blanc" –, mais l'auditeur ne s'en
rend pas compte, parce que son attention est tenue en suspens,
jusqu'à ce que le verbe "court" soit posé dans le discours (q. 9,
§ 53). Faut-il alors considérer que la proposition "un homme
qui est blanc court" contient deux affirmations? Non, si l'on
entend par là que la première affirmation serait le sujet de la
seconde, puisqu'une affirmation ne peut jamais être le sujet
d'une affirmation qui serait un prédicat de la première (en
effet, deux affirmations dans une même phrase sont ou bien en
parataxe* ou bien en hypotaxe*). Oui, si l'on entend pas là que
la première affirmation est implicite, la seconde explicite.
Pour finir, Duns Scot considère que la proposition "un homme
qui est blanc court" n'est pas syllogisable, parce que le sujet
n'est pas distribuable. Ou alors, dit-il, l'on syllogisera ainsi :
de même que l'on a « tout homme et deux hommes sont trois ;
celui-ci est un homme ; donc celui-ci et deux hommes sont
trois », de même l'on a « tout homme qui est blanc court ;
celui-ci est un homme ; donc, celui-ci, qui est blanc, court »
(q. 9, § 56). Par là apparaît la raison véritable pour laquelle,
quand on dit "un homme qui est blanc court", la relative n'est
ni explicative ni restrictive, car, restreint par "blanc" à "homme
blanc", le sujet pourrait encore supposer pour plusieurs, quand
ici il ne suppose que pour un seul, par exemple Socrate
courant. Et l'on a "Socrate, qui est blanc, court". Or, l'expérience psychologique montre en effet que "qui est blanc" et
"court" sont compris comme étant l'un et l'autre rapportés à
Socrate, et que, cependant, ils sont conçus par deux actes
distincts de l'esprit, non reliés entre eux. Ainsi que Duns Scot

l'observe ailleurs, quand on prononce cette phrase de vive voix, l'on marquera une légère pause entre le sujet de la principale et le pronom relatif, sujet de la surbordonnée. Même chose pour la proposition *homo qui est albus, necessario est animal*, qui est analysée par Duns Scot dans la *Lectura* (I, q. 39, § 52). Cette proposition, dit-il, est fausse au sens composé*, parce que, prise en ce sens, elle signifie que *animal* est inhérent nécessairement au tout *homo qui est albus*. Cependant, elle est vraie au sens divisé*, et se résout en deux propositions, comme suit : *homo est albus, qui homo necessario est animal*, c'est-à-dire "un homme est blanc, lequel homme est nécessairement un animal". Ainsi, en concluant que la proposition "un homme qui est blanc court" n'est pas une, Duns Scot semble rejoindre certains philologues contemporains, qui voient dans une relative de ce genre ce qu'ils appellent une « relative appositive », laquelle est simplement apposée ou postposée au sujet, sans modifier la relation entre le sujet et le verbe dans la principale.

Conclusion

Récapitulant les *Questions* de Duns Scot pour les comparer au traité d'Aristote qui leur a servi de point de départ, le commentateur peut s'interroger un instant, pour savoir sur quels points les résultats de celles-là représentent un progrès par rapport à celui-ci. Sur la triple opération de l'intellect, les rapports entre être et vérité, les propositions énonçant des futurs contingents, d'autres doctrines encore, il semble que Duns Scot ne fasse pas autre chose, sinon répéter l'enseignement aristotélicien. Cependant, si l'on compare ses *Questions* aux commentaires de Boèce, qui sont plus littéraux, il est manifeste que le docteur médiéval innove sur d'autres points, allant au-delà ce qu'il a reçu et appris. Ainsi, la distinction entre nature et concept; celle entre sémantique et logique (signification et vérité des propositions); entre sémantique et psychologie (ou le double aspect d'un concept, réalité psychologique et réalité noétique); la théorie du verbe en général, plus complète qu'elle n'est chez Aristote; une clarification supérieure du sens du verbe être – tous ces points semblent bien constituer autant d'acquis très utiles à la philosophie. Au demeurant, il ne serait pas trop difficile de montrer comment tel ou tel de ces acquis sera utilisé par des philosophes postérieurs, jusqu'à l'époque contemporaine, qui pourtant étaient presque toujours dans l'ignorance de leur origine, et de leur auteur.

INDICATIONS POUR LA LECTURE DE LA TRADUCTION

Quand un terme technique apparaît pour la première fois dans le texte français, il est marqué d'un astérique, indiquant que ce terme est référencé dans le glossaire en fin de volume (quelques termes techniques figurant dans l'Introduction sont également référencés). D'autre part, bien que l'édition critique, faite à partir des manuscrits, fournisse un texte très supérieur à celui de l'édition Wadding, ce dernier a semblé préférable dans certains cas, peu nombreux il est vrai. En pareil cas, la traduction du texte de l'édition critique est suivie de celle du texte de Wadding mise entre crochets, avec la mention *var.*, pour "variante". Enfin, il a semblé expédient au traducteur d'interpoler, entre crochets encore, les références à la littérature citée dans le texte; parfois aussi une brève explication, afin de faciliter la compréhension du texte, sans avoir à recourir à des notes de bas de page.

Jean Duns Scot

SIGNIFICATION ET VÉRITÉ

Questions sur le traité *Peri hermeneias* d'Aristote

QUAESTIONES IN PRIMUM LIBRUM
PERIHERMENEIAS

[QUAESTIO 1. QUID SIT SUBIECTUM
LIBRI *PERI HERMENIAS*]

Primum oportet constituere etc.

Circa subiectum huius libri notandum quod Boethius ponit
illud interpretationem esse, quod etiam indicat interpretatio
huius nominis "Perihermenias".

<1> Sed si ratio interpretationis sit haec "vox articulata,
prolata cum imaginatione significandi", tunc interpretatio
dicitur de complexis et incomplexis, et non est proprium
subiectum huius libri. Cum liber iste medium ordinem
teneat inter librum *Praedicamentorum* et librum *Priorum,*
quorum alter est de his quae pertinent ad primam opera-
tionem intellectus, alter de his quae pertinent ad tertiam,
iste liber ergo erit de his quae pertinent ad mediam opera-
tionem intellectus. Sive autem ratio praedicta sit ratio
interpretationis, sive secundum Alios illa specialior, scilicet "vox articulata, prolata cum imaginatione significandi

QUESTIONS SUR LE PREMIER LIVRE
DU *PERI HERMENEIAS*

[QUESTION 1. QUEL EST LE SUJET
DU LIVRE *PERI HERMENEIAS*]

Il faut d'abord établir ce qu'est le nom, etc. [c. 1, 16a 1]

Concernant le sujet de ce livre, il faut noter que Boèce pose que son sujet est l'interprétation*, ce qu'indique également l'interprétation de ce nom, *Peri hermeneias*.

<1> Or, si la définition de l'interprétation est celle-ci : "voix articulée* prononcée avec l'intention de signifier", alors "interprétation" se dit à la fois des complexes* et des incomplexes*, et ce n'est pas le sujet propre de ce livre. Ce livre occupe une place intermédiaire entre le livre des *Prédicaments* et celui des *Premiers Analytiques* ; celui-là a pour sujet ce qui relève de la première opération de l'intellect* ; celui-ci, ce qui relève de la troisième ; par conséquent, le livre *Peri hermeneias* aura pour sujet ce qui est relève de l'opération intermédiaire de l'intellect. Cependant, que la définition de l'interprétation soit celle qui a été dite, ou que, selon d'autres [Thomas, *De interp.* I], ce soit une définition plus spéciale que celle-là, à savoir "voix articulée prononcée avec l'intention de signifier

aliquid esse vel non esse", non erit "interpretatio" hic subiectum, cum nulla pars logicae sit de voce ut de subiecto, sicut dictum est in principio *Praedicamentorum* quaestione prima, quia omnes passiones subiectorum in logica eis aequaliter inessent, nulla voce exsistente.

<2> Ergo enuntiatio potest hic convenienter poni subiectum, et hoc "enuntiatio in mente", quia illa causatur ex secunda operatione intellectus. Quia quae hic determinantur, propter ipsam determinantur, puta primo de partibus eius integralibus, ut puta de nomine et verbo; secundo de eius genere, quod est oratio; deinde quid est ipsa, et de divisione eius in suas primas species; et consequenter de eius proprietatibus, oppositione scilicet, habitudine, et ceteris huiusmodi. Si autem istae proprietates insint enuntiationi in voce, hoc non est per se primo, sed in quantum illa est signum enuntiationis in mente.

<3> Contra hoc :
Subiectum debet esse commune omnibus quae determinantur in scientia; non sic est enuntiatio, cum hic determinetur de nomine et verbo, de quibus non praedicatur enuntiatio.

<4> Item, auctoritas Boethii est in contrarium, qui dicit hunc librum esse de interpretatione.

<5> Item, quod non est enuntiatio in mente, probatio : quia illius non sunt nomen et verbum partes, cum utrumque

que quelque chose est ou n'est pas", "l'interprétation" ne sera pas ici le sujet, puisque nulle partie de la Logique ne porte sur la voix comme sur son sujet, ainsi qu'il est dit au début du livre des *Prédicaments*, dans la première question [Duns Scot, *Praedic.*, q. 1, § 11], sachant que pour la Logique toutes les passions des sujets seraient tout autant inhérentes à ceux-ci, quand même nulle voix n'existerait.

<2> C'est donc l'énoncé qui peut être convenablement posé comme étant ici le sujet, entendant par là "l'énoncé dans l'esprit", puisque celui-ci est causé par la seconde opération de l'intellect. En effet, les choses qui sont déterminées ici le sont en vue de déterminer ce qu'est l'énoncé, par exemple, en premier lieu, les parties intégrales de celui-ci, dont le nom et le verbe ; en second lieu, le genre auquel il appartient, qui est le discours ; ensuite, ce qu'est l'énoncé lui-même, et les divisions de celui-ci en ses espèces premières ; et, par voie de consé-quence, ses propriétés, à savoir l'opposition, la relation et autres choses semblables. Or, si ces propriétés sont inhérentes à l'énoncé dans la voix, elles ne le sont pas par soi et en premier, mais en tant que celui-ci est le signe de l'énoncé dans l'esprit.

<3> Contre cela :

Le sujet d'une science doit être commun à toutes les choses qui sont déterminées dans cette science ; l'énoncé n'est pas dans ce cas, puisqu'ici l'on détermine ce que sont le nom et le verbe, dont "énoncé" ne se prédique pas.

<4> En outre, une autorité de Boèce [*De interp.*, ed. secunda, I] plaide pour le contraire, puisqu'il dit que ce livre a pour sujet l'interprétation.

<5> En outre, ce qui prouve que le sujet de ce livre n'est pas l'énoncé dans l'esprit, c'est que le nom et le verbe ne sont pas des parties de ce dernier, puisqu'ils sont l'un et l'autre des

sit vox; sed enuntiationis de qua hic determinatur sunt illae partes.

<6> Ad primum: si intelligatur maior de universalitate praedicationis, qualis est totius universalis ad suas partes, falsa est. In omni enim scientia, cuius subiectum est compositum, necesse est determinare de partibus subiecti, de quibus tamen subiectum non praedicatur. Sed si aliquo modo illa maior sit vera, debet sic intelligi subiectum esse commune, quia eius cognitio principaliter quaeritur in scientia in cognitione omnium aliorum, in quantum illa alia determinantur propter cognitionem principalis subiecti.

<7> Ad secundum: de multis dicitur scientia esse, quorum non quodlibet est principale subiectum, ut dictum est in *Porphyrio*, quaestione tertia.

<8> Ad tertium: dico quod sicut nomen et verbum in voce sunt partes enuntiationis in voce, sic ipsa in mente sunt partes enuntiationis in mente. Quae enim concipiuntur ab intellectu in prima eius operatione, componuntur in secunda, licet nec haec nec illa exprimantur. Cum dicitur quod tam nomen quam verbum est vox: vel illud est verum secundum quod nobis magis innotescunt, quia sic debuerunt eorum descriptiones assignari, ut per illas paterent descriptiones eorum ut sunt in mente; vel aliud est dicere nomen esse vocem et nomen esse in voce, quia fortè vox potest esse essentialiter

voix *; mais ce sont des parties de l'énoncé qui est déterminé ici [*i.e.* l'énoncé dans la voix].

<6> Réponse à la première objection [§ 3] : si la majeure s'entend au sens de l'universalité de la prédication, c'est-à-dire au sens où un tout universel * se prédique de ses parties, alors elle est fausse. En effet, dans toute science dont le sujet est composé, il est nécessaire de déterminer les parties du sujet, et cependant le sujet ne se prédique pas de ses parties. Toutefois, si la majeure est vraie en quelque façon, l'on doit comprendre que le sujet est commun en ce sens que ce qui, dans une science, est recherché principalement dans la connaissance de tout le reste, c'est la connaissance du sujet, dans la mesure où les autres choses sont déterminées en vue de la connaissance du sujet principal.

<7> Réponse à la seconde objection [§ 4] : une science est dite porter sur plus d'une chose, dont le sujet principal n'est pas n'importe laquelle, ainsi qu'il a été dit dans Porphyre, à la question 3 [Duns Scot, *Porph.*, q. 3, § 17].

<8> À la troisième objection [§ 5], je réponds ceci : de même que le nom et le verbe dans la voix sont des parties de l'énoncé dans la voix, de même, dans l'esprit, ce sont des parties de l'énoncé dans l'esprit. En effet, les choses qui sont conçues par l'intellect dans la première opération de celui-ci, sont composées dans la seconde, bien que ni l'une ni l'autre ne soient exprimées. Lorsqu'on dit que tant le nom que le verbe sont des voix, je réponds que cela est vrai dans la mesure où ils se font mieux connaître de nous, parce que c'est en tant qu'ils sont des voix qu'il a fallu établir leur description, afin que, par celle-ci, soit rendue manifeste leur description en tant qu'ils sont dans l'esprit ; ou bien je réponds qu'autre chose est de dire qu'un nom est une voix, autre chose qu'un nom est dans la voix, car il est assuré que, par essence, une voix peut ne pas être

non in voce, hoc est non expressum sicut et ipsum expressum. Et primo modo ponitur in definitione nominis.

[QUAESTIO 2. UTRUM NOMEN SIGNIFICET REM VEL SPECIEM IN ANIMA]

Sunt ergo ea etc.

<1> Hic praemittit Aristoteles brevem tractatum de vocibus significativis. Ideo potest quaeri utrum nomen significat rem vel speciem in anima. Et intelligitur omnino non de nominibus impositis ad significandum similitudines vel species, sed de quocumque nomine alio cuicumque imposito, ut de illo nomine "homo", "animal" et huiusmodi, utrum "homo" significat naturam humanam vel speciem. Dico autem speciem intelligibilem vel similitudinem quae est in intellectu ut in subiecto, sicut species sensibilis est similitudo rei sensibilis quae est in sensu ut in subiecto.

<2> [Prima via : Quod nomen significat speciem] – Quod significet speciem, videtur hic in littera. Dicit enim Aristoteles « Ea quae sunt in voce sunt notae », id est signa, « passionum in anima »; illae passiones non sunt res, quia res non sunt in anima.

<3> Item, cito post : « Passiones animae sunt omnibus eaedem, quorum primorum hae voces sunt notae, et res etiam sunt eaedem, quarum sunt hae passiones similitudines ». Haec littera manifeste exponit quid intelligat per "passionem", quia

dans la voix, c'est-à-dire ne pas être exprimée, aussi bien qu'être exprimée. Et c'est de la première manière que la voix est prise dans la définition d'un nom.

[QUESTION 2. SI UN NOM SIGNIFIE UNE CHOSE OU UNE ESPÈCE DANS L'ÂME]

Les sons émis par la voix, etc. [16a 3 *sq.*]

<1> Aristote annonce par ces mots un court traité des voix significatives. Aussi peut-on chercher si un nom signifie une chose ou l'espèce* de cette chose, qui est dans l'âme. Et cela s'entend entièrement, non point des noms qui ont été imposés* pour signifier des similitudes* ou espèces, mais de n'importe quel nom imposé à quoi que ce soit d'autre, comme, par exemple, les noms "homme", "animal", et autres semblables : est-ce que "homme" signifie la nature humaine, ou bien l'espèce ? J'entends par là l'espèce intelligible ou la similitude qui est dans l'intellect comme dans son sujet, de même qu'une espèce sensible, qui est la similitude d'une chose sensible, est dans le sens comme dans son sujet.

<2. PREMIÈRE VOIE : UN NOM SIGNIFIE UNE ESPÈCE> – Qu'un nom signifie une espèce, cela ressort du texte. En effet, Aristote dit que « les sons dans la voix sont les notes », c'est-à-dire les signes, « des passions qui sont dans l'âme » ; ces passions ne sont pas les choses, puisque les choses ne sont pas dans l'âme.

<3> En outre, aussitôt après, il dit que « les passions de l'âme, dont les voix sont les notes immédiates, sont les mêmes pour tous, comme sont les mêmes aussi les choses dont ces passions sont des similitudes ». Ce texte explique claire-ment ce qu'Aristote entend par une "passion", à savoir une

similitudinem; et eam dicit primo significari per vocem quae est similitudo rei, et res non est similitudo sui ipsius; ergo etc.

<4> Item, veritas et falsitas tantum sunt in sermone ut in signo; ergo enuntiatio prolata illud significat in quo est veritas et falsitas. Illud est compositio et divisio intellectus, ut dicit Aristoteles cito post in littera. Ergo enuntiatio composita significat illud quod est in intellectu composito tantum. Ergo et enuntiationis partes significant ea quae sunt in intellectu simplici, cuiusmodi sunt species.

<5> Item, manifeste dicit Boethius frequenter in commento hic quod voces significant similitudines, et dicit hanc opinionem esse Aristotelis.

<6> Item, Priscianus dicit « omnis pars orationis significat mentis conceptum »; ille conceptus non est res sed similitudo, ut videtur; ergo etc.

<7> Item, illud primo significatur per vocem quod primo intelligitur; huiusmodi non est res; ergo etc. Probatio minoris: omne intelligibile est in intellectu; res non est in intellectu, quia per Aristotelem III *De anima*, « lapis non est in anima, sed eius similitudo vel species »; ergo etc. Probatio ultimae maioris: quia secundum quod habetur III *De anima*, "ex intellectu et intelligibili fit verius unum quam ex materia et forma"; sed ex eo quod est extra intellectum non

similitude; et il dit que la similitude qui est signifiée en premier par une voix, c'est la similitude d'une chose; or, une chose n'est pas une similitude d'elle-même; donc, etc.

<4> En outre, la vérité et la fausseté sont uniquement dans le discours en tant que signe; donc, l'énoncé exprimé signifie ce en quoi il y a vérité ou fausseté. Or, c'est une composition ou une division* effectuée par l'intellect, comme le dit Aristote aussitôt après dans le texte. Donc, un énoncé composé signifie ce qui est uniquement dans l'intellect composé*. De même, par conséquent, les parties de l'énoncé signifient ce qui est dans l'intellect simple*; or, telles sont les espèces.

<5> En outre, il est manifeste que, dans son commentaire [*De interp.*, ed. secunda, I, c. 1], Boèce dit à plusieurs reprises que les voix signifient des similitudes, et il dit que c'est là l'opinion d'Aristote.

<6> En outre, Priscien dit que «toute partie du discours signifie un concept mental» [*Institutiones grammaticales* XI, c. 2]; or, il est clair que ce concept n'est pas une chose, mais une similitude; donc, etc.

<7> En outre, est signifié en premier par une voix ce qui est intelligé en premier; or, une chose n'est pas dans ce cas; donc, etc. Preuve de la mineure: tout intelligible est dans l'intellect; une chose n'est pas dans l'intellect, puisque, selon Aristote au livre III du traité *De l'âme* [c. 8, 431b 29-432a 1], «la pierre n'est pas dans l'âme, mais la similitude ou l'espèce de celle-ci»; donc, etc. Preuve de la dernière partie de la majeure: d'après ce qui peut être recueilli du traité *De l'âme*, livre III [*cf.* Averroes, *De an.* II, com 5], "de l'intellect et de l'intelligible vient quelque chose qui est plus véritablement un que de la matière et de la forme"; en revanche, de ce qui est à l'extérieur de l'intellect ne vient pas

fit verius unum cum intellectu quam ex materia et forma; ergo etc.

<8> Item, nihil intelligitur nisi per speciem; ergo nihil significatur per aliquam vocem nisi per speciem; ergo species magis significatur, quia « unumquodque propter quid, et illud magis ».

<9> Ad oppositum:
[Secunda via: Quod nomen significat rem] – Inferius, in fine cap. "De verbo" dicit Aristoteles "Verbum significat aliquid; constituit enim intellectum qui dicit". Ex quo sumitur quod "significare est intellectum constituere". Illud ergo significatur cuius intellectus constituitur per vocem. Sed prolata voce, non constituitur intellectus speciei sed rei, ut patet in quocumque audiente vocem significativam.

<10> Item, in principio *Elenchorum* dicit Aristoteles quod « nominibus utimur pro rebus notis, quia non possumus nobiscum ferre res ad disputandum ». Ergo illarum non sunt voces notae, sed rerum.

<11> Item, ibidem paulo post: quia "res sunt infinitae, nomina autem finita", ideo necesse est nomen unum et unam orationem plures res significare.

<12> Item, in IV *Metaphysicae* dicit Aristoteles quod « ratio quam significat nomen est definitio »; sed definitio

quelque chose qui est plus véritablement un avec l'intellect que de la matière avec la forme ; donc, etc.

<8> En outre, rien n'est intelligé si ce n'est par une espèce ; donc, rien n'est signifié par une voix, si ce n'est par une espèce ; donc, l'espèce est davantage signifiée, puisque « tout ce qui est cause de quelque chose est davantage que cette chose » [*Anal. Post.* I, c. 2, 72a 29-30].

En sens contraire :

<9. DEUXIÈME VOIE : UN NOM SIGNIFIE UNE CHOSE> Plus bas, à la fin du chapitre « Du verbe », Aristote dit que "un verbe signifie quelque chose ; en effet, celui qui parle suscite une intellection"[*De interp.* I, c. 3, 16b 20-21]. D'où l'on tire que "signifier, c'est susciter une intellection". Ce qui donc est signifié, c'est ce dont l'intellection est suscitée par une voix ; or, quand une voix a été prononcée, l'intellection suscitée n'est pas celle d'une espèce, mais celle d'une chose, ainsi qu'il apparaît chez toute personne entendant une voix significative.

<10> En outre, au début des *Réfutations Sophistiques* [c. 1, 165a 5-6], Aristote déclare que « nous nous servons de leur nom à la place des choses connues de nous, parce que nous ne pouvons pas apporter les choses avec nous dans la discussion ». Donc, les voix ne sont pas des signes [des passions] mais des choses.

<11> En outre, un peu plus loin dans le même passage : comme "les choses sont en nombre infini et les noms, en nombre fini", il est nécessaire pour cette raison qu'un seul et même nom, un seul et même discours signifient une pluralité de choses.

<12> En outre, au livre IV de la *Métaphysique* [c. 7, 1012a 24-25], Aristote dit que « la notion qui est signifiée par un nom est une définition » [*var.* donne lieu à une définition] ; or, une

indicat veram essentiam rei; ergo illa essentia per nomen significatur.

<13> [Quod nomen non significat speciem] – Quod autem species non significetur, videtur :

<14> Tum quia tunc omne nomen significaret accidens, quia illa species est in anima ut in subiecto, sicut species visibilis in oculo.

<15> Tum quia omnis propositio affirmativa esset falsa in qua subiectum et praedicatum cognoscuntur per diversas species, ut illa "homo est animal", cum alia sit species hominis per quam intelligitur, et alia animalis. Et universaliter omnes propositiones essent falsae in quibus enuntiatur actus realis de aliquo subiecto, cuiusmodi est "homo currit" etc.

<16> Tum quia haec propositio Aristotelis in III *De anima* includeret contradictionem, videlicet « lapis non est in anima, sed species lapidis », quia prius removetur "esse in anima" a specie lapidis, quae significatur per hoc nomen "lapis" per primam partem propositionis "lapis non est in anima", et per secundam partem idem praedicatum eidem subiecto attribueretur.

<17> Tum quia omnis propositio esset vera in qua praedicatur hoc verbum "est" secundum adiacens, ut "Socrates est", "Antichristus est", quia species cuiuslibet subiecti, de qua enuntiamus "esse", est.

<18> Tum quia nullus syllogismus esset perfectus, quia si per terminum medium significetur species in

définition indique l'essence véritable d'une chose; donc, ce qui est signifié par un nom, c'est cette essence.

<13. UN NOM NE SIGNIFIE PAS UNE ESPÈCE> – Il ressort que l'espèce n'est pas signifiée :

<14>Parce qu'alors tout nom signifierait un accident, puisqu'une espèce intelligible est dans l'âme comme [un accident] dans son sujet, de même qu'une espèce visible dans l'œil.

<15>Parce que toute proposition affirmative serait fausse, en laquelle le sujet et le prédicat sont connus au moyen d'espèces différentes, comme par exemple celle-ci : "l'homme est un animal", puisque autre est l'espèce de l'homme, par laquelle il est intelligé, autre celle de l'animal. Et toutes les propositions seraient fausses sans exception, en lesquelles un acte réel est énoncé d'un sujet, du type de celle-ci, "un homme court", etc.

<16>Parce que la proposition suivante d'Aristote, au livre III du traité *De l'âme*, inclurait contradiction, à savoir « la pierre n'est pas dans l'âme, mais l'espèce de la pierre », puisque "être dans l'âme" est d'abord écarté de l'espèce de la pierre, qui est signifiée par le nom "pierre" dans la première partie de la proposition, à savoir "la pierre n'est pas dans l'âme" [dans l'hypothèse où un nom est un nom d'espèce, "espèce de la pierre" peut être substitué à "pierre"], tandis que dans la seconde partie, le même prédicat – "être dans l'âme" – est attribué au même sujet.

<17>Parce que toute proposition serait vraie, en laquelle le verbe "est" est prédiqué en second adjacent*, par exemple "Socrate est", "l'Antéchrist est", étant donné que l'espèce de n'importe quel sujet dont nous énonçons "être", est.

<18>Parce que nul syllogisme ne serait parfait*, puisque, si ce qui est signifié par le moyen terme est une espèce dans

anima, sive sumatur sub res sive species, non erit illud sumptum sub suppositum medii.

<19> Tum quia nihil significatur nisi quod intelligitur. Species intelligibilis non intelligitur. Quod ostenditur primo per simile, quia species visibilis non videtur. – Secundo quia est illud quo intelligibile intelligitur; sed in omnibus citra Primum differt "quod est" et "quo est" per Boethium – Tertio quia si intelligitur, intelligeretur per aliam speciem; intellectus enim, cum sit virtus passiva, nihil intelligit nisi ens in actu per speciem sui obiecti.

[I. *Ad quaestionem*]

<20> Ad quaestionem dicitur quod species intelligibilis immediate significatur per vocem. Sed illa dupliciter consideratur: aut in quantum est quid in se, scilicet accidens informans animam; aut in quantum repraesentat rem. Primo modo non significatur, propter rationes ad oppositum, sed secundo modo. Cum autem omne signum signi in quantum signum sit signum significati, sequitur quod vox significans

l'âme, alors, que ce qui est subsumé [sous le sujet de la mineure] soit une chose ou une espèce, ce qui est subsumé ne sera pas un suppôt* du moyen terme [Si le moyen terme "homme" signifie une espèce dans l'âme, Socrate ne sera pas un suppôt de "homme", quand on dit "l'homme est un animal; or Socrate est un homme, etc.", parce que ni une chose, ni une espèce intelligible n'est un suppôt d'une espèce intelligible].

<19> Parce que rien n'est signifié, qui ne soit intelligé. L'espèce intelligible n'est pas intelligée. <19.1> Ce qui est prouvé d'abord par analogie, puisque l'espèce visible n'est pas vue. <19.2> Deuxièmement, parce que l'espèce intelligible est ce par quoi un intelligible est intelligé; or, en toutes choses, à l'exception du Premier*, "ce qu'une chose est" et "ce par quoi une chose est" ne sont pas identiques, d'après Boèce [*De hebd.*, c. 3]. <19.3> Troisièmement, parce que, si l'espèce est intelligée, elle sera intelligée au moyen d'une autre espèce; en effet, puisque c'est une faculté passive, l'intellect n'intellige rien s'il n'est pas mis en acte par une espèce de son objet.

[I. *Réponse à la question*]

<20> En réponse à la question, l'on dit [Ammonius, *Periherm.* c. 1; Boèce, *De interp.*, ed. prima, I, c. 1; Albert le Grand, *Periherm.* I, tr. 2; Thomas, *Periherm.* I, lect. 2] qu'une espèce intelligible est signifiée immédiatement par une voix. Toutefois, l'espèce est considérée sous deux modes différents : ou bien en tant qu'elle est quelque chose en soi, c'est-à-dire un accident informant l'âme, ou bien en tant qu'elle représente une chose. Prise sous le premier mode, l'espèce n'est pas signifiée, en raison des arguments en sens contraire [§ 13-19], mais elle est signifiée, prise sous le second mode. Or, comme tout signe d'un signe en tant que signe est signe du signifié [de ce signe], il s'ensuit qu'une voix, qui signifie une

similitudinem in quantum est signum rei, significat etiam ipsam rem, sed mediate, quia scilicet immediate significat illud quod est signum rei in quantum est signum.

<21> Contra ista: substantiae et accidenti nulla ratio substantialis est eadem, cum nec habeant idem genus generalissimum; sed rei quae est substantia, similitudo illius est accidens; ergo si haec significentur per aliquod nomen, istis duobus erit "solum nomen commune et ratio substantiae diversa"; igitur omne nomen erit aequivocum.

<22> Et confirmatur ratio per Aristotelem in principio *Praedicamentorum* ubi exemplificat de aequivocis, ut «animal homo et quod pingitur», intelligens per hoc quod si aliquod nomen significaret rem et similitudinem eius, esset aequivocum.

<23> Ad illud dicitur quod aequivocum diversis actibus significandi significat multa; sed vox est significans rem et similitudinem eodem actu, quia eodem actu est vox signum signi in quantum signum et signati eius.

<24> Per hoc ad confirmarionem: Aristoteles intelligit si diversis actibus significandi significaret utrumque et diversa impositione. Hoc patet in simili: non omnis dictio scripta est aequivoca, et tamen, ut dicit Aristoteles, illa significat dictionem in voce et cum hoc rem. Nunc autem

similitude en tant que celle-ci est le signe d'une chose, signifie aussi cette chose, de façon médiate cependant, c'est-à-dire parce qu'une voix signifie immédiatement ce qui est le signe d'une chose en tant que c'est un signe [*i.e.* l'espèce ou similitude].

<21> Contre ce qui précède : nulle raison substantielle* n'est la même pour une substance et pour un accident, puisque l'une et l'autre ne sauraient avoir le même genre généralissime*; or, une chose est une substance, tandis que la similitude d'une chose est un accident; si donc l'une et l'autre étaient signifiées par quelque nom, alors il y aurait pour les deux "uniquement un nom commun, et une raison substantielle différente"; donc, tout nom sera équivoque.

<22> L'argument est confirmé par Aristote, au début des *Prédicaments* [c. 1, 1a 1-4], où il donne pour exemples de termes équivoques "homme-animal" et "homme en peinture"; il veut dire par là que, si quelque nom signifiait une chose et une similitude de celle-ci, ce nom serait équivoque.

<23. Réponse> L'on dit en réponse à cela [§ 21] qu'un nom équivoque signifie plusieurs choses par des actes de signification différents; en revanche, une voix signifie une chose et la similitude d'une chose par le même acte, parce que c'est par le même acte qu'une voix est signe d'un signe en tant que signe et signe du signifié de celui-ci.

<24> L'on répond par là à la confirmation [§ 22] : Aristote entend que ["homme" serait équivoque] s'il signifiait l'un et l'autre ["homme-animal" et "homme en peinture"] par des actes de signifier différents et avec un sens différent. Pareillement, il apparaît ceci : ce n'est pas le cas que tout mot écrit soit équivoque, et pourtant, comme le dit Aristote, un mot écrit signifie un mot dans la voix et, avec cela, une chose. Or, il n'y a

non est aequivocatio, quia primum significatur in quantum est signum signati.

[II. *Ad argumenta in oppositum*]

<25> Ad rationes principales contra hanc positionem: conceduntur omnes quae probant rem significari.

[A. *Ad rationes probantes nomen non significare speciem*]

<26> Ad rationes autem quae probant speciem non significari:

Ad primam respondetur quod non est inconveniens omne nomen significare accidens immediate, non in quantum est quid in se, sed ut signum rei. Et ita aliquae voces significant substantiam ut ultimum significatum, et ita dicuntur absolute significare substantiam. Aliquid enim potest simpliciter significare, licet non immediate, ut patet de dictione scripta. Aliqua illarum dicitur simpliciter significare substantiam, licet omnis illa immediate significet vocem, per Aristotelem in littera.

<27> Ad secundam probationem: intelligendum quod veritas et falsitas non sunt in signo nisi per significatum. Veritas enim est conformitas eius cum significato, et difformitas falsitas. Compositio autem specierum ad invicem, in quantum illae sunt signa rerum, non est vera nec falsa nisi a significatis, id est a rebus, loquendo de speciebus in quantum signa. Omnis igitur veritas cuiuscumque propositionis referenda est ad res, quia illae sunt ultimo significatae

pas d'équivocité, parce que le premier [*i.e.* un mot dans la voix] est signifié en tant qu'il est signe du signifié [*i.e.* une chose].

[II. *Réponse aux arguments en sens opposé*]

<25> Concernant les arguments initiaux contre cette position [§ 20], sont acceptés tous ceux [§ 9-12] qui prouvent que ce qui est signifié est la chose.

[A. *Réponse aux arguments prouvant qu'un nom ne signifie pas une espèce*]

<26> Concernant maintenant les arguments qui prouvent que l'espèce n'est pas signifiée :

Il est répondu au premier [§ 14] qu'il ne disconvient pas que tout nom signifie un accident immédiatement, non point en tant que c'est un *quid** en soi, mais en tant que signe d'une chose. Ainsi, certaines voix signifient une substance en tant que signifié ultime*, et ainsi elles sont dites signifier une substance absolument. En effet, quelque chose peut signifier simplement, quoique non immédiatement, comme il ressort d'un mot écrit. Certains mots écrits sont dits signifier une substance simplement, quoique tout mot écrit signifie immédiatement une voix, d'après le texte d'Aristote [16a 3 *sq.*].

<27> Réponse à la seconde argumentation [§ 15] : il faut comprendre que la vérité et la fausseté ne sont pas dans un signe, si ce n'est par le signifié. En effet, la vérité est la conformité d'un signe avec le signifié et la fausseté, sa non-conformité. Or, la composition des espèces les unes avec les autres, en tant qu'elles sont des signes des choses, n'est ni vraie ni fausse, si ce n'est en raison des signifiés, c'est-à-dire en raison des choses – si l'on parle des espèces en tant que signes. Donc, la vérité de quelque proposition que ce soit doit toujours être rapportée aux choses, étant donné que les signifiés ultimes

et non signa. Hoc patet in exemplo : haec propositio "homo est animal" scripta non dicitur falsa, licet haec vox "homo" non sit haec vox "animal". Et hoc est quia litterae non significant voces ut sunt quid in se sed ut sunt signa aliorum. Et ita in omnibus his oportet semper recurrere ad ultimum significatum.

<28> Per idem patet ad omnes probationes de veritate et falsitate propositionum, quia veritas non est iudicanda nisi penes ultima significata, quae sunt res.

<29> Si arguitur contra hoc "hic homo est animal", prima significata notantur esse eadem, quia vox ponit in oratione suum primum significatum; igitur hic notantur species esse eaedem, et illae non sunt eaedem; igitur propositio pro primo significato est falsa :

<30> Concesso quod species uniantur in quantum sunt signa rerum et quod non sunt eaedem, non sequitur propositionem esse falsam, quia circa signum in quantum signum non est nata esse veritas neque falsitas nisi referendo ad significatum. Sed si aliqua talis debet dici de ipsa, compositio magis debet dici vera, quia compositio significatorum est vera.

<31> Contra : haec species in quantum est similitudo rei non est illa species in quantum est similitudo rei, et tamen notantur esse eadem per hoc verbum "est", per te. Igitur per omnem affirmationem notantur primo esse eadem quae non sunt eadem, et omnis propositio quoad illam compositionem

sont des choses, non pas des signes. C'est clair sur un exemple : la proposition écrite "l'homme est un animal" n'est pas dite fausse, bien que la voix "homme" ne soit pas la voix "animal". Et la raison en est que les lettres ne signifient pas des voix en tant que celles-ci sont un *quid* en soi, mais en tant qu'elles sont des signes d'autres choses. Ainsi, pour tous les signes, il faut toujours se reporter au signifié ultime.

<28> Pour la même raison, la réponse à toutes les preuves concernant la vérité et la fausseté des propositions [§ 15-17] est manifeste : l'on ne doit pas juger de leur vérité autrement qu'en fonction des signifiés ultimes, qui sont les choses.

<29> Objection : dans "cet homme est un animal", les signifiés premiers [*i.e.* les espèces] sont notifiés comme étant identiques, puisqu'une voix pose dans le discours son signifié premier ; donc, les espèces sont notifiées ici comme étant identiques ; or, elles ne sont pas identiques ; donc, la proposition est fausse en prenant le signifié premier.

<30. Réponse> De ce qu'il est admis que les espèces sont unies en tant qu'elles sont des signes des choses, et qu'elles ne sont pas identiques, il ne suit pas que cette proposition soit fausse, parce que, s'agissant d'un signe en tant que signe, il n'existe par nature ni vérité ni fausseté, si ce n'est par référence au signifié. Or, si cette proposition doit être dite vraie ou fausse, elle doit être dite vraie plutôt que fausse, parce que la composition des signifiés est vraie.

<31> Contre : cette espèce-ci, en tant qu'elle est une similitude d'une chose, n'est pas cette espèce-là en tant qu'elle est une similitude d'une autre chose, et pourtant elles sont notifiées comme étant les mêmes par le verbe "est", d'après toi. Donc, par toute affirmation sont notifiées en premier comme étant identiques des choses qui ne sont pas identiques ; et toute proposition est dite vraie ou fausse relativement à la

dicitur vera vel falsa, cum illa sit simpliciter compositio; et non est vera, quia non est ita sicut illa propositio significat, igitur est falsa.

<32> Quamvis haec ratio videtur difficilis ad solvendum, non tamen concludit necessarium, quia in aliis ubi est eadem forma arguendi, non est difficile. Quia in hac oratione scripta "homo est animal" primo uniuntur voces, quia illae primo significantur; sed non propter hoc est haec oratio scripta falsa.

<33> Videtur ergo dicendum ad illud quod, quantum-cumque per idem multa significantur quorum unum significatur in quantum est signum alterius, si illud in ora-tione componatur cum alio, non est compositio signorum sed significatorum ultimorum, quae non sunt signa. Et per enuntiationem prolatam non significatur compositio specie-rum sed rerum, sicut nec per orationem scriptam significatur compositio vocum sed rerum.

<34> Ad probationem de syllogismo potest dici quod supposita accipienda sunt in syllogismo perfecto sub medio quoad ultimum significatum eius, et sic res ut consideratur a ratione est suppositum rei.

<35> Ad ultimam probationem dicitur quod species intelligitur, licet non primo sed per reflexionem. Et quia impositio est ad placitum, potest vox imponi ad significandum

composition; or, la proposition "cet homme est un animal" est une composition simple; et elle n'est pas vraie, puisqu'il n'en va pas comme cette proposition le signifie; elle est donc fausse.

<32> Bien que cet argument paraisse difficile à résoudre, sa conclusion n'est cependant pas nécessaire, parce que, dans d'autres cas, où la forme de l'argument est la même, la résolution n'est pas difficile. En effet, dans la proposition écrite "l'homme est un animal", ce qui est uni en premier sont des voix, puisqu'elles sont signifiées en premier; or, cette proposition écrite n'est pas fausse pour autant.

<33> Il apparaît donc qu'il faut répondre à cet argument [§ 31] que, toutes les fois où, par un même signe, il y a plusieurs signifiés, dont l'un est signifié en tant qu'il est signe d'un autre, si ce signe est composé avec un autre dans un discours, ce qui est composé ne sont pas les signes, mais les signifiés ultimes, qui ne sont pas des signes. Et ce qui est signifié par un énoncé exprimé oralement, ce n'est pas la composition des espèces, mais celle des choses, de même que ce qui est signifié par un discours écrit n'est pas la composition des voix, mais celle des choses.

<34> En réponse à la preuve portant sur le syllogisme [§ 18], l'on peut dire que, dans un syllogisme parfait, les suppôts doivent être pris sous le moyen terme relativement au signifié ultime de celui-ci [donc, relativement à la chose signifiée, non à l'espèce], et ainsi une chose en tant qu'elle est considérée par la raison est un suppôt d'une chose [non d'une espèce].

<35> À la dernière argumentation [§ 19], l'on répond que l'espèce est intelligée, non point cependant en premier, mais par réflexion. Et, puisque l'imposition des voix est à plaisir, une voix peut être imposée pour signifier l'espèce intelligée au

illud mediante intellectu per reflexionem sicut et illud primo intellectum.

<36> Ad probationes probantes speciem intelligibilem non intelligi.

Ad primam negatur similitudo. Sensus enim, cum sit virtus materialis, non potest se reflectere supra suum actum nec supra illud quod cognoscit, et ideo species sensibilis non sentitur. Sed intellectus, propter sui immaterialitatem, potest se reflectere supra suum actum et supra speciem quam cognoscit et etiam supra se ipsum, et in omnia alia a suo primo obiecto potest intelligere per reflexionem et cognoscere.

<37> Ad aliam probationem concedo speciem esse aliud ab illo quod cognoscitur per ipsam, scilicet a primo obiecto, quia illius est species. Sed cum hoc stat ipsam speciem esse aliquod intelligibile aliud a primo obiecto.

<38> Ad tertiam dico quod species non cognoscitur per aliam speciem, quia solum illud quod primo cognoscitur ab intellectu, scilicet primum obiectum intellectus – quod est quod quid rei materialis – facit speciem in intellectu. Omnia alia cognita per reflexionem et discursum cognoscuntur propria specie.

[B. *Ad rationes probantes nomen significare rem*]

<39> Ad partem oppositam quaestionis dicitur quod res primo significatur, non tamen secundum quod exsistit quia nec

moyen d'une réflexion de l'intellect, et pour signifier ce qui est intelligé en premier [*i.e.* la chose signifiée].

<36> Réponse aux arguments prouvant que l'espèce intelligible n'est pas intelligée.

En réponse au premier [§ 19.1], l'analogie est rejetée. En effet, comme c'est une faculté matérielle, le sens ne peut pas se retourner sur son acte, ni sur ce qu'il connaît, et c'est pourquoi l'espèce sensible n'est pas sentie. Au contraire, en raison de son immatérialité, l'intellect peut se retourner sur son acte et sur l'espèce qu'il connaît, et aussi se retourner sur lui-même, et toutes les choses autres que son objet premier [*i.e.* le ce-que-c'est* de la chose matérielle, *cf.* § 38 et 49], il peut les intelliger et connaître par réflexion.

<37> En réponse au second argument [§ 19.2], j'admets qu'une espèce est autre chose que ce qui est connu par son moyen, à savoir l'objet premier, puisque c'est une espèce de celui-ci. Mais cela n'empêche pas que l'espèce elle-même soit quelque chose d'intelligible, autre que l'objet premier.

<38> En réponse au troisième [§ 19.3], je dis qu'une espèce n'est pas connue au moyen d'une autre espèce, parce que seul ce qui est connu en premier par l'intellect, à savoir l'objet premier de l'intellect – qui est le ce-que-c'est de la chose matérielle –, engendre une espèce dans l'intellect. L'objet premier mis à part, tout ce qui est connu par réflexion et raisonnement est connu d'une façon qui lui est propre.

[B. *Réponse aux arguments prouvant qu'un nom signifie une chose*]

<39> À la partie opposée dans cette question [§ 9-12], l'on répond qu'une chose est signifiée en premier, non point cependant en tant qu'elle existe, puisque ce n'est pas non plus

sic intelligitur, sed secundum quod per se concipitur ab intellectu, hoc est ipsa essentia rei quae significatur per definitionem quae est primum obiectum intellectus, ut vult auctoritas
IV *Metaphysicae* prius adducta. Nec tamen hoc totum compositum significat quod est "res ut intelligitur", quia illud est ens
per accidens. Omnia nomina, quae significant res alicuius
generis, significant ens per se; solum enim ens per se est in
genere.

[III. *Ad argumenta principalia*]

<40> Ad omnes auctoritates in contrarium dicitur quod
per speciem vel passionem vel conceptum, vel quodcumque
aliud in aliis auctoritatibus, significatur "res ut intelligitur", ad
denotandum quod "res ut exsistit" non significatur. Si autem
aliquis dicat aliquid manifestius pro hac littera Aristotelis,
dicatur quod in hoc non exponit Aristotelem.

<41> Ad illud de compositione et divisione dico quod
compositio non est ipsarum specierum sed rerum, non tamen
ut exsistunt sed ut intelliguntur. Et ideo dicitur esse veritas et
falsitas circa compositionem et divisionem intellectus, quia
illa compositio causatur ab intellectu et est in intellectu ut
cognitum in cognoscente, non autem ut accidens in subiecto.
Et ita concedo de partibus compositionis, quia sunt in intellectu simplici ut cognitum in cognoscente; et isto modo sunt
res in intellectu, non species solae.

en tant que telle qu'elle est intelligée, mais en tant qu'elle est conçue par soi de l'intellect. C'est l'essence même d'une chose, laquelle est signifiée par une définition, qui est l'objet premier de l'intellect, comme le veut le texte de *Métaphysique* IV, cité plus haut [§ 12]. Cependant, ce qui est signifié par "la chose en tant qu'elle est intelligée" n'est pas un tout-composé*, parce que ce dernier est un être par accident*. Tous les noms qui signifient des choses d'un genre donné signifient un être par soi ; seul, en effet, un être par soi est dans un genre.

[III. *Réponse aux arguments initiaux*]

<40> En réponse à toutes les autorités pour la partie opposée [§ 2-8], il est dit que par "espèce", "passion", "concept", ou quoi que ce soit d'autre dans d'autres autorités, ce qui est signifié, c'est "la chose en tant qu'elle est intelligée", afin de notifier que ce qui est signifié, ce n'est pas "la chose en tant qu'elle existe". Et si quelqu'un [Boèce – *cf.* § 5] dit quelque chose de plus manifeste à la place de ce texte d'Aristote, que l'on dise qu'en cela il n'explique pas Aristote.

<41> À l'argument au sujet de la composition et de la division [§ 4], je réponds qu'une composition n'est pas une composition des espèces elles-mêmes, mais des choses, non point cependant en tant qu'elles existent, mais en tant qu'elles sont intelligées. Et la raison pour laquelle on dit qu'il y a vérité ou fausseté concernant la composition et la division opé-rées par l'intellect, c'est que la composition est causée par l'intellect, et elle est dans l'intellect comme le connu dans le connaissant, non point comme un accident dans un sujet. Et j'accorde ce qui est dit des parties d'une composition, en ce sens qu'elles sont dans l'intellect simple comme le connu dans le connaissant ; et, prises sous ce mode, les choses sont dans l'intellect, et non point les seules espèces.

<42> Ad aliud dico quod res intelligitur primo et non species, nisi per reflexionem. – Ad aliud de intellectu et intelligibili etc., dicitur quomodo debet intelligi super librum *Porphyrii*.

<43> Ad aliud potest negari consequentia "nihil intelligitur nisi per speciem, igitur nihil significatur nisi per speciem", si enim ly per utrobique sumatur causaliter. Quia significare et intelligere non ordinantur ad invicem sicut causa necessaria et effectus, sed significare praesupponit intelligere tanquam illud sine quo non. Quod autem est causa sic praesuppositi non oportet quod sit causa praesupponentis, sed tantum praesupponitur ei sicut illud cuius est causa, sic species praesupponitur significationi.

<44> Concessa autem propositione quod "nihil significatur nisi per speciem" (sive ly per sumatur causaliter sive praesuppositive), non sequitur ulterius speciem significari, quia illa propositio "unumquodquod propter quid" etc. intelligitur de causa efficiente et univoca, per se et totali, cuiusmodi non est species respectu significationis.

[IV. *Resumptio quaestionis*]

<45> Istarum viarum eligatur quae videtur probabilior.

<46> [Pro prima via] – Est autem pro prima, et contra secundam, praecipue auctoritas hic in littera et argumenta de veritate et falsitate propositionum.

<42>À l'autre argument [§ 7], je réponds que ce qui est intelligé en premier, c'est la chose, et non point l'espèce, si ce n'est par réflexion. – À l'autre argument, au sujet de [l'unité de] l'intellect et de l'intelligible, etc., il est expliqué [dans les Questions] sur le livre de Porphyre [q. 9-11, § 20] de quelle façon il faut comprendre ce point.

<43>En réponse à l'autre argument [§ 8], cette inférence peut être rejetée – "rien n'est intelligé, si ce n'est par une espèce; donc rien n'est signifié, si ce n'est par une espèce" – si le terme "par" est pris au sens causal dans les deux occurrences. En effet, intelliger et signifier ne sont pas ordonnés l'un à l'autre comme une cause nécessaire à son effet; en réalité, signifier présuppose intelliger comme ce sans quoi il n'est pas. Or, il n'est pas nécessaire que ce qui est une cause présupposée de cette façon soit la cause de ce qui le présuppose, puisqu'il lui est seulement présupposé comme ce dont il est la cause [*sine qua non*], et c'est de cette façon que l'espèce est présupposée à la signification.

<44>Et même si l'on admet que "rien n'est signifié, si ce n'est par une espèce" (que le terme "par" soit pris au sens d'une cause ou d'un présupposé), il ne s'ensuit pas que ce qui est signifié soit une espèce, parce que la proposition "toute cause, etc."[§ 8] s'entend d'une cause efficiente et univoque, par soi et totale, ce qui n'est pas le cas d'une espèce par rapport à la signification.

[IV. *Récapitulation de la question*]

<45>Voyons laquelle, de ces deux voies [§ 2 et § 9], paraît la plus digne d'être approuvée.

<46. POUR LA PREMIÈRE VOIE> En faveur de la première, et contre la seconde, il y a principalement l'autorité citée [*Les sons émis par la voix, etc.*], ainsi que les arguments portant sur la vérité et la fausseté des propositions [§ 4 et 27-28].

<47> [Pro secunda via] – Pro secunda et contra primam praecipue est ista ratio : quia res prius intelligitur tempore et natura quam species intelligatur per reflexionem, igitur in illo priori potest intellectus ei nomen imponere, quod nomen tantum rem significat. Igitur non necesse est omne nomen significare speciem.

<48> [Contra utramque viam] – Contra autem utrumque, magis tamen contra primam, est vis de nominibus impositis ad significandum singularia. Licet enim hoc possit salvari per secundam viam, quia scilicet singularia aliquo modo intelliguntur licet non primo, non tamen hoc posset salvari per primam viam, quia illa nullo modo faciunt speciem in intellectu. Igitur nomina eis imposita non significant species intelligibiles immediate.

<49> Consimiliter contingit arguere de nominibus impositis ad significandum figmenta quia, tam illa quam singularia, licet faciant species in virtute imaginativa, non tamen in intellectu. Quia intellectus tantum natus est recipere speciem sui primi obiecti, quod est quod quid est rei materialis, aliorum autem non, cum una potentia non sit receptiva nisi formarum eiusdem generis.

<50> [Contra secundam viam] – Contra secundam viam est quod omnis propositio est falsa ubi subiecto denotatur aliquis actus inesse realis, quia si nomen significet rem ut

<47. Pour la seconde voie> En faveur de la seconde, et contre la première, il y a principalement l'argument suivant : la chose est intelligée d'abord, dans le temps et par nature, avant que l'espèce soit intelligée par réflexion ; donc, en raison de cette antériorité, l'intellect peut lui imposer un nom, lequel nom signifie uniquement une chose. Il n'est donc pas nécessaire que tout nom signifie une espèce.

<48. Contre l'une et l'autre voies> Toutefois, contre l'une et l'autre, quoique davantage contre la première, il y a l'argument des noms imposés pour signifier des singuliers. En effet, s'il est vrai que l'on peut en rendre compte par la seconde voie, c'est-à-dire parce que les singuliers sont intelligés en quelque façon, bien qu'ils ne soient pas intelligés en premier, l'on ne peut en revanche en rendre compte par la première voie, puisque les singuliers n'engendrent en aucune façon une espèce dans l'intellect. Donc, les noms qui leur sont imposés ne signifient pas des espèces intelligibles immédiatement [*var.* ne signifient pas des espèces intelligibles dans l'esprit].

<49> Il est possible d'argumenter de la même manière concernant les noms imposés pour signifier des choses fictives, parce que tant celles-ci que les singuliers engendent des espèces dans la faculté imaginative, non point cependant dans l'intellect. En effet, l'intellect est destiné par nature à recevoir uniquement l'espèce de son objet premier, qui est le ce-que-c'est de la chose matérielle, et non point les espèces d'autres choses, puisqu'une seule et même faculté est apte à recevoir uniquement les formes de même genre qu'elle [l'intellect, les formes intelligibles ; l'imagination, les images].

<50. Contre la seconde voie> Contre la seconde voie, il y a le fait que toute proposition est [*var.* serait] fausse, où un acte réel [ex. "courir"] est signifié comme étant inhérent au sujet, parce que, si un nom signifie une chose en tant qu'elle est

intelligitur, tunc tale praedicatum attribueretur ei ut intelligitur, et sic ei non inest, igitur etc. Quod non sic inest ei, probo : quia ei ut intelligitur insunt praedicata intentionalia; et medium comparatum ad praedicata realia et intentionalia sumitur sub extraneis rationibus – et sic sumendo medium in syllogismo, si concludatur aliqua conclusio, fiet fallacia accidentis.

<51> Prima via videtur probabilior secundum auctoritates ; secunda secundum rationem ut patet.

[QUAESTIO 3. UTRUM FACTA TRANSMUTATIONE CIRCA
REM QUAE SIGNIFICATUR, FIAT TRANSMUTATIO
IN SIGNIFICATIONE VOCIS]

Quaeritur utrum, facta transmutatione circa rem quae significatur, fiat transmutatio in significatione vocis.

<1> Videtur quod sic :
Quia dicit Boethius in *Libro divisionum* "cum res non sit subiecta voci, est vox non-significativa"; et illa prius fuit significativa quando res fuit ; ergo etc.

<2> Item, "in transmutatione substantiali res amittit nomen et definitionem"; ergo res transmutata non habet

intelligée, alors un prédicat de ce type lui serait attribué en tant qu'elle est intelligée ; or, il ne lui est pas inhérent en tant qu'elle est intelligée ; donc, etc. Qu'il ne lui est pas inhérent sous ce rapport, je le prouve : les prédicats inhérents à une chose en tant qu'elle est intelligée sont des prédicats intentionnels ; or, un moyen terme rapporté à la fois à des prédicats réels* et à des prédicats intentionnels* est pris sous des raisons étrangères l'une à l'autre – si donc, dans un syllogisme, le moyen terme est pris de cette façon, alors, si une conclusion est tirée, il y aura paralogisme de l'accident [Socrate est un homme ; Socrate court ; donc, l'homme court].

<51>La première voie semble davantage devoir être approuvée selon les autorités. Selon la raison, c'est la seconde, comme il est manifeste.

[QUESTION 3. SI, UNE MUTATION S'ÉTANT PRODUITE
CONCERNANT LA CHOSE SIGNIFIÉE PAR UNE
VOIX, UNE MUTATION SE PRODUIT DANS
LA SIGNIFICATION DE CETTE VOIX]

L'on demande si, une mutation s'étant produite concernant la chose signifiée [par une voix], une mutation se produit dans la signification de cette voix.

<1>Il apparaît que oui :
En effet, dans le *Livre des divisions* [*PL* 64, 889D], Boèce dit ceci : "si une chose n'est plus placée sous une voix, cette voix est non-significative" ; et cette voix était significative auparavant, quand la chose existait ; donc, etc.

<2>En outre, "dans une mutation substantielle*, une chose perd son nom et sa définition"[Averroes, *De substantia*

nomen quod prius habuit; ergo nomen, quod significavit prius ipsam, non ipsam nunc significat.

<3> Item, destructo uno correlativorum, destruitur et reliquum, per Aristotelem in *Praedicamentis*; sed signum et significatum sunt correlativa; ergo destructa re, quae est significatum, destruitur vox in quantum est signum rei.

<4> Item, quod non intelligitur, non significatur; non-ens non intelligitur; ergo non significatur. Probatio maioris, quia significare praesupponit intelligere. Probatio minoris: omne intelligibile facit speciem in intellectu; non-ens non; ergo etc. Probatio minoris: Tum quia destructa causa destruitur et effectus; res est causa speciei; igitur destruitur species, destructa re. Tum quia destructo significato, destruitur signum; et res est significatum; ergo destructa re, destruitur species.

<5> Ad oppositum:

In libro *Praedicamentorum* cap. "De substantia", dicit Aristoteles quod eadem oratio quandoque est vera, quandoque falsa; igitur dictiones orationis, quae quandoque est vera et quandoque est falsa, idem significant. Et tamen in re, quae significatur per ipsas dictiones, est transmutatio, ut patet de hac oratione "Socrates sedet", quae aliquando est vera, aliquando falsa, quia transmutatione facta vel non facta circa sedere; ergo in significando non mutatur, facta mutatione in re.

orbis, c. 1] ; donc, après mutation, la chose n'a plus le nom qu'elle avait auparavant ; donc, le nom, qui auparavant la signifiait, ne la signifie plus maintenant.

<3> En outre, de deux corrélatifs, quand l'un est supprimé, l'autre l'est aussi – par Aristote dans les *Prédicaments* [c. 7, 7b 20-21] ; or, le signe et le signifié sont des corrélatifs ; donc, la chose, qui est le signifié, étant supprimée, la voix est supprimée en tant qu'elle est signe de la chose.

<4.1> En outre, ce qui n'est pas intelligé n'est pas signifié ; <4.2> ce qui n'est pas n'est pas intelligé ; donc, ce qui n'est pas n'est pas signifié. <4.3> Preuve de la majeure : signifier présuppose intelliger. Preuve de la mineure : <4.4> tout intelligible engendre une espèce dans l'intellect ; <4.5> ce qui n'est pas n'engendre pas d'espèce ; donc, etc. Preuve de la mineure [de cette preuve] : d'une part, la cause étant supprimée, l'effet est supprimée aussi ; la chose est la cause de l'espèce ; donc, la chose étant supprimée, l'espèce est supprimée <4.6> D'autre part, le signifié étant supprimé, le signe est supprimé ; le signifié, c'est la chose ; donc, la chose étant supprimée, l'espèce est supprimée.

<5> En sens contraire :

Dans le livre des *Prédicaments*, chapitre "La substance" [c. 5, 4a 36-4b 2], Aristote dit qu'un même énoncé tantôt est vrai, tantôt est faux ; donc, les mots composant un énoncé qui tantôt est vrai, tantôt est faux, signifient la même chose. Et cependant, dans la chose qui est signifiée par ces mots, il se produit un changement, comme il ressort de l'énoncé "Socrate est assis", lequel, tantôt est vrai, tantôt est faux, selon qu'un changement s'est produit ou non concernant "être assis" ; donc, la signification de cette voix n'est pas changée quand un changement s'est produit dans la chose.

<6> Item, multi sunt actus, ut dormire, currere et huiusmodi qui quandoque sunt, quandoque non sunt; si ergo vox significans illa mutaretur propter mutationem in istis, vox imposita illis multoties esset non-significativa et iterum significativa, et per consequens oportet ipsam multoties esse impositam.

<7> Item, nullo currente, non haec esset falsa "aliquis currit", quia "currere" non significat illud quod significavit quando cursus est.

<8> Item, manifestum est ex modo loquendi quod eundem intellectum constituit vox prolata nobis quando res significata est et quando non; alioquin non diceremus hanc esse falsam "Socrates est", Socrate non-exsistente; ergo cum « significare sit intellectum constituere », per vocem idem significatur.

<9> Item, per Aristotelem in II *Posteriorum*: non-entia contingit intelligere et significare; ergo non-entitas rei non infert non-entitatem significati vocis significativae.

[I. *Ad quaestionem*]

<10> Dicitur ad quaestionem quod, facta transmutatione in re secundum quod exsistit, non fit transmutatio in significatione vocis. Cuius causa ponitur: quia res non significatur ut exsistit, sed res ut intelligitur vel ut ipsius species intelligibilis est. Sed sive sic sive sic, cum tam res ut intelligitur quam species maneant intransmutata, facta transmutatione in re ut exsistit,

<6> En outre, nombreux sont les actes, tels que dormir, courir, et autres semblables, qui tantôt ont lieu, tantôt n'ont pas lieu ; si donc la voix signifiant ces actes était changée à cause du changement en ceux-ci, alors, à maintes reprises la voix imposée pour signifier ces actes serait non-significative, et derechef significative ; donc, il faudrait imposer cette voix à maintes reprises.

<7> En outre, quand personne ne court, la proposition "quelqu'un court" ne serait pas fausse, puisque "courir" ne signifierait pas ce qu'il signifiait quand une course a lieu.

<8> En outre, il est manifeste d'après le mode du langage qu'une voix exprimée suscite chez nous la même intellection quand la chose signifiée existe et quand elle n'existe pas ; faute de quoi, nous ne dirions pas que "Socrate est" est faux quand Socrate n'existe pas ; puisque donc "signifier, c'est susciter une intellection", la même chose est signifiée par une voix.

<9> En outre, par Aristote, au livre II des *Seconds Analytiques* [c. 7, 92b 5-7] : il est possible d'intelliger des choses qui ne sont pas, et de les signifier ; donc, le fait que ces choses n'existent pas n'implique pas que le signifié de la voix les signifiant n'existe pas.

[I. *Réponse à la question*]

<10> Il est répondu à la question que, une mutation s'étant produite dans une chose en tant qu'elle existe, il ne se produit pas de mutation dans la signification de la voix. La raison de cela est établie comme suit : une chose n'est pas signifiée en tant qu'elle existe, mais en tant qu'elle est intelligée, ou en tant que l'espèce intelligible de cette chose existe. Mais, soit l'un, soit l'autre, puisque la chose en tant qu'elle est intelligée demeure inchangée, tout autant que l'espèce, quand une mutation s'est produite dans la chose en tant qu'elle existe,

quia per eandem speciem cognoscimus essentiam rei – et eandem scientiam habemus de ea quando exsistit et quando non exsistit, per Aristotelem in I *Posteriorum* : "de his quae frequenter sunt, possumus habere demonstrationem" et quando non sunt, et per consequens eandem scientiam quando non sunt sicut et quando sunt – ideo sequitur quod res ut significatur per nomen vel vocem non transmutatur qualicumque transmutatione facta in re ut exsistit. Et per consequens nec vox transmutabitur in significando.

[II. *Ad argumenta principalia*]

<11> Ad primam auctoritatem : Boethii littera est talis : « Si nulla sit res subiecta quam significat vox, significativa esse non dicitur », ubi "est" non praedicatur secundum adiacens sed tertium, sic : "si nulla res sit significata per vocem" etc. ; et sumitur ibi "res" non tantum pro exsistentibus, sed pro re ut intelligitur. Quasi diceret "si nihil significetur per vocem, vox non dicitur significativa".

<12> Ad secundam : intellectus illius auctoritatis potest esse talis : in transmutatione substantiali rei singularis, in qua scilicet abicitur forma substantialis, res singularis transmutata amittit nomen et definitionem speciei, quia non manet in specie in qua prius fuit. "Ergo nomen speciei amittit suum significatum" non sequitur, quia illud nomen nullum suppositum significavit ; neque etiam nomen individui, secundum quod ei erat proprium impositum,

étant donné que nous connaissons l'essence de cette chose par la même espèce – et nous avons la même science d'une chose quand elle existe et quand elle n'existe pas, par Aristote au livre I des *Seconds Analytiques* [c. 30, 87b 22-26] : "des choses qui se produisent de façon répétée, nous pouvons avoir une démonstration" même quand elles ne se produisent pas, et, par conséquent, en avoir la même science quand elles n'existent pas comme quand elles existent –, il s'ensuit donc qu'en tant qu'elle est signifiée par un nom ou une voix, une chose ne subit pas de mutation, quelle que soit la mutation qui s'est produite dans cette chose en tant qu'elle existe. Ni, par conséquent, une voix ne subira de mutation en ce qu'elle signifie.

[II. *Réponse aux arguments initiaux*]

<11> Réponse à la première autorité [§ 1]. Le texte de Boèce dit ceci : « Si nulle chose n'est placée sous la voix qui la signifie, cette voix n'est pas dite significative ». Ici, le verbe "est" n'est pas prédiqué en second adjacent*, mais en troisième, et le sens est le suivant : "si nulle chose n'est signifiée par une voix, etc."; ici, "chose" est pris non seulement pour des choses existantes, mais aussi pour une chose en tant qu'elle est intelligée. C'est comme s'il disait : "si rien n'est signifié par une voix, cette voix n'est pas dite significative".

<12> Réponse à la seconde autorité [§ 2]. Cette autorité peut être comprise comme suit : dans la mutation substantielle d'une chose singulière, c'est-à-dire la mutation par laquelle la forme substantielle est dépouillée, une chose singulière après mutation perd le nom et la définition de son espèce, puisqu'elle ne reste pas dans l'espèce où elle était antérieurement. Il ne s'ensuit pas "donc, le nom de l'espèce perd son signifié", étant donné que ce nom ne signifiait aucun suppôt* [singulier]; pas davantage le nom d'un individu, en tant qu'il était imposé en

amittit suum proprium significatum; sed tantum transmutatum a forma speciei amittit nomen speciei in qua prius fuit.

<13> Ad tertiam rationem: concedendum est quod destructo significato, destruitur signum; sed licet res ut exsistit destruatur, non tamen ut intelligitur; et ideo significatum vocis non destruitur.

<14> Ad aliam: maior principalis potest negari. Ad probationem: significare sic praesupponit intelligere quod omne significatum prius intelligebatur, alioquin ei non esset vox imposita. Sed postquam est imposita, potest sic significare illud ad quod imposita est, licet a nullo intelligatur.

<15> Ulterius potest dici ad minorem quod est falsa, quia per Aristotelem II *Posteriorum*, non-entia contingit intelligere. Ad probationem illius minoris: maior illius minoris est falsa de omnibus aliis praeter quam de primo obiecto intellectus. Ulterius etiam minor illius probationis, si intelligatur sermo fieri de non-exsistente, potest negari, quia non-exsistens potest intelligi per speciem, non quam facit sed quam fecit in intellectu, quia illa species potest manere eadem quae et prius.

<16> Cum ostenditur quod non, quia "destructa causa" etc., illa propositio intelligenda est tantum de causa in esse et

propre à celui-ci, ne perd son signifié propre; simplement, ce qui est muté hors de la forme de l'espèce perd le nom de l'espèce où il était antérieurement.

<13> Réponse au troisième argument [§ 3]: il faut admettre que, le signifié étant supprimé, le signe est supprimé; cependant, s'il est vrai que la chose est supprimée en tant qu'elle existe, elle ne l'est pas en tant qu'elle est intelligée; et c'est pourquoi le signifié de la voix n'est pas supprimé.

<14> Réponse à l'autre argument [§ 4]: la majeure principale [§ 4.1] peut être rejetée. Réponse à la preuve [de la majeure – § 4.3]: signifier présuppose intelliger en ce sens que tout signifié a été d'abord intelligé, faute de quoi une voix ne lui aurait pas été imposée. Cependant, après qu'elle lui a été imposée, une voix peut signifier ce à quoi elle a été imposée, même s'il n'est intelligé par personne.

<15> De plus, l'on peut répondre à la mineure [§ 4.2] qu'elle est fausse, puisqu'il est possible d'intelliger des choses qui ne sont pas, par Aristote, au livre II des *Seconds Analytiques*. Réponse à la preuve de cette mineure: la majeure de cette mineure [§ 4.4] est fausse de toutes les autres choses, excepté l'objet premier de l'intellect. [*i.e.* le ce-que-c'est de la chose matérielle]. De plus, la mineure de cette preuve [§ 4.5], s'il s'agit d'un discours portant sur quelque chose qui n'existe pas, peut également être rejetée, puisqu'une chose non-existante peut être intelligée par une espèce, non point l'espèce qu'elle engendre dans l'intellect, mais celle qu'elle a engendrée, sachant que cette espèce peut demeurer la même qu'elle était antérieurement.

<16> Lorsqu'il est montré que [ce qui n'est pas n'engendre pas d'espèce], parce que "la cause étant supprimée, etc." [§ 4.5], cette proposition doit être comprise comme s'appliquant uniquement à une cause quant à l'être, non à une cause

non in fieri; res autem, secundum quod exsistens, tantum est causa speciei in fieri.

<17>Cum secundo ostenditur "destructo significato, destruitur signum", dico quod res secundum quod exsistit non est significatum per speciem intelligibilem in anima, sed res secundum quod intelligitur; et illo modo non destruitur.

[III. *Obiectio quaedam et solutio*]

<18>Contra solutionem quaestionis: si vox significet idem re exsistente et non-exsistente, ergo quod significatur ab ipsa est idem. Consequentia patet, quia activa vera potest transformari in passivam veram. Et ulterius prius significabatur res exsistens, nunc non-exsistens; ergo non-exsistens et exsistens sunt idem, quod est falsum.

<19>Ad illud est facilis responsio: quia nec prius significabatur per vocem res exsistens, neque nunc res non-exsistens, sed res ut intelligitur, cui extraneum est exsistere et non-exsistere secundum quod significatur.

quant à l'être-produit ; or une chose, en tant qu'elle existe, est uniquement cause de l'espèce quant à l'être-produit [donc, l'espèce peut subsister quand sa cause est supprimée].

<17> Quand il est montré en second lieu [§ 4.6] que "le signifié étant supprimé, le signe est supprimé", je réponds que ce qui est signifié par l'espèce intelligible qui est dans l'âme, ce n'est pas la chose en tant qu'elle existe, mais la chose en tant qu'elle est intelligée ; et, prise sous ce mode, la chose n'est pas supprimée.

[III. *Une objection et sa solution*]

<18> Objection contre la solution de la question : si une voix signifie quelque chose d'identique quand la chose existe et quand elle n'existe pas, alors ce qui est signifié par cette voix est identique. L'inférence est manifeste, puisqu'une proposition au mode actif, qui est vraie, peut être transformée en une proposition au mode passif, qui est vraie. Ensuite : ce qui était signifié d'abord, c'est une chose existante ; maintenant, c'est une chose non-existante ; donc, le non-existant et l'existant sont identiques, ce qui est faux.

<19> La réponse à cette objection n'est pas difficile : ce qui était signifié d'abord par une voix n'est pas une chose existante, ni ce qui est signifié maintenant n'est une chose non-existante ; c'est la chose en tant qu'elle est intelligée, à qui il est étranger d'exister ou de ne pas exister en tant qu'elle est signifiée.

[QUAESTIO 4. UTRUM DIFFERENTIA, QUAM ASSIGNAT ARISTOTELES INTER LITTERAS ET VOCES ET PASSIONES ET RES, SIT CONVENIENS]

Et quemadmodum nec litterae etc.

Quaeritur de differentia quam assignat Aristoteles inter litteras et voces ex una parte, et passiones et res ex alia parte, quae est quod voces et litterae non sunt eaedem apud omnes, res et passiones sunt eaedem.

<1> Quod non sit convenienter data, videtur :
Quia si passiones sint eaedem apud omnes, cum illae ducant in cognitionem rerum, ergo apud omnes sunt eaedem res cognitae ; ergo omnes sunt omnes aeque scientes.

<2> Item, aliquae res sunt apud aliquos, quae non sunt apud alios, nec eaedem numero nec specie ; ergo etc.

<3> Item, comparatio ad diversos utentes non diversificat aliquid secundum se ; ergo litterae et voces apud quemcumque utentem sunt eaedem naturaliter.

<4> Item, illud quod est a natura, est idem apud omnes ; sed vox significativa est signum naturale ; ergo idem significat apud omnes. Probatio minoris : cuiuslibet virtutis naturalis est aliquod instrumentum naturale ; sed virtus interpretativa est naturalis homini, cum homo sit naturaliter animal sociale, volens alii exprimere quod apud se est ; ergo vox significativa,

[QUESTION 4. SI LA DISTINCTION ÉTABLIE PAR ARISTOTE ENTRE LES LETTRES ET LES VOIX, LES PASSIONS ET LES CHOSES, EST PERTINENTE]

Et de même que ni les lettres, etc. [16a 5-8]

L'on s'enquiert de la distinction qu'établit Aristote entre les lettres et les voix d'une part, les passions et les choses, d'autre part, distinction selon laquelle les voix et les lettres ne sont pas les mêmes chez tous, tandis que les choses et les passions sont les mêmes.

<1> Il apparaît que cette distinction n'est pas faite comme il faut :

Parce que, si les passions sont les mêmes chez tous, alors, comme les passions conduisent à la connaissance des choses, les mêmes choses sont connues de tous ; donc, les hommes sont tous également savants.

<2> En outre, certaines choses sont [connues] chez certains, qui ne le sont pas chez d'autres ; elles ne sont ni numériquement ni spécifiquement les mêmes ; donc, etc.

<3> En outre, ce qui est quelque chose en soi n'est pas différencié par son rapport à des utilisateurs différents ; donc, les lettres et les voix sont les mêmes par nature chez n'importe quel utilisateur.

<4> En outre, ce qui est par nature est le même chez tous ; or, une voix significative est un signe naturel ; elle signifie donc la même chose chez tous. Preuve de la mineure : pour toute faculté naturelle, il existe un instrument naturel ; or, la faculté interprétative* est naturelle à l'homme, puisque l'homme est par nature un animal social, qui souhaite exprimer à autrui ce qui est en lui ; donc, la voix significative,

quae est instrumentum illius virtutis, est naturale signum; ergo naturaliter significat.

<5> Ad oppositum est Aristoteles.

[I. *Ad quaestionem*]

<6> Dicendum est quod differentia est conveniens. Quia passiones in quantum sunt signa rerum in anima apud quos-cumque concipientes repraesentant eandem rem. Quia eadem similitudo in anima est semper repraesentativa eiusdem, sicut est similitudo sensibilis in sensu. Litterae autem et voces in se, eaedem non sunt apud omnes in quantum sunt signa, quia nec eadem littera apud omnes repraesentat eandem vocem, sed vel aliam vel nullam. Nec eadem vox apud omnes significat eandem passionem, sed vel aliam vel nullam. Ex hoc patet res et passiones esse signa naturaliter, quia apud omnes unifor-miter significant et significantur; et quod est a natura, est idem apud omnes. Littera autem et vox non sunt signa a natura, quia non eadem apud omnes sunt in quantum significant et significantur. Nec intendit Aristoteles hic assignare eorum differentiam nisi in quantum sunt signa et signata.

[II. *Ad argumenta principalia*]

<7> Ad primam rationem dicitur quod licet omnes eodem modo simplicia concipiant, non tamen eodem modo componunt et dividunt. Unde III *De anima* dicitur quod

qui est l'instrument de cette faculté, est un signe naturel ; donc, elle signifie naturellement.

<5> À l'opposé, Aristote.

[I. *Réponse à la question*]

<6> L'on doit dire que la distinction est établie comme il faut. En effet, en tant qu'elles sont des signes des choses dans l'âme, les passions représentent la même chose chez tous ceux qui les conçoivent. Car, une même similitude dans l'âme est toujours représentative de la même chose, de même qu'une similitude sensible dans le sens [est toujours représentative de la même qualité sensible]. En revanche, les lettres et les voix prises en soi ne sont pas les mêmes chez tous en tant qu'elles sont des signes, puisqu'une même lettre ne représente pas chez tous la même voix, mais une autre ou aucune. Ni une même voix ne signifie chez tous la même passion, mais une autre ou aucune. Que les choses et les passions sont des signes par nature, cela ressort clairement de ce que chez tous elles [*i.e.* les passions] signifient, et sont signifiées [*i.e.* les choses] uniformément ; et ce qui est par nature est le même chez tous. Par contre, une lettre et une voix ne sont pas des signes par nature, puisqu'elles ne sont pas les mêmes chez tous en tant qu'elles signifient et sont signifiées. Ni Aristote n'entend établir ici leur différence [par rapport aux passions et aux choses], si ce n'est en tant qu'elles sont des signes et des signifiés.

[II. *Réponse aux arguments initiaux*]

<7> Au premier argument [§ 1], il est répondu ceci : bien que tous les hommes conçoivent de la même manière les notions simples, néanmoins, ils ne composent ni ne divisent de la même manière. De là que, au livre III du traité *De l'âme*

intellectus circa "quod quid est" non decipitur nisi secundum accidens, hoc est secundum Ipsos, non in absoluta apprehensione, sed in componendo "quod quid est" cum altero.

<8> Contra : saltem sequitur quod omnes erunt aeque scientes quantum ad apprehensionem simplicium, et ita omnes erunt aeque scientes definitive, quia definitio est via cognoscendi simplicia. Hoc enim manifeste falsum est; multi enim aliqua simplicia sciunt de quibus nihil apprehendunt. Quod adducitur de III *De anima* non est ad propositum. Est enim intellectus Aristotelis, ut patet in fine IX *Metaphysicae*, ubi loquitur de eadem materia : vel intellectus concipit omnino "quod quid est", vel nihil eius ; et ita non decipitur circa ipsum, quia deceptio praesupponit aliquam cognitionem et aliquem errorem.

<9> Non autem intelligit quod intellectus cuiuslibet concipiat omne "quod quid est", cum contingat de aliquibus alicuius "quod quid est" nihil concipere. Ideo patet responsio ad illud quod dictum est in responsione, quod passiones non sunt eaedem apud omnes in se, sed in quantum sunt signa rerum. Omnis enim passio eadem in se, apud cuiuscumque mentem fuerit, semper eandem rem repraesentat.

<10> Ad aliud de rebus, patet similiter : quia res in quantum significatur per passionem est eadem apud omnes.

[c. 6, 430a 26-28], il est dit que, concernant un "ce-que-c'est", l'intellect ne se trompe pas, si ce n'est par accident, ce qui veut dire selon eux [*i.e.* Thomas, *De an.* III, c. 5] qu'il ne se trompe pas dans l'appréhension absolue, mais en composant un "ce-que-c'est" avec un autre.

<8> Objection : il s'ensuit à tout le moins que tous seront également savants quant à l'appréhension des notions simples, et ainsi tous seront également savants quant aux définitions, puisque la définition est la voie qui conduit à la connaissance des notions simples. Or, cela est manifestement faux ; beaucoup, en effet, savent certaines notions simples, desquelles d'autres n'appréhendent rien. Ce qui est ajouté, à partir du livre III du traité *De l'âme*, n'est pas à propos. En effet, ce qu'Aristote veut dire, comme il ressort du livre IX de la *Métaphysique*, à la fin [c. 10, 1051b 18-1052a 11], où il traite du même sujet, c'est ceci : ou bien l'intellect conçoit un "ce-que-c'est" complètement, ou bien il ne conçoit rien de celui-ci ; et ainsi il ne se trompe pas concernant celui-ci, puisque se tromper présuppose quelque connaissance et quelque erreur [*var.* présuppose une connaissance erronée].

<9> Or, Aristote ne veut pas dire que l'intellect de tout un chacun conçoit n'importe quel ce-que-c'est, puisqu'il est possible que certains ne conçoivent rien du ce-que-c'est de telle ou telle chose. Par conséquent, la réponse à ce qui a été dit dans la réponse [§ 7] va de soi : les passions sont les mêmes chez tous, non point en soi [*var.* quant à leur existence] mais en tant qu'elle sont des signes des choses. En effet, toute passion qui est la même en soi, chez quelque esprit que ce soit, représente toujours la même chose.

<10> Concernant l'autre argument, à propos des choses [§ 2], la réponse va de soi, pour une raison similaire : en tant qu'elle est signifiée par une passion, une chose est la même chez tous.

<11> Ad tertium concedo quod litterae eaedem manent eaedem in se in comparatione ad quoscumque utentes. Sed non manent signa earundem vocum apud omnes, quia non eadem significant apud omnes. Nec est inconveniens eas sic variari apud diversos imponentes, cum fiant signa ex impositione, quae diversa est apud diversos.

<12> Ad aliud dico quod vox significativa non est instrumentum virtutis interpretativae in homine, sed guttur et pulmo, quae concurrunt ad formationem vocis. Sicut si naturaliter homo velit fugere nociva, non sequitur omne illud esse instrumentum naturale quo fugit nociva, puta vestimenta vel arma vel huiusmodi; sed natura illa dedit instrumenta naturalia, quibus homo haec posset praeparare sibi, ut per manus potest homo omnia ista sibi praeparare per artem. Sic per rationem et instrumenta naturalia formandi vocem potest homo aliqua imponere, quae sunt signa ad placitum et non naturalia sive conceptus.

[QUAESTIO 5. UTRUM TERMINUS COMMUNIS DICATUR UNIVOCE DE EXSISTENTIBUS ET NON-EXSISTENTIBUS]

Nomen igitur est vox etc.

Circa istam particulam quaeritur utrum terminus communis impositus ad significandum veram naturam – cuius

<11> En réponse au troisième [§ 3], j'admets que les mêmes lettres demeurent les mêmes en soi par rapport à leurs utilisateurs, quels qu'ils soient. Mais elles ne demeurent pas les signes des mêmes voix chez tous, parce qu'elles ne signifient pas les mêmes choses [*var.* les mêmes voix] chez tous. Et il ne disconvient pas qu'elles varient de la sorte chez des impositeurs différents, puisqu'elles deviennent des signes par une imposition, laquelle est différente chez des impositeurs différents.

<12> À l'autre argument [§ 4], je réponds que l'instrument de la faculté interprétative chez l'homme n'est pas la voix significative mais la gorge et le poumon, qui concourent à la formation de la voix. De ce que l'homme veut par nature se protéger de ce qui lui est nocif, il ne suit pas que tout ce par quoi il s'en protège soit un instrument naturel, par exemple les vêtements, les armes et autres choses semblables ; en réalité, la nature a donné à l'homme des instruments naturels, grâce auxquels il pourrait préparer ces choses pour lui-même, et, de même que, de ses mains, l'homme peut préparer toutes ces choses pour lui-même par le moyen de l'art, de même, grâce à la raison et aux instruments naturels permettant de former la voix, l'homme peut imposer certaines voix, qui sont des signes conventionnels, et non pas des signes naturels ou concepts.

[QUESTION 5. SI UN TERME COMMUN SE DIT UNIVOQUEMENT
DE CHOSES EXISTANTES ET NON-EXISTANTES]

Un nom est donc une voix significative, etc. [16a 19-20]

Concernant ce membre de phrase, l'on demande si un terme commun imposé pour signifier une nature vraie, dont aliqua essent supposita, aliqua non – dicatur univoce de exsistentibus et non-exsistentibus.

<1> Quod non, videtur :

Quia quae non univocantur in superiori, non univocantur in inferiori ; sed supposita exsistentia et non-exsistentia non univocantur in ente quod est superius ; ergo nec in termino communi, qui significat inferius ad ens. Maior patet : quia de quocumque dicitur inferius univoce, et superius. Minor patet : quia exsistentia sunt entia, alia non-entia, vel solummodo entia in potentia.

<2> Item, praedicatio univoca est praedicatio essentialis, aliter non distingueretur a praedicatione denominativa ; sed terminus communis non praedicatur essentialiter de his et de illis ; ergo non univoce. Minor patet : quia praedicatio essentialis verissime fit cum hoc verbo "est" ; sed isto modo non praedicatur de suppositis non-exsistentibus, ut ostendetur post ; igitur etc.

<3> Item, enti et non-enti nihil est commune univocum, quod patet per locum a maiori, quia nec omnibus entibus est aliquid univocum commune, igitur etc.

<4> Ad oppositum :

Terminus communis dicitur de his et de illis "secundum idem nomen et eandem rarionem", ergo univoce. Antecedens patet : quia talis terminus communis

certains suppôts existeraient, d'autres non, se dit univoquement de ceux qui existent et de ceux qui n'existent pas.

<1> Il apparaît que non :

Ce qui n'est pas univoque dans le supérieur n'est pas univoque dans l'inférieur; or, des suppôts existants et des suppôts non-existants ne sont pas univoques dans l'être, qui est le supérieur; donc, ils ne sont pas univoques non plus dans un terme commun, qui signifie quelque chose d'inférieur à l'être. La majeure est claire : de tout ce dont l'inférieur [un terme commun] se dit univoquement, le supérieur [l'être] se dit aussi univoquement. La mineure est claire : des suppôts existants sont des êtres, les autres des non-êtres; ou bien ce sont seulement des êtres en puissance.

<2> En outre, une prédication univoque est une prédication essentielle*, faute de quoi elle ne différerait pas d'une prédication dénominative*; or, un terme commun ne se prédique pas par prédication essentielle des uns et des autres [*i.e.* les suppôts existants et les suppôts non-existants]; donc, il ne se prédique pas univoquement. La mineure est claire : une prédication essentielle se fait de la façon la plus vraie, puisqu'elle se fait avec le verbe "est"; or, un terme commun ne se prédique pas de cette façon de suppôts non-existants, ainsi qu'il sera montré par la suite [*cf.* § 88]; donc, etc.

<3> En outre, il n'est rien d'univoque qui soit commun à ce qui est et à ce qui n'est pas; ce qui est manifeste par un argument *a fortiori*, puisqu'il n'y a pas quelque chose d'univoque qui soit commun à tous les êtres [qui existent]; donc, etc.

<4> En sens contraire :

Un terme commun se dit des uns et des autres "selon le même nom et la même notion" [Aristote., *Praedic*, c. 1, 1a 6-7], donc univoquement. L'Antécédent est clair : un terme commun non habet nisi unam definitionem, cum sit univocum in se; ergo de omnibus de quibus dicitur, dicitur secundum illam.

<5> Item, quod significat praeter omnem differentiam temporis, ad supposita nullius temporis determinatur; cuiusmodi est terminus communis nominalis; ergo etc.

<6> Item, differentiae accidentales significato termini non faciunt aequivocum; sed esse, fuisse et fore, vel exsistere et non-exsistere, vel praesens et praeteritum, sunt differentiae accidentales significato termini; ergo etc. Minor patet: quia si terminus significaret aggregatum ex esse vel fuisse, significaret ens per accidens, et ita quod significatur per ipsum non esset in genere.

[*Responsio ad quintam quaestionem*]

<7> Ad illud dicendum quod terminus communis, qui non est aequivocus ex impositione ad diversas naturas, sed tantum imponitur ad significandum unam naturam, de quibuscumque dicitur simpliciter, dicitur et univoce.

<8> Quod patet. Tum quia in se est univocum, ergo habet unam definitionem exprimentem illud significatum cui imponitur; ergo de quibuscumque dicitur simpliciter, dicitur univoce secundum illam definitionem. Quia dato opposito consequentis, quod scilicet dicatur de aliquibus secundum aliam definitionem quam de aliis – cum omnis definitio exprimat

a une définition et une seule, puisqu'il est univoque en soi ; donc, il se dit selon cette définition de tout ce dont il se dit.

<5> En outre, ce dont la signification est indépendante de toute différence temporelle [passé, présent, futur] n'est pas déterminé à signifier des suppôts relevant de quelque différence temporelle que ce soit ; un terme commun nominal est dans ce cas ; donc, etc.

<6> En outre, des différences qui sont accidentelles pour le signifié d'un terme ne rendent pas ce terme équivoque ; or être, avoir été et exister dans le futur, ou bien exister et ne pas exister, ou encore présent et passé, sont des différences accidentelles pour le signifié d'un terme ; donc, etc. La mineure est claire : si un terme signifiait un agrégat formé de "être" ou "avoir été" [*var.* un agrégat formé d'un suppôt de ce terme et de "existant" ou "ayant existé" – ex. "Socrate existant" ou "Socrate ayant existé"], il signifierait un être par accident *, et ainsi ce qui signifié par ce terme ne serait pas dans un genre.

[*Réponse à la cinquième question*]

<7> Il faut répondre à cette question qu'un terme commun qui n'est pas équivoque par imposition à des natures différentes, et qui est uniquement imposé pour signifier une seule et même nature, se dit univoquement de toutes les choses dont il se dit simplement.

<8> Ce qui est manifeste. Dune part, puisqu'il est univoque en soi, un terme commun a donc une seule et même définition, qui exprime le signifié auquel il est imposé ; donc, il se dit univoquement selon cette définition de toutes les choses dont il se dit simplement. En effet, prenons le contraire du Conséquent, à savoir qu'un terme commun se dirait de certaines choses selon une définition, et de certaines autres selon une autre, alors – sachant que toute définition exprime le

significatum nominis, quia secundum Aristotelem IV
Metaphysicae : « ratio quam significat nomen est definitio » –,
sequitur idem nomen habere duo significata, quod est
oppositum antecedentis. Tum : nullus terminus communis
imponitur ad significandum aliquod suppositum vel aliqua ;
aequivocatio autem est diversitas significatorum ; ergo propter
qualemcumque diversitatem in suppositis, nunquam erit
terminus communis aequivocus, quia nunquam fit variatio in
eius per se significato. Si igitur de omnibus suppositis dicatur
simpliciter, sequitur quod de omnibus dicitur univoce.

[QUAESTIO 6. UTRUM SINT ALIQUA SIMPLICITER SUPPOSITA
TERMINI COMMUNIS SIGNIFICANTIS VERAM
NATURAM PRAETER EXSISTENTIA]

Quaeritur igitur propter veritatem istius, et propter
solutionem rationum, utrum aliqua sint simpliciter supposita
termini communis significantis veram naturam praeter
exsistentia.

<9> Videtur autem quod sic :
Omne illud pro quo simpliciter terminus potest supponere
et verificare propositionem, est simpliciter eius suppositum ;
huiusmodi sunt alia ab exsistentibus, ut patet in his propositionibus "homo fuit", "homo erit", sumendo "fuisse" prout
dicit actum inchoatum et terminatum. Sic enim non verificatur
illa pro aliquo exsistente, et specialiter in hac propositione
"contingit hominem currere", in qua dicit Aristoteles
subiectum stare pro eo quod contingit.

signifié d'un nom, puisque, selon Aristote au livre IV de la *Métaphysique* [c. 7, 1012a 23-25], « la notion qui est signifiée par un nom est une définition » –, il s'ensuit que le même nom aurait deux signifiés, ce qui est le contraire de l'Antécédent. D'autre part, nul terme commun n'est imposé pour signifier quelque suppôt ou quelques suppôts [de façon particulière]; or l'équivocité, c'est la différence des signifiés [non des suppôts]; donc, quelle que soit la différence dans les suppôts, un terme commun ne sera jamais équivoque, puisqu'il ne se produit jamais de changement dans le signifié par soi d'un terme. Si donc il se dit simplement de tous ses suppôts, il s'ensuit qu'il se dit de tous univoquement.

[QUESTION 6. S'IL Y A DES SUPPÔTS SIMPLES D'UN TERME COMMUN SIGNIFIANT UNE NATURE VRAIE, OUTRE LES SUPPÔTS EXISTANTS]

En vue de prouver la vérité de cette réponse [§ 8], et de résoudre les arguments [en sens contraire], l'on cherche donc s'il y a des suppôts simples d'un terme commun signifiant une nature vraie, outre les suppôts existants.

<9> Or, il apparaît que oui :

Tout ce pour quoi un terme peut supposer* simplement, et vérifier une proposition, est simplement un suppôt de ce terme; les suppôts autres qu'existants sont dans ce cas, comme il ressort des propositions "un homme a été", "un homme sera", en prenant "avoir été" comme signifiant un acte qui a eu un commencement et qui est terminé. En effet, le verbe étant pris en ce sens, cette proposition n'est pas vérifiée pour quelque suppôt existant, et il en va de même en particulier de la proposition "il est possible qu'un homme coure", dans laquelle, dit Aristote [*De interp.*, c. 12, 21b 28-30], le sujet est mis pour le possible.

<10> Item, participare secundum aptitudinem sufficit ad rationem communis, ergo participare secundum aptitudinem sufficit ad rationem suppositi. Antecedens patet, quia universale est "aptum natum praedicari de pluribus". Consequentia patet : quia non maior actualitas requiritur ad suppositum, ut videtur, in participando active quam ad commune passive ; sed alia ab exsistentibus sunt apta ad participandum formam communis ; ergo etc.

<11> Item, inter suppositum et commune est ordo ; non autem in rebus secundum quod sunt, sed tantummodo in quantum comparantur ad intellectum ; ergo ratio suppositi et communis non dependet ab esse rei, sed a consideratione intellectus. Sed illa potest esse eadem circa res, sive exsistentes sive non-exsistentes, quia extraneum est ei quod consideratur a ratione vel intellectu, in quantum tale, exsistere sive non.

Ergo tam suppositum quam commune eodem modo se habet ad exsistentiam et non-exsistentiam.

<12> Ad oppositum :

Commune est de per se intellectu cuiuscumque suppositi simpliciter, ergo de quocumque illorum praedicatur per se primo modo ; sed non de non-exsistentibus, ut ostendetur post ; igitur etc.

<13> Item, non sufficit ad suppositum quod significet particulariter quod suum universale universaliter. Quia tunc,

<10> En outre, l'aptitude à participer [*var.* à être participé] suffit pour qu'un terme commun soit un terme commun ; donc, l'aptitude à participer suffit pour qu'un suppôt soit un suppôt. L'Antécédent est clair, puisqu'un universel est "apte par nature à être prédiqué de plusieurs"[*De interp.*, c. 7, 17a 38-40]. L'inférence est claire : il apparaît en effet qu'afin de participer activement, il n'est pas requis d'un suppôt qu'il soit davantage actuel que ce n'est requis d'un terme commun afin d'être participé passivement ; or les suppôts autres qu'existants sont aptes à participer la forme signifiée par le terme commun ; donc, etc.

<11> En outre, entre un terme commun et un suppôt de ce terme, il existe un ordre [*var.* un ordre du supérieur à l'inférieur] ; or, cet ordre n'est pas dans les choses en tant qu'elles existent, mais seulement en tant qu'elles sont rapportées à l'intellect ; donc, la notion de suppôt et celle de terme commun ne dépendent pas de l'existence de la chose, mais de la considération de l'intellect. Or, cette dernière peut être la même concernant des choses soit existantes soit non-existantes, puisqu'il est étranger à ce qui est considéré par la raison ou l'intellect, en tant qu'il est considéré par la raison ou l'intellect, d'exister ou non.

Donc, tant le suppôt que le terme commun se comportent de la même manière à l'égard de l'existence et de la non-existence.

<12> En sens contraire :

Un terme commun entre dans le concept par soi de quelque suppôt que ce soit dont il se dit simplement ; donc, il se prédique par soi de n'importe lequel d'entre eux selon le premier mode de prédication*; mais non point de suppôts non-existants, comme il sera montré plus bas [*cf.* § 88] ; donc, etc.

<13> En outre, il ne suffit pas, pour qu'un suppôt soit un suppôt, qu'il signifie particulièrement ce que l'universel correspondant signifie universellement. Car alors, puisque

cum sola vox significet, vox esset suppositum vocis, quod manifeste falsum est. Oportet igitur quod suppositum sit idem essentialiter cum suo communi; sed non-ens non est idem essentialiter cum eo quod est vera natura; ergo etc.

<14> Item, tunc esset falsa omnis universalis affirmativa de inesse in qua praedicatum non inest suppositis non-exsistentibus, quia eis denotatur inesse per "dici de omni", cum sint simpliciter supposita communis distributi. Et praecipue nulla esset vera de inesse ut nunc neque etiam possibilis, quia praedicatum eius non posset inesse non-exsistentibus, et ita nulla universalis de contingenti esset possibilis, quia poneretur in aliquam de inesse impossibilem.

[QUAESTIO 7. UTRUM HAE SINT VERAE "CAESAR. EST HOMO", "CAESAR EST ANIMAL", CAESARE NON EXISTENTE]

Quaeritur de veritate talium propositionum: "Caesar est homo", "Caesar est animal", subiecto non exsistente.

seule la voix signifierait, une voix serait le suppôt d'une voix, ce qui est manifestement faux [puisque Socrate, suppôt de l'homme, n'existe pas, il reste seulement la voix "Socrate"; donc, cette voix est un suppôt de la voix "homme", quand on dit "Socrate est un homme", ce qui est manifestement faux]. Il faut donc qu'un suppôt soit identique par essence avec le terme commun correspondant; or, un suppôt non-existant n'est pas identique par essence avec ce qui est une nature vraie; donc, etc.

<14 – continue [11]> En outre, toute universelle affirmative d'inhérence*, en laquelle le prédicat n'est pas inhérent à des suppôts non-existants, serait fausse, puisque le prédicat* est notifié comme étant inhérent à ceux-ci par la règle "se dire de tous", étant donné que ce sont des suppôts simples sur lesquels le terme commun se distribue. Au premier chef, nulle proposition d'inhérence en tant qu'inhérence actuelle* ne serait vraie, ni même possible, puisque le prédicat d'une proposition de ce genre ne peut être inhérent à des suppôts non-existants, et ainsi nulle universelle portant sur quelque chose de contingent* ne serait possible, puisqu'elle serait posée [*var.* elle se convertirait] en une universelle d'inhérence [simple] qui est impossible [par ex. "tous les hommes respirent maintenant" se convertirait en "tous les hommes respirent", même ceux qui n'existent pas].

[QUESTION 7. SI LES PROPOSITIONS "CÉSAR EST UN HOMME", "CÉSAR EST UN ANIMAL" SONT VRAIES, LE SUJET N'EXISTANT PAS]

L'on s'enquiert de la vérité de propositions du genre "César est un homme", "César est un animal", le sujet n'existant pas.

<15> Videtur quod sint falsae :

Quia ens non potest praedicari de non-ente; sed Caesare non exsistente, adhuc homo est verum ens, saltem in aliis suppositis, quia alia supposita sunt entia in quibus ipsum simpliciter est ens; ergo non praedicatur etc. – Consimiliter arguitur de homine et de animali.

<16> Item, in libro *Perihermenias* quando non est oppositio in adiecto in praedicato, nec praedicatur esse secundum accidens, tunc tenet consequentia a coniunctis ad divisa. Sed hic "Caesar est homo", posito casu, nec est oppositio in adiecto nec praedicatur esse secundum accidens, quia praedicatur esse substantiae vere entis, quod est esse verissimum; ergo sequitur quod Caesar est. Consequens est falsum, ergo et antecedens.

<17> Item, posito casu, haec est vera "Caesar est homo mortuus"; sequitur ergo "non est homo", quia quod cum determinatione repugnante praedicatur de aliquo, vere negatur ab eo. Antecedens probatur. Tum quia haec est vera "Caesar fuit homo", prout "fuit" dicit actum terminatum; ex quo sequitur quod sit homo mortuus. Tum quia Caesar non est homo vivus, quia non vivit; igitur homo mortuus, quia "mortuum" et "vivum" circa hominem sunt opposita.

<15> Il apparaît qu'elles sont fausses :

Ce qui est ne peut être prédiqué de ce qui n'est pas; or, César n'existant pas, il reste que l'homme est un être vrai, à tout le moins chez d'autres suppôts, puisque ces autres suppôts sont des êtres en lesquels [l'homme] est un être simplement; donc ["homme"] ne se prédique pas [de César], etc. Même argument pour "animal" que pour "homme".

<16> En outre, il est dit dans le livre *Peri hermeneias* [c. 11, 21a 19-24] que lorsqu'il n'y a pas d'opposition dans ce qui est adjoint [au verbe "est"] dans le prédicat, et que "être" n'est pas prédiqué par accident, alors il est licite de conclure des conjugués aux divisés [d'après l'auteur de cet argument, "être" et "un homme" sont des parties conjuguées du prédicat, quand on dit "César est un homme"]. Selon la présente hypothèse, la proposition "César est un homme" est vraie; or, dans cette proposition, il n'y a pas d'opposition dans ce qui est adjoint [au verbe "est"], ni "être" n'est prédiqué par accident, puisque ce qui est prédiqué est l'être de la substance d'un être véritable, qui est l'être le plus vrai; il s'ensuit donc que César est. Le Conséquent est faux, donc l'Antécédent l'est aussi.

<17.1> En outre, dans cette hypothèse, la proposition "César est un homme mort" est vraie; donc, il suit "ce n'est pas un homme", étant donné que ce qui est prédiqué d'un sujet avec une détermination qui lui est incompatible est nié de ce sujet avec vérité <17.2> Preuve de l'Antécédent : d'une part, la proposition "César fut un homme" est vraie, pour autant que "fut" signifie un acte qui est terminé; d'où il suit que César est un homme mort. <17.3> D'autre part, César n'est pas un homme vivant, puisqu'il ne vit pas; donc, c'est un homme mort, puisque "mort" et "vivant" sont des opposés quand ils se disent d'un homme.

<18> Item, "in transmutatione substantiali res amittit nomen et definitionem", quod prius dictum est verum esse de supposito in comparatione ad speciem; ergo suppositum in corruptione, quae est transmutatio substantialis, amittit nomen speciei.

<19> Item, si illa esset vera "Antichristus est homo", pari ratione esset necessaria; ergo de supposito contingenti dice-retur medium vere cum modo necessitatis; ergo idem de eodem non posset vere dici cum modo contingenti. Ergo omnis modus uniformiter de contingenti, cum denotet medium contingenter dici de tali supposito, esset impossibilis.

<20> Item, « destructis primis, impossibile est aliquod aliorum remanere », quia omnia alia vel sunt in eis vel dicuntur de eis. Ergo, posito casu, substantia secunda significata per "hominem" non diceretur de Caesare.

<21> Ad oppositum :
Haec consequentia est necessaria "Caesar currit, ergo homo currit". Ergo medium, virtute cuius tenet, est necessa-rium ; illud est "Caesar est homo". Necessitas consequentiae ostenditur : quia aliquando sequebatur, et nunc manet idem intellectus antecedentis et consequentis, qui et tunc ; et ex eorum intellectu dependet consequentia ; ergo nunc sequitur.

<18> En outre, "dans une mutation substantielle, une chose perd son nom et sa définition"; l'on a dit plus haut [q. 3, § 12] que cela est vrai d'un suppôt par rapport à son espèce; donc, dans la corruption, qui est une mutation substantielle, un suppôt perd le nom de l'espèce.

<19> En outre, si la proposition "l'Antéchrist est un homme" était vraie [elle est fausse, puisque l'Antéchrist n'est pas un homme maintenant], elle serait nécessaire pour d'égales raisons; donc, le moyen terme ["homme"] se dirait d'un suppôt contingent avec vérité sous le mode de la nécessité [« "l'A. est un homme" est nécessaire »]; donc, le même moyen terme ne pourrait se dire avec vérité du même sujet sous le mode du contingent [« "l'A. sera un homme" est possible »]. Donc, tout mode contingent uniforme serait impossible, puisque ce mode notifie que le moyen terme se dit de façon contingente d'un suppôt contingent.

<20> En outre, « les substances premières* étant supprimées, il est impossible que quelque chose subsiste des autres [*i.e.* les substances secondes; Aristote, *Praedic.*, c. 5, 2b 3-6] », puisque toutes les autres, ou bien sont dans les premières, ou bien se disent des premières. Donc, dans l'hypothèse de départ, la substance seconde signifiée par "homme" ne se dirait pas de César.

<21> En sens contraire :

L'inférence suivante est nécessaire, "César court, donc un homme court". Donc, l'intermédiaire en vertu duquel l'inférence tient, est nécessaire. Cet intermédiaire est "César est un homme". L'on montre la nécessité de l'inférence : à un moment donné, cette inférence était concluante; or, le sens de l'Antécédent et du Conséquent demeure le même maintenant qu'il était à ce moment-là; et l'inférence dépend [uniquement] du sens de l'Antécédent et du Conséquent; donc, elle est concluante maintenant.

<22> Item, IV *Metaphysicae* dicit Aristoteles "hoc est hoc, quia hoc significat hoc"; sed, Caesare non exsistente, est homo de significato eius, idem enim significat "homo", non exsistente Caesare, quod significat exsistente; igitur etc.

<23> Dicitur quod Aristoteles intelligit de primo significato termini, ut infertur de homine et animali bipede, non de parte definitionis vel significati.

<24> Contra: totum significatum infert partem, ergo si sit verum totum enuntiare de subiecto, et partem. Si autem haec consequentia "animal bipes, ergo animal" non teneret homine non exsistente, ergo neque tenet ipso exsistente, quia eadem deminutio fiet utrobique, cum deminutio sit de ratione significatorum quae manent eadem semper.

<25> Item, Caesare non exsistente, est homo de per se intellectu eius; ergo praedicatur de eo per se; ergo necessario, igitur etc. Omnes illae consequentiae patent ex I *Posteriorum*.

<26> Dicitur ad hoc, quod praedicatum esse de intellectu subiecti non concludit propositionem esse necessariam, sed quia definitio vel pars definitionis praedicatur de definito. Singularis autem non est definitio nec hominis, posito quod nullus sit, quia non-entis non est definitio.

<22> En outre, au livre IV de la *Métaphysique* [c. 4, 1006a 33-34], Aristote dit "ceci est cela, parce que ceci signifie cela"; César n'existant pas, "homme" entre dans ce qui est signifié par "César"; or, "homme" signifie la même chose, César n'existant pas, qu'il signifie quand César existe; donc [César est un homme].

<23> L'on objecte que ce dont parle Aristote dans ce texte, c'est du signifié premier d'un terme, en tant qu'il se tire de "homme" et "animal bipède" [si "homme" signifie "animal bipède", alors, quel que soit x, si x est un homme, x est un animal bipède], non d'une partie de la définition ou du signifié.

<24> Contre: le signifié total implique la partie; donc, s'il est vrai d'énoncer du sujet le signifié total ["animal bipède"], il est vrai aussi d'énoncer la partie. Or, si l'inférence "c'est un animal bipède, donc un animal" ne tient pas si l'homme n'existe pas, elle ne tient donc pas non plus s'il existe, puisque la même réduction du tout à la partie a lieu dans l'un et l'autre cas, étant donné que cette réduction entre dans la notion des signifiés, lesquels demeurent toujours les mêmes.

<25 – continue [§ 22]> En outre, César n'existant pas, "homme" entre dans le concept par soi de celui-ci; donc, il se prédique de celui-ci par soi; donc nécessairement; donc, etc. Toutes ces inférences sont manifestes d'après les *Seconds Analytiques*, livre I [c. 4, 73b 13-15].

<26> L'on objecte à cela que la raison pour laquelle une proposition est nécessaire n'est pas que le prédicat entre dans la notion du sujet, mais que la définition, ou une partie de la définition, se prédique du défini. Or, du singulier il n'y a pas de définition, ni non plus de l'homme, posé que nul homme n'existe, puisqu'il n'y a pas de définition de ce qui n'existe pas.

<27> Contra : si non-entis non est definitio, ergo de non-entibus non sunt demonstrationes. Consequentia patet, quia de subiecto demonstrationis oportet praecognosci quia est et quid est. Consequens est contra Aristotelem I *Posteriorum* qui dicit quod frequenter entium, quando non sunt, potest haberi demonstratio. Quod est manifestum, quia nullo tonitruo exsistente, potest sciri quod tonitruus est sonus terribilis.

<28> Item, non-entium sunt definitiones, saltem indicantes quid dicitur per nomen. Nullo homine exsistente, detur talis definitio hominis ; ponetur in illa "animal", cum sit de per se significato hominis ; ergo adhuc praedicatur de ipso per se.

<29> Item, "Caesar est Caesar, ergo Caesar est homo". Antecedens est verum, quia praedicatur idem de se, igitur et consequens. Consequentia patet, quia consequens est de intellectu antecedentis.

[QUAESTIO 8. UTRUM HAE SINT VERAE "HOMO EST HOMO",
"CAESAR EST CAESAR", NEUTRO EXSISTENTE]

Propter hoc quaeritur de veritate illius "Caesar est Caesar", "homo est homo", tento casu.

<27> Contre : s'il n'y a pas de définition de ce qui n'est pas, il n'y a donc pas de démonstrations portant sur des choses qui ne sont pas. L'inférence est claire, puisque, concernant le sujet d'une démonstration, il faut savoir au préalable qu'il est et ce que c'est [*var.* il faut savoir au préalable ce que c'est]. Le Conséquent est contre Aristote, *Seconds Analytiques*, livre I [c. 30, 87b 19-26], qui dit que, concernant des choses qui existent de façon répétée, l'on peut faire une démonstration quand elles n'existent pas. Ce qui est manifeste, puisque, quand nul tonnerre n'existe, l'on peut savoir que le tonnerre est un bruit terrifiant.

<28> En outre, il y a des définitions de choses qui n'existent pas, du moins des définitions indiquant ce qui est signifié par leur nom. Supposons que, nul homme n'existant plus, l'on donne de l'homme une définition; "animal" sera posé dans cette définition, puisque "animal" entre dans le signifié par soi de "homme"; donc, maintenant encore, "animal" se prédique par soi de celui-ci.

<29> En outre, "César est César, donc César est un homme". L'Antécédent est vrai, puisque le même est prédiqué du même, donc aussi le Conséquent. L'inférence est claire, puisque le Conséquent entre dans le concept de l'Antécédent.

[QUESTION 8. SI LES PROPOSITIONS "UN HOMME EST UN HOMME", "CÉSAR EST CÉSAR" SONT VRAIES SI NI L'UN NI L'AUTRE N'EXISTENT]

En raison de ce qui précède, l'on s'enquiert de la vérité de la proposition "César est César", "un homme est un homme" – dans cette hypothèse.

<30> Videtur quod sint falsae :

Quia ex eis sequitur "ergo Caesar est", "ergo homo est". Quod ostenditur : quia nec est oppositio in adiecto nec praedicatio secundum accidens, ut videtur, quia praedicatur esse substantiae. Consequens est falsum, ergo et antecedens.

<31> Item, ex istis sequitur "ergo Caesar est homo", "ergo homo est animal", etc., quia consequentia omnia sunt de intellectu antecedentium ; sed haec consequentia omnia sunt falsa, ergo et antecedentia.

<32> Item, quando affirmativa est vera, oportet esse unionem in re qualis significatur per propositionem ; sed hic "Caesar est Caesar" nulla est unio in re, cum subiectum et praedicatum non sunt aliquae res ; ergo etc.

<33> Ad oppositum :

"Nulla propositio est verior illa in qua idem de se praedicatur" ; istae sunt tales.

<34> Item, in IV *Metaphysicae* : "hoc est hoc" etc., sicut argutum est supra, scilicet in quaestione praecedenti in secundo argumento ad oppositum.

<35> Item, in V *Metaphysicae* cap. "De secundum se" : « hominis multae sunt causae, quare homo est homo nulla est causa ».

<30> Il apparaît qu'elles sont fausses [dans cette hypothèse] :

Parce que, de ces propositions, il suit ceci : "donc, César est", "donc, un homme est". Preuve : il n'y a pas d'opposition dans le terme [*i.e.* le verbe "est"] adjoint au sujet, ni la prédication n'est par accident, ainsi qu'il apparaît, puisque ce qui est prédiqué, c'est l'être d'une substance. Le Conséquent est faux, donc aussi l'Antécédent.

<31> En outre, de ces propositions, il suit ceci : "donc, César est un homme", "donc, un homme est un animal", etc., puisque tous ces Conséquents entrent dans le concept des Antécédents ; or, tous ces Conséquents sont faux [dans cette hypothèse] ; donc aussi les Antécédents.

<32> En outre, quand une affirmative est vraie, il doit y avoir dans la chose une union, telle qu'elle est signifiée par la proposition ; or, dans l'affirmative "César est César", il n'y a aucune union dans la chose, puisque le sujet et le prédicat ne sont pas des choses [existantes] ; donc, etc.

<33> En sens contraire :

"Nulle proposition n'est plus vraie que celle dans laquelle le même se prédique de soi" [Boèce, *De interp.* VI, c. 14] ; or, ces propositions sont telles.

<34> En outre, au livre IV de la *Métaphysique* : "ceci est cela", etc., ainsi qu'il a été dit dans un argument antérieur, à savoir dans le second argument en sens contraire de la question précédente [§ 22].

<35> En outre, au livre V de la *Métaphysique*, chapitre "Le par soi" [c. 18, 1022a 33-34] : « Il existe plus d'une cause [formelle] de l'homme [à savoir l'animal et le bipède] ; il n'existe pas de cause par quoi l'homme est l'homme ».

<36> Item, in VII : quaerere quare homo est homo, nihil est quaerere; quia nihil est certius quod possit supponi in illa quaestione in qua illud est dubium.

<37> Item, per Aristotelem II *Perihermenias*, omnis negativa est per accidens vera, et hoc quia reducitur ad aliquam affirmativam priorem veram, et maxime ad illam in qua idem praedicatur de se, sicut veritas illius "bonum non est malum" reducitur ad veritatem illius "bonum est bonum". Cum ergo haec sit vera "Caesar non est asinus", et sic multa alia contingit removere a Caesare, sequitur quod contingit ipsum vere affirmari de se ipso.

<38> Item, per rationem potest deduci, quia si negetur ista "Caesar est Caesar", conceditur illa "Caesar non est Caesar", et ulterius sequitur "Caesar est non-Caesar". Talis enim consequentia tenet in omnibus ubi praedicata affirmativorum sunt opposita contradictorie; huiusmodi sunt praedicata simplicia, ut Caesar et non-Caesar, ut dicetur inferius. Et ulterius "Caesar est non-Caesar, ergo non-Caesar est Caesar" per conversionem. Et ulterius ex convertente et conversa, quae conceduntur, arguitur syllogistice sic "non-Caesar est Caesar; Caesar est non-Caesar; ergo Caesar est Caesar". Praemissae sunt verae per illum qui negat conclusionem; ergo conclusio vera. Nec obstat quod in hoc syllogismo ex oppositis non sunt nisi duo termini realiter, quia hoc sufficit si sint tres termini secundum rationem; sic est in proposito : "Caesar"

<36> En outre, au livre VII [c. 17, 1041a 8-10], il est dit
ceci : chercher pourquoi l'homme est l'homme, c'est ne rien
chercher du tout, parce qu'il n'est rien de plus certain qui
puisse être supposé dans une question où cela est mis en doute.

<37> En outre, par Aristote, *Peri hermeneias*, livre II
[c. 14, 23b 16-18], toute négative est vraie par accident, cela
parce qu'elle se ramène à quelque affirmative antérieure qui
est vraie et, au premier chef, à l'affirmative dans laquelle le
même se prédique de soi ; ainsi, la vérité de la proposition "le
bien n'est pas le mal" se ramène à la vérité de celle-ci, "le bien
est le bien". Puisque donc la proposition "César n'est pas un
âne" est vraie, et qu'il est possible d'écarter de César bien
d'autres prédicats, il s'ensuit qu'il est possible que César soit
affirmé avec vérité de lui-même.

<38> En outre, l'on peut déduire cette conclusion par la
raison. Si, en effet, l'on rejette la proposition "César est
César", l'on admet celle-ci : "César n'est pas César", et,
ensuite, celle-là : "César est non-César". Une inférence de ce
genre, en effet, est concluante dans tous les cas où les prédicats
des affirmatives sont des opposés contradictoires ; les prédicats simples, tels César et non-César, sont dans ce cas, ainsi
qu'il sera dit plus bas [§ 51, 55, 57]. Ensuite, "César est non-
César, donc non-César est César", par conversion. Ensuite, à
partir de la convertissante et la convertie, qui sont admises,
l'on argumente comme suit, par syllogisme : "non-César est
César ; César est non-César ; donc César est César". Les prémisses sont vraies pour qui nie la conclusion ; donc, la conclusion est vraie. Que, dans ce syllogisme à partir de prémisses
opposées il n'y ait que deux termes réellement, ne constitue
pas un obstacle, puisque c'est suffisant s'il y a trois termes
selon la raison ; or, il en est ainsi dans le cas présent : "César"

habet rationem duorum terminorum, scilicet maioris
extremitatis et minoris.

<39> Item, in omni syllogismo ex oppositis est conclusio
impossibilis, per Aristotelem II *Priorum*; sed sive res sit sive
non, hic syllogismus est ex oppositis in tertio secundae "nullus
homo est asinus; aliquis homo est asinus"; et sequitur "igitur
aliquis homo non est homo". Ergo conclusio est impossibilis,
sive res sit sive non; ergo eius opposita est necessaria sive res
sit sive non, videlicet "omnis homo est homo".

<40> Item, sive res sit sive non, haec sunt contradictoria
"Caesar currit", "Caesar non currit", vel hic "omnis homo
currit", "non omnis homo currit", ergo subiectum est in
utraque idem; sed idem vere potest praedicari de se ipso cum
hoc verbo "est"; ergo etc.

<41> Respondetur ad illud et ad quasdam rationes Boethii
et aliquas quae hic ponuntur, quod cum dicitur "Caesar est
Caesar" hic non praedicatur "Caesar" tantum, sed illud totum
"ens Caesar", quia res huius verbi "est", cum eo quod specificat ipsum, praedicatur quando praedicatur tertium; sed
subiectum est "Caesar" absolute, non autem "ens Caesar"; et
ideo in talibus propositionibus non praedicatur idem de se.

<42> Quamvis haec responsio includat difficultatem de re
verbi quando praedicatur tertium, si sit pars praedicati (de quo

tient lieu de deux termes, à savoir un extrême * de la majeure et un extrême de la mineure.

<39> En outre, dans tout syllogisme formé à partir de prémisses opposées, la conclusion est impossible, par Aristote, *Premiers Analytiques*, livre II [c. 15, 64b 8-10]; or, que l'homme existe ou qu'il n'existe pas, l'on a le syllogisme suivant, formé à partir de prémisses opposées dans le troisième mode de la seconde figure : "nul homme n'est un âne ; quelque homme est un âne" ; il suit "donc, quelque homme n'est pas un homme". La conclusion est donc impossible, que l'homme existe ou qu'il n'existe pas ; donc, la conclusion opposée est nécessaire, que l'homme existe ou qu'il n'existe pas, à savoir "tout homme est un homme".

<40> En outre, que César et l'homme existent ou qu'ils n'existent pas, les propositions suivantes sont contradictoires : "César court", "César ne court pas", ou encore "tout homme court", "ce n'est pas le cas que tout homme court" ; le sujet est donc le même dans ces propositions prises deux à deux ; or, le même peut être prédiqué de lui-même avec vérité par le verbe "est" ; donc, etc.

<41> Il est répondu à cela, ainsi qu'à l'argument de Boèce et certains de ceux avancés ici [§ 33, 37 et 38], que lorsqu'on dit "César est César", ce qui est prédiqué, ce n'est pas uniquement "César", mais le tout "être César", parce que la chose du verbe * "est" est prédiquée avec ce qui spécifie ce verbe quand il est prédiqué en troisième ; or, le sujet de la proposition est "César" pris absolument, et non point "être César" ; c'est pourquoi, dans des propositions de ce genre, le même n'est pas prédiqué de lui-même.

<42> Bien que cette objection soulève une difficulté concernant la chose du verbe "est" quand il est prédiqué en troisième, à savoir si c'est une partie du prédicat (l'on en

fortè dicetur post), tamen quoad propositum potest argui sic specialiter: "esse" quando praedicatur tertium, praedicat quod in alio est, hoc est esse eius quod specificat ipsum, ut hic "Caesar est Caesar" praedicatur esse Caesaris; et illud est idem Caesari, sive Caesar sit sive non sit; ergo affirmativa vera. – Confirmatur ratio per hoc quod tales propositiones conceduntur esse verae "non-ens est non-ens", "chimaera est chimaera", propter hoc solum quod esse praedicati est idem subiecto.

[I. *Responsio ad sextam quaestionem*

A. *Responsio*]

<43> Ad primam quaestionem illarum dici potest quod ratio communis vel suppositi non attribuitur rei ut exsistit, sed ut concipitur apud intellectum. Quia ponere aliquid exsistere secundum quod sibi attribuitur ratio communis est ponere ideas, sicut Plato posuit. Igitur terminus communis, secundum quod habet rationem communis, est natura prout concipitur sub ratione "dicibilis de pluribus", et ita suppositum est natura concepta apud intellectum sub ratione "indicibilis de pluribus". Sed possibile est apud intellectum eodem modo concipere naturam ut dicibilis est de pluribus, et eandem ut non

parlera assurément par la suite [*cf.* seconde partie, sur le premier livre, q. 5]), néanmoins, pour ce qui est du présent propos, l'on peut argumenter spécialement comme suit : lorsque "être" est prédiqué en troisième, il prédique ce qui est dans un autre [*i.e.* le sujet], c'est-à-dire l'être de celui-ci, qui spécifie celui-ci ; ainsi, dans "César est César", ce qui est prédiqué de César, c'est l'être de César ; or, l'être de César est identique à César, soit que César existe, soit qu'il n'existe pas ; donc, cette affirmative ["César est César"] est vraie. – Cet argument est confirmé par le fait que des propositions du genre "le non-être est le non-être", "la chimère est la chimère" sont admises comme vraies, pour la simple raison que l'être signifié par le prédicat est identique au sujet.

[I. *Réponse à la sixième question*

A. *Réponse*]

<43> En réponse à la première de ces questions [« S'il y a des suppôts simples d'un terme commun signifiant une nature vraie indépendamment de leur existence »], l'on peut dire que la notion signifiée par un terme commun, ou bien par un suppôt de ce terme, n'est pas attribuée à une chose en tant qu'elle existe, mais en tant qu'elle est conçue de l'intellect. Car, poser que quelque chose existe selon que la notion signifiée par un terme commun lui est attribuée, c'est poser des Idées, comme le fit Platon. Donc, un terme commun, en tant que c'est un terme commun, est [*i.e.* signifie] une nature conçue sous la raison "prédicable de plusieurs", et ainsi un suppôt est [*i.e.* signifie] une nature conçue de l'intellect sous la raison "non-prédicable de plusieurs". Or, il est possible pour l'intellect de concevoir en même façon une nature en tant qu'elle est prédicable de plusieurs et la même nature en tant qu'elle n'est pas

est dicibilis de pluribus, sive exsistat sive non, sive illa quae concipitur ut non-dicibilis non exsistat, et illa quae concipitur ut dicibilis exsistat in aliis suppositis. Semper enim in natura communi concepta ut "haec", intelligitur per se natura concepta absolute; ergo alia ab exsistentibus sunt simpliciter supposita termini communis.

<44> Assumptum (scilicet quod res exsistens eodem modo concipitur, sicut quando non est exsistens) patet: quia "de his quae frequenter sunt" etc., etiam quando non exsistunt, demonstrationes possunt fieri, per Aristotelem I *Posteriorum*; ergo illa possunt sciri definitive, quia cognitio demonstrativa praesupponit cognitionem definitivam; ergo possunt simpliciter concipi apud intellectum per eandem speciem. Est ergo vis rationis in hoc: natura humana concepta ut "haec" eodem modo se habet ad naturam humanam conceptam sub ratione "dicibilis de pluribus", sive natura sit concepta ut exsistat sive non; ergo aequaliter habet rationem suppositi quando exsistit et quando non. Quia si haec nomina "Caesar" et "Antichristus" et huiusmodi imponantur ad significandum supposita hominis aut naturam conceptam ut "hanc", cum semper idem significant, facta qualicumque transmutatione in exsistentia rei (ut dictum est in solutione quaestionis tertiae), sequitur quod haec semper significent suppositum hominis. Si

prédicable de plusieurs, soit qu'elle existe, soit qu'elle n'existe pas, soit que celle qui est conçue comme non-prédicable [de plusieurs] n'existe pas, et que celle qui est conçue comme prédicable [de plusieurs] existe en d'autres suppôts. Toujours, en effet, dans une nature commune conçue comme "celle-ci" [*i.e.* réduite à la singularité] est intelligée par soi une nature prise absolument; donc, les suppôts autres qu'existants sont simplement des suppôts du terme commun.

<44> La thèse assumée (à savoir qu'une chose existante est conçue de la même manière quand elle n'est pas existante) est claire : "concernant des choses qui existent de façon répétée", etc., l'on peut faire des démonstrations, même quand elles n'existent pas, par Aristote, *Seconds Analytiques*, livre I [*cf.* § 27]; elles peuvent donc être connues définitionnellement, puisque la connaissance démonstrative présuppose la connaissance définitionnelle; par suite, elles peuvent être conçues simplement de l'intellect par la même espèce. Le sens de l'argument est donc celui-ci : la nature humaine conçue comme "celle-ci" [*cf.* § 43] se rapporte à la nature humaine conçue comme "prédicable de plusieurs" de la même manière, que la nature [prise comme "celle-ci"] soit conçue comme existante, ou bien non; elle a donc le statut d'un suppôt au même titre quand elle existe et quand elle n'existe pas. En effet, si les noms "César", "Antéchrist", et autres noms semblables, sont imposés pour signifier des suppôts de "homme", ou la nature humaine conçue comme "celle-ci", alors, puisqu'ils signifient toujours la même chose, de quelque nature que soit la mutation qui s'est produite dans l'existence de la chose [mutation de l'existence à la non-existence pour César, de la non-existence à l'existence pour l'Antéchrist] (ainsi qu'il a été dit dans la solution de la troisième question [q. 3, § 10]), il s'ensuit que ces noms signifieront toujours un suppôt de l'homme. En

autem illa sint imposita ad significandum simul totum, de quo
dicit Aristoteles in VII *Metaphysicae* quod circa illud est
generatio et corruptio per se, tunc nec significant suppositum
hominis quando exsistit nec quando non exsistit. Suppositum
enim per se est eadem natura cum suo communi sumpta a
modo determinatiori; nec sic simul totum se habet ad naturam
speciei. Sed "iste homo" ad minus significat suppositum veri
hominis.

[B. *Ad argumenta principalia sextae quaestionis*]

<45> Ad primum argumentum patebit responsio ex
solutione quaestionis sequentis.

<46> Ad secundum patet quod non est ratio suppositi
significare particulariter quod suum commune universaliter.
Sed illa natura concepta apud intellectum ut "haec" (quae
quidem significatur per vocem et non est vox significans) est
suppositum naturae conceptae apud intellectum ut dicibilis de
pluribus. Et haec natura, ut sic concepta, est idem essentialiter
naturae sic conceptae, non tamen quod ratio concipiendi cadat
in unione quae fit cum hoc verbo "est".

<47> Cum dicitur in argumento "non-ens non est idem
verae naturae", dico quod non-ens, ut concipitur apud intellec-

revanche, si ces noms sont imposés pour signifier un tout-ensemble*, dont Aristote dit au livre VII de la *Métaphysique* [c. 15, 1039b 20-25] que, le concernant, il y a engendrement et corruption par soi, alors ces noms ne signifient pas un suppôt de l'homme quand ce suppôt existe et quand il n'existe pas. En effet, un suppôt par soi est une nature identique à son terme commun, prise sous un mode plus déterminé [*i.e.* le mode du singulier] ; or, ce n'est pas de cette façon qu'un tout-ensemble se rapporte à la nature de l'espèce. Toutefois, "cet homme", à tout le moins, signifie un suppôt de l'homme vrai [*var.* signifie avec vérité un suppôt de l'homme].

[B. *Réponse aux arguments initiaux de la sixième question*]

<45> La réponse au premier argument [§ 12] ressortira de la solution de la question suivante [§ 49-50].

<46> En réponse au second [§ 13], il est clair que la raison de suppôt n'est de signifier particulièrement ce que le terme commun correspondant signifie universellement. En réalité, une nature conçue de l'intellect en tant que "celle-ci" (laquelle, certes, est signifiée par une voix, mais n'est pas la voix qui la signifie) est un suppôt d'une nature conçue de l'intellect comme prédicable de plusieurs. Et cette nature, en tant qu'elle est conçue sous ce mode-là, est identique par essence avec la nature conçue sous ce mode-ci, sans, cependant, que ce mode-ci de concevoir ne tombe dans l'union qui se fait avec le verbe "est" [dans "Socrate est un homme", "homme" est uni à Socrate par le verbe "est", mais il n'est pas conçu en tant que prédicable de plusieurs, bien qu'il soit prédicable de plusieurs].

<47> Lorsqu'il est dit dans cet argument [§ 13] que "un suppôt non-existant n'est pas identique avec une nature vraie", je réponds qu'en tant qu'il est conçu de l'intellect, un suppôt

tum, potest esse idem alicui quod in aliis suppositis est verum ens. Sed, in quantum est in eo, est non-exsistens, sicut et ipsum, ut patebit postea.

<48> Ad aliud patebit postea, cum quaeretur utrum terminus communis supponat et distribuatur ubique pro suis suppositis.

[II. *Responsio ad septimam quaestionem*

A. *Responsio*]

<49> Ad aliam quaestionem : possunt tales propositiones concedi esse verae, quia ad veritatem propositionis affirmativae sufficit unio extremorum. Hoc enim solum significat propositio affirmativa; sed sic est in proposito; in intellectu enim subiecti per se includitur intellectus praedicati. Si enim "Caesar" et huiusmodi nomina imponantur ad significandum supposita hominis, tunc patet veritas talium propositionum ex solutione quaestionum praecedentium, et argumentis factis pro hac parte quaestionis, et quibusdam tactis in solutione quaestionis sequentis; et specialiter ex auctoritate Aristotelis I *Posteriorum* : « Dici de omni est » etc., « ut de omni homine animal, si enim verum est dicere homi-

non-existant peut être identique avec une nature qui, chez d'autres suppôts, est un être vrai. Cependant, en tant qu'elle est en lui, cette nature est non-existante, comme ce suppôt lui-même, ainsi qu'il apparaîtra plus bas [§ 55].

<48> La réponse à l'autre argument [§ 14] ressortira plus bas, quand on cherchera si un terme commun suppose partout pour ses suppôts et se distribue partout sur ceux-ci [*cf.* q. 11 ; cette question n'étant pas traduite ici, indiquons seulement la réponse de Duns Scot, au § 44 : «… Un terme commun se distribue dans toute proposition sur n'importe lequel de ses suppôts par soi quand rien ne lui est ajouté qui le restreint immédiatement »].

[II. *Réponse à la septième question*

   A. *Réponse*]

<49> En réponse à l'autre question [« Si des propositions du genre "César est un homme, César est un animal" sont vraies, le sujet n'existant pas »], l'on peut admettre que des propositions de ce genre sont vraies, parce que, afin qu'une proposition affirmative soit vraie, l'union des extrêmes est suffisante. En effet, c'est cela seul [l'union des extrêmes] que signifie une proposition affirmative ; or, il en est ainsi dans le cas présent ; en effet, dans le concept du sujet est inclus par soi le concept du prédicat. Car, si César, et autres noms de ce genre, sont imposés pour signifier des suppôts de "homme", alors la vérité de propositions de ce genre ressort de la solution des questions précédentes, ainsi que des arguments pour l'affirmative avancés dans la présente question [§ 21, 22, 25, 28, 29] et de certains de ceux proposés dans la solution de la question suivante [§ 75-77] ; ainsi que, en particulier, d'une autorité d'Aristote dans les *Seconds Analytiques*, livre I [c. 4, 73a 28-31] : « "se dire de tout" signifie » etc., « par exemple, animal se dit de tout homme ; si, en effet, il est vrai de dire que *x*

nem, verum est dicere animal, et si nunc alterum, et alterum ».
Ex qua auctoritate patet quod ad necessitatem propositionis
sufficit necessaria concomitantia extremorum, ita quod posito
uno ponitur alterum, licet neutrum necessario exsistat.

<50> Idem patet, quia aliter nulla propositio esset de
inesse simpliciter necessaria in qua praedicatur commune de
suo supposito, quia non esset semper vera. Et nihil aliud potest
sumi sub medio in maiori de necessario nisi suppositum
communis. Igitur nulla minor de inesse posset sumi sub maiori
de necessario syllogismi regularis. Hoc est contra Aristotelem
in I *Priorum*.

[B. *Ad argumenta principalia septimae quaestionis*]

<51> Ad primam rationem dico quod hic "Caesar est
homo", non praedicatur exsistens de non-exsistente, sed
natura humana concepta ut dicibilis de pluribus de eadem
natura concepta ut "haec".

<52> Contra hoc : Caesar non est exsistens, homo est
exsistens; homo praedicatur exsistens de Caesare; ergo
praedicatur exsistens de non-exsistente.

<53> Dicendum quod hic est fallacia accidentis, quia
"homo", secundum quod praedicatur de Caesare, est
extraneum huic praedicato "exsistens". Et ita Caesar, in
quantum comparatur ad hoc praedicatum, scilicet "esse

est un homme, il est vrai de dire que *x* est un animal, et si l'un est vrai maintenant, l'autre l'est aussi ». Il ressort de cette autorité qu'afin qu'une proposition soit nécessaire, il suffit que les extrêmes soient concomitants de façon nécessaire, de sorte que, si l'un est posé, l'autre est posé aussi, bien que ni l'un ni l'autre n'existent nécessairement.

<50> La même conclusion ressort clairement, parce que, sinon [*i.e.* si un suppôt non-existant n'est pas identique à une nature vraie], nulle proposition d'inhérence simple [ex. "un homme est un animal"] ne serait nécessaire, en laquelle un terme commun est prédiqué de son suppôt, puisqu'elle ne serait pas toujours vraie. En outre, rien d'autre ne peut être mis sous le moyen terme dans une majeure nécessaire, si ce n'est le suppôt d'un terme commun. Donc, nulle mineure d'inhérence ne pourrait être mise sous une majeure nécessaire dans un syllogisme régulier. Or, cela va contre Aristote, dans les *Premiers Analytiques*, livre I [c. 4, 25b 38-40].

[B. *Réponse aux arguments initiaux de la septième question*]

<51> En réponse au premier argument [§ 15], je dis que, dans "César est un homme", un existant n'est pas prédiqué d'un non-existant, mais la nature humaine conçue en tant que prédicable de plusieurs est prédiquée de la même nature conçue en tant que "celle-ci".

<52> Contre cela : César n'est pas existant, l'homme est existant; "homme" est prédiqué comme existant de César; donc, un existant est prédiqué d'un non-existant.

<53> Il faut déclarer qu'il y a là un paralogisme de l'accident, parce que, en tant qu'il est prédiqué de César, "homme" est étranger au prédicat "existant". Et ainsi, en tant qu'il est rapporté au prédicat "homme", c'est-à-dire en tant

illud de quo homo praedicatur", est extraneum huic praedicato
"exsistens". Propter medium autem sub extraneis rationibus
comparatum ad extrema est fallacia accidentis.

<54> Contra hoc : saltem inconveniens est illud quod est
exsistens praedicari de eo quod non est exsistens, quia illorum
non est unio in re ; ergo falsa est oratio significans ea uniri.

<55> Dico quod "homo" secundum quod unitur "Caesari"
est per accidens non-exsistens, sicut Caesar est non-exsistens,
quia pro nullo supposito exsistente attribuitur Caesari. Natura
enim communis, ut salvatur in aliquo supposito, non est verius
ens illo supposito.

<56> Contra hoc : cum aliqua supposita hominis sunt
exsistentia, aliqua non-exsistentia, ergo homo est aequivocum
illis. Quia enti et non-enti, cum sint contradictoria, nihil est
commune univocum.

<57> Dico quod exsistere et non-exsistere, cum sint
extranea naturae ut significatur per terminum, non faciunt
aequivocationem in termino.

<58> Ad secundum principale dico quod hic "Caesar est
homo" praedicatur "esse" secundum accidens. Quod dupliciter
intelligitur : vel sic quod sit secundum aliquid extraneum ; vel
sic quod secundum aliquid cuius esse de subiecto non ponit

qu'il est « ce dont "homme" se prédique », César est étranger au prédicat "existant". Or, quand le moyen terme est rapporté aux extrêmes sous des raisons étrangères l'une à l'autre, il y a paralogisme de l'accident [l'homme est existant; César est un homme; donc, César est existant].

<54> Contre cela : à tout le moins, il ne convient pas que ce qui est existant soit prédiqué de ce qui n'est pas existant, parce qu'il n'y a pas d'union de l'un et l'autre dans la chose; donc, un énoncé signifiant qu'ils sont unis est faux.

<55> Je réponds qu'en tant qu'il est uni à "César", "homme" est non-existant par accident, de même que César est non-existant, parce que, quand il est attribué à César, "homme" n'est mis pour aucun suppôt existant. En effet, en tant qu'elle est conservée en quelque suppôt, une nature commune n'est pas un être plus vrai que ce suppôt [donc, puisque César est non-existant, la nature humaine est non-existante au même titre, mais par accident seulement, puisqu'elle est existante chez des suppôts existants].

<56> Contre cela : puisque certains suppôts de l'homme sont existants, d'autres non-existants, "homme" est équivoque quand il se dit des uns et des autres. Car, à ce qui est et à ce qui n'est pas, il n'est rien de commun qui soit univoque, puisque ce sont des contradictoires.

<57> Je réponds que exister et ne pas exister ne font pas qu'un terme soit équivoque, puisqu'ils sont étrangers à une nature en tant qu'elle est signifiée par ce terme.

<58> Au second argument initial [§ 16], je réponds que, dans "César est un homme", "être" est prédiqué par accident. Ce qui s'entend en deux sens. Ou bien en ce sens que "être" est prédiqué comme quelque chose d'étranger [à "homme"]; ou bien en ce sens qu'il est prédiqué comme quelque chose dont le fait qu'il se dise du sujet ne pose pas l'être de celui-ci, pris au

esse simpliciter. Utroque modo est in proposito, nam esse hominis de Caesare extraneum est ei quod est "esse" quando praedicatur secundum. Nam illud "esse" quod dicit praedicationem hominis de suo supposito eodem modo se habet, qualicumque transmutatione facta circa "esse", quando praedicatur secundum. Similiter secundo modo est secundum accidens, nam "esse hominis", ut dicitur de Caesare, non necessario ponit esse.

<59> Contra hoc : sequitur "Caesar est albus, ergo Caesar est"; ergo per locum a maiori sequitur "Caesar est homo, ergo Caesar est". Si esse accidentis, quod est minus verum ens, ponit esse simpliciter, multo magis esse substantiae, quod est verissimum ens, ponit verum esse simpliciter.

<60> Item, esse vel est de essentia, vel necessario consequens essentiam cuiuslibet; ergo et hominis, cum significat veram essentiam. Sed utroque modo sequitur esse simpliciter ad esse hominem.

<61> Item, in principio II *Posteriorum* dicitur quod "si est" est vere scibile quia quaeribile. Ergo est necessarium "esse" praedicari de quocumque et per se; ergo et sequitur ad quodlibet.

<62> Item, in eodem II : non contingit scire "quid est", ignorantes "si est". Sed sciens hominis definitionem, vel quod genus praedicatur de ipso, scit quid est; ergo oportet praescire si est. Sequitur igitur "si est animal, igitur est".

sens absolu. L'un et l'autre sens sont pertinents pour le présent propos, car, dit de César, l'être de l'homme est étranger à "être" quand "être" est prédiqué en second adjacent. Car "être" qui signifie que "homme" est prédiqué de son suppôt, se comporte de la même manière, quelle que soit la mutation qui s'est produite concernant "être" quand il est prédiqué en second. Pris au deuxième sens, "être" est également prédiqué par accident, car, en tant qu'il se dit de César, "l'être de l'homme" ne pose pas l'être nécessairement.

<59> Contre cela : l'on a l'inférence suivante : "César est blanc, donc César est"; donc, l'on a l'inférence suivante, à plus forte raison : "César est un homme, donc César est". En effet, si l'être d'un accident, qui est un être vrai à un moindre titre, pose l'être du sujet, pris absolument, à bien plus forte raison l'être d'une substance, qui est l'être le plus vrai, pose l'être vrai de ce sujet, pris absolument.

<60> En outre, ou bien l'être appartient à une essence, ou bien il suit nécessairement de l'essence de quoi que ce soit; il suit donc de l'essence de l'homme, puisque "homme" signifie une essence vraie. Or, soit l'un, soit l'autre, être, pris au sens absolu, suit de "être un homme".

<61> En outre, au début des *Seconds Analytiques*, livre II [c. 2, 89b 36-90a 2], il est dit que "si x est", x est véritablement connaissable, puisque l'on peut s'en enquérir. Il est donc nécessaire que "être" soit prédiqué de n'importe quoi, et par soi; donc, il suit de n'importe quoi.

<62> En outre, au même livre II [c. 1, 89b 29-32] : il n'est pas possible de savoir "ce que x est" si l'on ignore "si x est". Or, qui sait la définition de l'homme, ou bien quel genre se prédique de lui, sait ce que l'homme est; il faut donc qu'il sache au préalable que l'homme est. Donc, l'on a l'inférence suivante : "si [l'homme] est un animal, alors il est".

<63> Dico quod secundum neutrum intellectum praedictum praedicatur esse hic secundum accidens "Caesar est albus". Accidens enim reale, cuiusmodi est album, nulli subiecto inest nisi exsistenti; ergo eius esse in subiecto necessario ponit esse absolute. Cum probatur consequentia quia "esse substantiae est verius ens", verum est, esse substantiae non exsistentis. Sed esse specificatum per substantiam non est verius esse, hoc est esse exsistere, quam esse specificatum per accidens. Esse enim quando praedicatur tertium, praedicat unionem extremorum, quae necessaria est substantiae ad substantiam sine exsistentia extremorum; non autem accidentis ad substantiam non-exsistentem.

<64> Ad aliud : maior est vera de essentia ut exsistit. Et sic non ponitur praedicari de Caesare, sed ut intelligitur, et sic exsistere ei extraneatur.

<65> Ad aliud dico quod "si est", ut sumitur II *Posteriorum*, non est pro "exsistere", sed pro "esse ens", id est "habens essentiam", ut "ens" est nomen, quia oportet scire aliquid habere essentiam priusquam sciatur definitive quam essentiam. Et primum pertinet ad quaestionem "si est", secundum ad "quid est". Si autem aliquo modo intelligatur de exsistere, hoc non est nisi aptitudinaliter. Nihil enim habet essentiam

<63> Je réponds [à § 59] que dans "César est blanc", "être" n'est pas prédiqué par accident, ni à l'un ni à l'autre des deux sens distingués plus haut [§ 58]. En effet, un accident réel, tel que "blanc", n'est inhérent à aucun sujet, si ce n'est un sujet existant ; donc, le fait qu'il est dans un sujet pose nécesssairement l'être de ce sujet, pris absolument. Lorsque l'inférence est prouvée par ceci, que "l'être d'une substance est un être plus vrai", je dis qu'il est exact que c'est un être plus vrai que l'être d'une substance non-existante. Cependant, être spécifié par une substance [être spécifié par "homme"] n'est pas un être plus vrai – c'est-à-dire un être d'existence* – que être spécifié par un accident [être spécifié par "blanc"]. Quand, en effet, être est prédiqué en troisième, il prédique l'union des extrêmes ; or, l'union d'une substance [seconde] avec une substance [première, ex "César est un homme"] est nécesssaire même si les extrêmes ne sont pas existants, mais non point l'union d'un accident avec une substance non-existante.

<64> Réponse à l'autre argument [§ 60] : la majeure est vraie s'agissant d'une essence en tant qu'elle existe. Or, l'on ne pose pas qu'une essence se prédique de César en ce sens-là, mais en tant qu'elle est intelligée, et, prise en ce sens, exister est étranger à cette essence.

<65> À l'autre argument [§ 61-62], je réponds que, au livre II des *Seconds Analytiques*, "si *x* est" n'est pas mis pour "si *x* existe", mais pour "si *x* est un être", c'est-à-dire "si *x* a une essence", en tant que "être" est un nom [*cf.* § 70], parce qu'il faut d'abord savoir que quelque chose a une essence, avant de savoir quelle est son essence, au moyen d'une définition. Le premier point relève de la question "si *x* est" ; le second, de la question "ce que *x* est". Toutefois, si la question "si *x* est" s'entend en quelque façon de l'existence, c'est au sens de l'aptitude à exister. Rien, en effet, n'a une essence, qui ne soit

nisi quod aptum natum est habere exsistere. Manifestum est autem quod potest sciri quid est vox, licet non sciatur aliquam vocem exsistere actu, puta cum aliquis nihil audit actu.

<66> Ad tertium principale dico quod mortuum et vivum possunt sumi actualiter vel aptitudinaliter. Primo modo sunt accidentia essentiae significatae per hoc nomen "homo". Et sic potest concedi quod Caesar non est homo vivus, sed mortuus; et quod mortuum illo modo non deminuit ab homine, nec infert non-hominem. Nam deminutio alicuius per aliud, sicut oppositio inter illa, debet esse ratione significatorum. Homo enim non includit in suo significato oppositum mortui hoc modo sumpti. Sed si sumantur haec aptitudinaliter, fortè sic sunt differentiae in genere substantiae eaedem istis "animatum" et "inanimatum", et sic mortuum deminuit ab homine, et haec est falsa "Caesar est homo mortuus"; haec autem est vera "Caesar est homo vivus". Nec sequitur "ergo vivit", sicut nec sequitur "est risibilis, ergo ridet".

<67> Cum probatur quod Caesar sit homo mortuus quia fuit, prout "fuit" dicit actum completum et terminatum, nego, si "fuit" praedicet tertium adiacens. Non enim in eo est terminatum esse hominem, cum adhuc sit homo. Si autem "fuit" praedicet secundum adiacens, tunc potest concedi

apte par nature à avoir une existence. Or, il est manifeste que l'on peut savoir ce qu'est une voix, bien que l'on ne sache pas que quelque voix existe en acte, comme, par exemple, quand quelqu'un n'entend rien en acte.

<66> Au troisième argument initial [§ 17.1], je réponds que "mort" et "vivant" peuvent être pris soit au sens de l'acte [*i.e.* au sens de l'acte de l'intelligible – *cf.* deuxième partie, sur le premier livre, q. 5, § 30], soit au sens de l'aptitude. Pris au premier sens, ce sont des accidents de l'essence signifiée par le nom "homme". En ce sens, l'on peut admettre que César n'est pas un homme vivant, mais mort, et que [*var.* on peut l'admettre, parce que], pris en ce sens, "mort" ne retranche pas "homme", ni n'implique "non-homme". Car, lorsqu'un terme est retranché par un autre, ou bien lorsqu'ils sont opposés, il faut que ce soit en raison des signifiés. Or, "homme" n'inclut pas dans son signifié l'opposé de "mort", pris en ce sens. En revanche, si ces termes sont pris au sens de l'aptitude, alors, assurément, ce sont des différences dans le genre de la substance, identiques à celles-ci : "ayant la vie" et "n'ayant pas la vie"; pris en ce sens, "mort" retranche "homme", et la proposition "César est un homme mort" est fausse [puisqu'un homme mort n'est pas un homme, selon Aristote]. Celle-ci, par contre, est vraie : "César est un homme vivant" [puisque l'homme est par nature apte à être vivant]. Mais il ne suit pas "donc, il vit", pas plus que de "il est capable de rire", il ne suit "donc, il rit".

<67> Lorsqu'il est prouvé [§ 17.2] que César est un homme mort parce qu'il fut, au sens où "fut" signifie un acte complet et terminé, je rejette cette preuve si "fut" est prédiqué en troisième adjacent. En effet, être un homme n'est pas terminé chez César, puisqu'il est encore un homme. En revanche, si "fut" est prédiqué en second adjacent, alors on peut admettre

quod iste homo fuit, quia exsistere est in eo terminatum; usus autem extendit hanc propositionem "Caesar fuit homo et non est", quia usualiter magis fertur intellectus ad exsistentia quam ad non-exsistentia. Et de Caesare non est verum quod est homo exsistens, sed fuit, cum "homo" de suo significato non importat hominem exsistentem. Unde in multis significatio sermonis repugnat usui, et e contra.

<68> Ad secundam patet qualiter sequitur "est vivus, ergo vivit". Distinctio praedicta patet in simili de bipede, quo frequenter utitur Aristoteles pro differentia essentiali hominis. Cum tamen dicat in V *Topicorum*: non est omnis homo habens duos pedes, ergo secundum aptitudinem est differentia hominis, vel ad minus dicitur de omni homine non secundum actum.

<69> Contra hoc: si Caesar non vivit, et « vivere viventibus est esse », per Aristotelem II *De anima*, ergo non est; et si non est, non est ens. "Esse" enim, quando praedicatur secundum adiacens, praedicat quod in se est, et "si non est ens, ergo non est homo", per locum a superiori ad inferius negando.

<70> Ad illud: concedenda est haec propositio "Caesar non vivit", et haec similiter "Caesar non est", loquendo de esse exsistere, et ulterius "ergo est non-exsistens", quia illud esse praedicatur pro exsistere quando praedicat secundum. Sed ens

que cet homme fut, puisque exister est chez lui terminé ; or, l'usage étend la proposition "César fut un homme" à celle-ci : "César fut un homme et il ne l'est plus", parce que l'intellect se porte habituellement aux choses qui existent, davantage qu'à celles qui n'existent pas. Et il n'est pas vrai de dire de César qu'il est un homme existant, mais qu'il fut un homme, puisque, de par sa signification, "homme" n'entraîne pas "homme existant". D'où l'on voit que, dans bien des cas, la signification d'un discours est contraire à l'usage, et inversement.

<68> En réponse à la seconde preuve [§ 17.3], l'on voit clairement en quel sens, de "il est vivant", il suit "donc, il vit". La distinction faite plus haut [entre acte et aptitude – *cf.* § 66] est manifeste par analogie avec "bipède", qui est fréquemment employé par Aristote comme une différence essentielle de l'homme. Cependant, comme, dans les *Topiques*, au livre V [c. 5, 134b 6-7], il dit que ce n'est pas le cas que tout homme possède deux pieds, il s'ensuit que "bipède" est une différence de l'homme selon l'aptitude ou, à tout le moins, il se dit de tout homme, mais non pas selon l'acte.

<69> Contre cela : si César ne vit pas, alors il n'est pas, sachant que « pour les vivants, vivre, c'est être », par Aristote, *De l'âme*, livre II [c. 4, 415b 13] ; et s'il n'est pas, ce n'est pas un être. En effet, quand il est prédiqué en second adjacent, "être" prédique ce qu'une chose est en soi ; or, "si ce n'est pas un être, ce n'est pas un homme", par inférence converse du supérieur à l'inférieur [la convertie est "si c'est un homme, c'est un être"].

<70> Réponse : si l'on parle de l'être d'existence, il faut admettre la proposition "César ne vit pas", et, pareillement, celle-ci : "César n'est pas" ; d'où il suit "donc, il est non-existant", puisque, quand il est prédiqué en second adjacent, l'être d'existence est mis pour exister. Cependant, l'être pris

sumptum pro exsistente non est superius ad hominem. Unde
solet antiquitus dici quod ens potest esse participium vel
nomen. Ens participium significat idem quod exsistens, quia
tenet significationem verbi a quo descendit. Ens nomen fortè
significat "habens essentiam"; et illud dividitur in decem
genera. Et concedendum est quod "Caesar est ens" loquendo
de illo ente, non de ente quod est participium.

<71> Ad quartum : transmutatio non cadit circa rem nisi
prout exsistit (sic autem non habet rationem suppositi, sed ut
est apud intellectum vel ut concipitur apud intellectum per
modum non-dicibilis de pluribus). Vult ergo auctoritas quod
res, secundum quod exsistit in transmutatione substantiali,
non habeat formam quam prius habuit. Sed ex hoc non sequitur
illud quod prius fuit suppositum alicuius communis nunc non
esse eius suppositum, quia circa illud nulla est facta transmutatio substantialis. Intelligitur ergo auctoritas tantum de re
quae transmutatur, quae est res ut exsistit.

<72> Ad quintum : si concedatur omnem minorem in
uniformi de contingenti esse impossibilem, nihil contra
Aristotelem, quia non eo minus est forma syllogistica bona
quam docet Aristoteles. Vel si sit aliquod suppositum in
potentia ad formam termini quod non est per se suppo-

pour l'existant n'est pas supérieur à l'homme ["être" est supérieur à "'homme" dans l'ordre quidditatif seulement – *cf.* l'arbre de Porphyre]. De là que l'on a coutume depuis l'Antiquité [Boèce, *In Isagogen Porphyrii*, ed. secunda, I, c. 24] de dire que *ens* peut être soit un participe soit un nom. *Ens* participe signifie la même chose que existant, sachant qu'un participe conserve la signification du verbe d'où il provient. *Ens* nom signifie assurément "ayant une essence"; et, lui [non *ens* participe], se divise en les dix genres [*ens homo*, *ens album*, etc.]. Et il faut admettre que "César est un *ens*" si l'on parle de l'*ens* qui est un nom, non de l'*ens* qui est un participe.

<71> Réponse au quatrième argument initial [§ 18] : une mutation substantielle ne tombe pas sur une chose, si ce n'est en tant qu'elle existe (or, en tant que telle, une chose n'est pas un suppôt, car c'est un suppôt en tant qu'elle est dans l'intellect, c'est-à-dire en tant qu'elle est conçue de l'intellect sous le mode "non-prédicable de plusieurs"). Donc, ce que veut dire cette autorité, c'est qu'une chose, en tant qu'elle existe, n'a plus, dans une mutation substantielle, la forme qu'elle avait antérieurement. Mais il ne suit pas de là que ce qui était antérieurement le suppôt d'un terme commun n'est plus maintenant un suppôt de celui-ci, étant donné que, le concernant, nulle mutation substantielle ne s'est produite. Donc, cette autorité s'entend uniquement de la chose qui subit une mutation substantielle, et c'est la chose en tant qu'elle existe.

<72> Réponse au cinquième argument [§ 19] : même si l'on admettait que, dans un syllogisme uniforme, toute mineure dont le sujet est contingent est impossible, cela n'irait nullement contre Aristote, parce que la forme syllogistique qu'enseigne Aristote n'en serait pas moins bonne. Autre réponse : si quelque suppôt, qui n'est pas un suppôt par soi

situm termini, tale suppositum potest sumi sub, et sic erit minor vera.

<73> Ad sextum : qualiter illud dictum in libro *Praedicamentorum* sit intelligendum, ibidem dictum est.

[III. *Responsio ad octavam quaestionem*

A. *Responsio*]

<74> Ad aliam quaestionem concedendae sunt omnes tales "Caesar est Caesar", "Caesar est homo", propter rationes prius factas.

<75> Ad illam partem quaestionis, quarum una est ista, scilicet quae est de syllogismo ex oppositis : potest reduci ad solutionem praecedentis quaestionis. Sic in II *Priorum* dicit Aristoteles quod non tantum est syllogismus ex oppositis ubi aliquid affirmatur et negatur de eodem simpliciter, sed ubi aliquid affirmatur de superiori universaliter et negatur idem ab inferiori, vel e converso. Et exemplificat in quarto secundae sic : "omnis disciplina est studiosa; non omnis medicina est studiosa". Similiter

d'un terme commun, est en puissance de recevoir la forme exprimée par ce terme, un suppôt de ce genre peut être subsumé sous le terme commun, et ainsi la mineure sera vraie ["tout homme est un animal; Socrate sera un homme; donc, Socrate sera un animal": ce syllogisme est régulier, selon Aristote].

<73> Réponse au sixième [§ 20]: comment il faut comprendre cette proposition du livre des *Prédicaments*, c'est expliqué au même endroit [*Quaestiones super Predicamenta Aristotelis*, q. 13, § 18-21].

[III. *Réponse à la huitième question*

A. *Réponse*]

<74> En réponse à l'autre question, il faut admettre toutes les propositions du genre "César est César, César est un homme", pour les raisons avancées ci-dessus [§ 21, 22, 25, 28, 29, 33-40].

<75> Réponse à la partie opposée dans cette question [§ 30-32], dont l'un des arguments concerne le syllogisme fait à partir de prémisses opposées: la réponse peut être ramenée à la solution de la question précédente [§ 49-50]. Dans les *Premiers Analytiques*, livre II [c. 15, 64a 3-6], Aristote dit qu'il y a syllogisme à partir de prémisses opposées non seulement quand quelque chose est simplement affirmé et nié du même, mais aussi quand quelque chose est affirmé universellement d'un supérieur, et que la même chose est niée d'un inférieur, et réciproquement. Il prend l'exemple suivant, qui est du quatrième mode de la seconde figure: "toute science est bonne, ce n'est pas le cas que toute médecine est bonne". De

igitur et in proposito erit hic syllogismus ex oppositis "omne animal est album; non omnis homo est albus"; et sequitur "ergo non omnis homo est animal". Ergo haec conclusio est impossibilis, etiam homine non exsistente, quia non eo minus est syllogismus ex oppositis; ergo opposita eius est necessaria.

<76> Si dicatur non-exsistere tollere rationem inferioris ab homine ratione animalis, sequitur quod ista ratio sibi infuit secundum quod exsistebat, vel ad minus quod dependebat ab exsistentia rei, et per consequens non erat simpliciter illa ratio ab operatione intellectus. Intellectus enim in sua operatione non dependet ab exsistentia rei; cum et demonstrationes et definitiones fiant de non-entibus, multo magis non-exsistentibus potest attribuere intentiones secundas quae omnino ab intellectu causantur.

<77> Consimiliter illa ratio quae fiebat ad primam quaestionem de per se : per hoc quod non-exsistentium sunt definitiones, ergo nullo homine exsistente, potest homo habere definitionem; et in illa poneretur animal; ergo animal per se praedicatur de homine. Ad minus homo potest habere per se definitionem exprimentem quid dicitur per nomen; in illa necessario poneretur animal, cum sit de significato nominis, quia nomen semper idem significat.

même, par conséquent, dans le présent propos, l'on aura le syllogisme suivant, à partir de prémisses opposées : "tout animal est blanc ; ce n'est pas le cas que tout homme est blanc" ; d'où il suit : "donc, ce n'est pas le cas que tout homme est un animal". Donc, cette conclusion est impossible, même si l'homme n'existe pas, puisque le syllogisme n'en est pas moins formé à partir de prémisses opposées ; donc, la conclusion opposée est nécessaire.

<76> Si l'on dit que le fait de ne pas exister ôte à "homme" le statut d'inférieur par rapport à "animal" [dans le syllogisme qui précède], il suit qu'il avait ce statut en tant qu'il existait, ou, à tout le moins, en tant qu'il dépendait de l'existence de la chose [signifiée par "homme"], et, par conséquent, ce statut n'était pas dû simplement à l'opération de l'intellect. En effet, dans son opération, l'intellect ne dépend pas de l'existence de la chose ; et, comme l'on peut faire des démonstrations et des définitions au sujet de choses non-existantes [*cf.* § 27-28], à bien plus forte raison l'intellect peut attribuer à des choses non-existantes des intentions secondes*, lesquelles sont entièrement causées par l'intellect.

<77> De même [*var.* Est confirmé] l'argument qui a été avancé dans la question précédente au sujet du "par soi" [§ 25] par ceci, qu'il y a des définitions de choses non-existantes ; donc, si nul homme n'existe, l'homme peut avoir une définition ; et, dans cette définition, serait posé l'animal ; donc, l'animal se prédique par soi de l'homme. À tout le moins, l'homme peut avoir une définition par soi exprimant ce qui est dit par le nom ; dans cette définition, "animal" serait posé nécessairement, puisqu'il entre dans la signification de ce nom, sachant qu'un nom signifie toujours la même chose.

[B. *Ad argumenta principalia octavae quaestionis*]

<78> Ad primum argumentum dictum est in priori quaestione, qualiter praedicatur esse secundum accidens.

<79> Ad secundum concedantur propositiones quae inferuntur, scilicet "Caesar est homo" et consimiles, sicut prius concessae sunt.

<80> Ad tertium dici potest quod "sicut res habet esse", sic ad veritatem talis propositionis oportet esse talem unionem in re qualis significatur in sermone. Natura autem significata per hoc quod est "Caesar" est ens apud intellectum, alioquin intellectus de ea non faceret compositionem. Et sic est compositio eiusdem exsistentis apud intellectum cum se ipso, et talis compositio sufficit ad veritatem ubi res non est exsistens, ut patet in istis "chimaera est chimaera", "non-ens est non-ens".

[IV. *Ad argumenta quintae quaestionis*]

<81> Ad primum argumentum illius quaestionis quae est de univocatione termini communis, quod oportet terminum non esse univocum, dico quod ens ut est nomen non est aequivocum et ad illud quod exsistit et ad illud quod non exsistit; licet fortè secundum quod est participium sit aequivocum ad illa; sed ut est participium non est superius ad hominem.

[B. *Réponse aux arguments initiaux de la huitième question*]

<78> Réponse au premier argument [§ 30] : il a été dit dans la question antérieure [§ 58] de quelle façon "être" est prédiqué par accident.

<79> En réponse au second [§ 31], les propositions qui sont inférées sont admises, à savoir "César est un homme", et autres semblables, comme elles ont été admises antérieurement [§ 74].

<80> En réponse au troisième [§ 32], l'on peut dire que "une chose a même rapport à l'être" [et à la vérité – *Métaph.* II, c. 1, 993b 30-31]; ainsi, afin que la proposition "César est César" soit vraie, il faut qu'il y ait dans la chose une unité telle qu'elle est signifiée dans le discours. Or, la nature signifiée par "César" est un être dans l'intellect, faute de quoi l'intellect ne la ferait pas entrer en composition. Quelque chose existant dans l'intellect est composé de la sorte avec lui-même. Et une composition de ce genre suffit à la vérité de la proposition dans le cas où la chose n'est pas existante [dans la réalité], comme il apparaît dans les propositions "la chimère est la chimère", "le non-être est le non-être".

[IV. *Réponse aux arguments de la cinquième question*]

<81> Dans la question portant sur l'univocité d'un terme commun, le premier argument [§ 1] est qu'il faut qu'un terme ne soit pas univoque. Je réponds qu'en tant que c'est un nom, le terme *ens* n'est pas équivoque quand il se dit d'un suppôt qui existe et d'un suppôt qui n'existe pas, bien qu'assurément, en tant que c'est un participe, il soit équivoque quand il se dit et de l'un et de l'autre [*cf.* § 70]. Cependant, en tant que c'est un participe, il n'est pas supérieur à "homme".

<82> Ad aliud : iam concessum est commune praedicari de supposito per hoc verbum "est".

<83> Ad tertium : "enti et non-enti" etc., si intelligatur de istis secundum quod habent rationem contradictoriorum, fortè nihil est eis univocum.

Et si arguatur ulterius "Robertus est exsistens, Caesar non-exsistens, ergo eis non est aliquid univocum" : est fallacia acci-dentis, quia medium est extraneum uni extremo in quantum comparatur ad aliud. Quia duobus suppositis quorum alterum est exsistens, alterum non-exsistens, est aliquid univocum per se in quantum includunt aliquid idem per se, licet accidat uni esse exsistens et alteri esse non-exsistens; quia ut illa accidentia insunt eis, non habent tale commune.

<85> Quod autem forma arguendi non valeat, patet in simili. Ut si arguatur : "albo et non-albo nihil est commune univocum, cum sint contradictoria; ille est albus et iste non est albus; ergo isti homini et illi nihil est commune univocum", consequentia non valet. Quia hoc praedicatum "non habere aliquid univocum" inest istis fortè ratione affirmationis et negationis sicut et hoc quod est "esse contradictoria", et non ratione eorum quae subsunt

<82> Réponse à l'autre argument [§ 2] : il a déjà été admis [§ 43] qu'un terme commun est prédiqué d'un suppôt par le verbe "est".

<83> Réponse au troisième [§ 3] : "à ce qui est et à ce qui n'est pas", etc. [il n'est rien d'univoque qui soit commun], s'ils sont compris en tant qu'ils ont le statut de contradictoires, il n'est assurément rien d'univoque qui leur soit commun

<84> Et si l'on argumente ensuite à partir de là [à partir de § 3], en disant que "Robert est existant, César non-existant; donc, il n'y a pas quelque chose qui leur soit univoque", c'est un paralogisme de l'accident [*cf.* § 53], parce que le moyen ["existant"] est étranger à l'un des extrêmes ["Robert"] en tant qu'il est rapporté à l'autre extrême ["César"]. D'une part, pour deux suppôts, dont l'un est existant, l'autre non-existant, il y a quelque chose qui est univoque par soi, dans la mesure où ils incluent quelque chose qui est identique par soi ["homme"], bien que ce soit pour l'un un accident d'être existant, pour l'autre d'être non-existant; d'autre part, en tant que ces accidents leur sont inhérents, ils n'ont pas en commun quelque chose de tel.

<85> Quant à la forme de l'argument, il est clair, sur un cas similaire, qu'elle n'est pas valide. Supposons que l'on argumente comme suit : "à un blanc et un non-blanc il n'est rien de commun qui soit univoque, puisque ce sont des contradictoires; or, celui-ci est blanc, et celui-là n'est pas blanc [mineure]; donc, à cet homme-ci et à cet homme-là il n'est rien de commun qui soit univoque". L'inférence n'est pas concluante, parce que le prédicat "ne pas avoir quelque chose d'univoque" est assurément inhérent à "celui-ci" et "celui-là" en raison de l'affirmation et de la négation, de même que le prédicat "être des contradictoires", mais non point en raison des suppôts [cet homme-ci et cet homme-là] qui sont subsumés

formae. Et in minore sumitur pro illis quae subsunt istis formis.

<86> Cum ostenditur illa propositio "enti et non-enti nihil est univocum" per hoc quod non omnibus entibus est aliquid univocum, neganda est consequentia. Quia nihil idem conceptum apud intellectum includitur in conceptu omnium entium, sed aliquid idem conceptum apud intellectum potest esse de intellectu illius cui accidit exsistere et illius cui accidit non-exsistere.

[V. *Alia responsio*

A. *Ad sextam quaestionem*]

<87> Aliter potest dici ad secundam quaestionem illarum trium, sustinendo ea quae dicuntur ad praecedentes quaestiones duas, scilicet quod supposita tam exsistentia quam non-exsistentia sunt simpliciter supposita termini communis et univoce.

<88> Adhuc, secundum Aliquos, non oportet concedere commune praedicari de his et illis vere cum hoc verbo "est", quia supposita sunt simpliciter univoca quaecumque includunt eandem rationem termini secundum quamcumque differen-

sous une forme [l'homme]. Or, dans la mineure, cette forme est prise pour les suppôts qui sont subsumées sous ces formes [*var*. Or, dans la mineure, les suppôts qui sont subsumés sous ces formes sont pris sous cette forme – *i.e.* des suppôts de "blanc" et de "non-blanc" sont pris à tort sous la forme "homme"].

<86> Lorsque la proposition "à ce qui est et à ce qui n'est pas il n'est rien qui soit univoque" est prouvée par ceci, que ce n'est pas le cas que pour tous les êtres il existe quelque chose qui soit univoque, l'inférence doit être rejetée. Rien qui soit conçu de l'intellect comme identique n'est inclus dans le concept de tous les êtres, mais quelque chose d'identique conçu de l'intellect peut entrer dans le concept de ce pour quoi exister est un accident, et de ce pour quoi non-exister est un accident.

[V. *Une autre opinion en réponse à la sixième question*

A. *Réponse*]

<87> L'on peut faire une autre réponse à la seconde des trois questions [« S'il y a des suppôts simples d'un terme commun signifiant une nature vraie indépendamment de leur existence »], en soutenant ce qui a été dit en réponse aux deux questions qui précèdent [q. 7 et q. 8], à savoir que des suppôts tant existants que non-existants sont des suppôts simples d'un terme commun, et qui se dit d'eux univoquement.

<88> Il faut ajouter que, selon certains [*cf.* q. 5, § 2], l'on ne doit pas admettre qu'un terme commun se prédique avec vérité de ceux-ci et de ceux-là avec le verbe "est" [*i.e.* le verbe être au présent], étant donné que tous les suppôts sont simplement univoques, qui incluent la même notion signifiée par un terme commun selon quelque différence

tiam temporis, quia significatum termini communis nullam differentiam temporis sibi determinat. Potest ergo stare cum univocatione quod homo praedicatur de Antichristo cum "fore", et de Caesare cum "fuisse", quia illa non variant significationem termini. Et hoc fortè intellexerunt Illi qui dixerunt illa esse supposita diversae appellationis, quia non eodem modo appellantur a communi, licet fortè participant idem significatum communis.

[B. *Ad argumenta principalia quintae quaestionis secundum hanc opinionem*]

<89> Ad rationes quae sunt contra univocationem.

Ad primam potest dici quod suppositum exsistens et non-exsistens univocantur in ente, quia ens secundum significatum unum dicitur de illis, licet non cum hoc verbo "est".

<90> Ad secundum conceditur quod licet praedicatio communis de quocumque supposito est essentialis, non oportet tamen omnem praedicationem essentialem esse veram cum hoc verbo "est"; sed sufficit cum quocumque verbo cuiuscumque differentiae temporis.

<91> Ad tertium dicitur sicut dictum est prius.

temporelle que ce soit, puisque le signifié d'un terme commun ne détermine pour lui-même aucune différence temporelle. Il est donc compatible avec l'univocité du terme que "homme" soit prédiqué de l'Antéchrist avec le verbe être au futur, et de César avec le verbe être au passé, puisque les temps du verbe ne font pas varier la signification du terme commun. Et c'est assurément cela que pensaient ceux qui ont dit que ce sont là des suppôts ayant une appellation* différente, parce qu'ils ne sont pas appelés par le terme commun sous le même mode, bien qu'assurément ils participent le même signifié du terme commun.

[B. *Réponse aux arguments initiaux de la cinquième question, selon l'opinion susdite*]

<89> Réponse aux arguments contre l'univocité.

L'on peut répondre au premier argument [§ 1] qu'un suppôt existant et un suppôt non-existant sont univoques dans l'être, parce que "être" se dit de l'un et de l'autre selon un seul et même signifié [*i.e.* l'être pris comme un nom, *cf.* § 70], mais non point avec le verbe "est" [*i.e.* le verbe être au présent].

<90> En réponse au second [§ 2], l'on admet que, bien que la prédication d'un terme commun attribué à quelque suppôt que ce soit [de ce terme] soit une prédication essentielle, il n'est pas nécessaire cependant que toute prédication essentielle soit vraie avec le verbe être au présent, car il suffit que ce soit avec le verbe être pris selon quelque différence temporelle que ce soit.

<91> Au troisième argument [§ 3], il est répondu comme il a été répondu précédemment [§ 83-86].

[C. *Ad argumenta in oppositum septimae quaestionis secundum hanc opinionem*]

<92> Ad argumenta probantia hanc esse veram "Caesar est homo".

Ad primum dicitur quod haec consequentia non valet "Caesar currit, ergo homo currit"; quia, ut patet, nunc non appellatur Caesar ab homine cum verbo de praesenti. Sed sequitur "Caesar currit pro tempore pro quo appellabatur ab homine cum verbo de praesenti; ergo homo cucurrit".

<93> Ad aliud: dictum Aristotelis est intelligendum de compositione significata per verbum cuiuscumque differentiae temporis.

<94> Ad aliud: negatur haec consequentia "Caesar est Caesar, ergo Caesar est homo"; sequebatur autem quando Caesar appellabatur ab homine cum verbo de praesenti.

[C. *Réponse aux arguments contraires de la septième question, selon l'opinion susdite*]

<92> Réponse aux arguments prouvant que la proposition "César est un homme" est vraie :

Au premier argument [§ 21], il est répondu que l'inférence "César court, donc un homme court" n'est pas concluante, puisque, comme il est manifeste, César n'est pas appelé maintenant du nom d'homme avec le verbe être au présent. Par contre, l'inférence suivante est concluante : "César court [est vrai] pour le temps pour lequel il était appelé du nom d'homme avec le verbe être au présent ; donc, un homme a couru".

<93> Réponse à un autre argument [§ 22] : ce que dit Aristote doit s'entendre d'une composition signifiée par le verbe être pris selon quelque différence temporelle que ce soit.

<94> Réponse à un autre argument [§ 29] : l'inférence "César est César, donc César est un homme" est rejetée ; en revanche, elle était concluante quand César était appelé du nom d'homme avec le verbe être au présent.

QUAESTIONES IN DUOS LIBROS
PERIHERMENEIAS – IN LIBRUM PRIMUM

[QUAESTIO 5. UTRUM VERBUM "EST" SIT TANTUM COPULA PRAEDICATI CUM SUBIECTO]

Quaeritur circa capitulum "De verbo", et primo utrum sit tantum copula praedicati cum subiecto, vel sit praedicatum vel aliquid praedicati, sic dicendo "homo est albus".

<1> Quod non sit tantum copula, probo :

Hoc verbum "est" idem praedicat quando praedicat secundum et quando tertium, quia non mutat suum significatum propter appositum; sed quando praedicat secundum, tunc res eius est praedicatum; igitur similiter quando apponitur aliquid sibi, videtur res verbi specificata praedicari per aliud.

<2> Item, quando sic dicitur "homo est", intelligitur res huius verbi "est" uniri cum subiecto vel supposito per modum significandi verbalem qui est compositio. Igitur cum sic dicitur "homo est albus", intelligitur adhuc

QUESTIONS SUR LES DEUX LIVRES
DU *PERI HERMENEIAS* – SUR LE PREMIER LIVRE

[QUESTION 5. SI LE VERBE "EST" EST SEULEMENT
UNE COPULE UNISSANT LE PRÉDICAT AU SUJET]

L'on s'enquiert du chapitre "Du verbe", et l'on demande pour commencer si [le verbe "est"] est seulement une copule unissant le prédicat au sujet, ou bien si c'est un prédicat ou une partie du prédicat, comme lorsqu'on dit "un homme est blanc".

<1> Je prouve que ce n'est pas seulement une copule :

Quand il prédique en troisième, le verbe "est" prédique la même chose qu'il prédique quand il prédique en second, puisqu'il ne change pas son signifié à cause de ce qui lui est adjoint ; or, quand il prédique en second, ce qui est prédiqué alors est la chose du verbe être [*i.e.* l'existence] ; de même, par conséquent, quand quelque chose est adjoint au verbe, il apparaît que ce qui est prédiqué, c'est la chose du verbe spécifiée par autre chose.

<2> En outre, quand on dit "un homme est", l'on comprend que la chose du verbe "est" est unie au sujet ou suppôt par le mode de signifier verbal, qui est la composition. Donc, quand on dit "un homme est blanc", l'on comprend encore que la

res verbi uniri per eundem modum, quia appositum non mutat per se modos significandi.

<3> Item, dicit Boethius quod «propositio categorica dividitur in duas partes tantum», scilicet in subiectum et praedicatum. Sequitur igitur quod "est" non erit pars per se cum dico "homo est albus", sed est aliquid unius partis. Quod est aliquid praedicati et non est aliquid subiecti; quia compositio se tenet rationabilius a parte praedicati, cum dicit Aristoteles in II *Perihermenias* «"est" nomen vel verbum tertium adiacere in oratione. »

<4> Item, esse est actualitas omnis entis; igitur cum dico "homo est animal", designo quod homo est actu animal; et non tantum enuntio "animal", sed animal sub actu.

<5> Item, Aristoteles dicit quod «"est" tertium adiacens praedicatur»; igitur non est tantum copula.

<6> Ad oppositum :
Si esset pars praedicati, nulla propositio converteretur simpliciter in eisdem terminis; quia sic dicendo "homo est albus", per te, res verbi est pars praedicati. Igitur si debet converti in terminis, oportet rem verbi in conversa esse partem subiecti, quod est falsum. Quia tunc omnis syllogismus in prima figura esset ex quattuor terminis, quia medium in maiori accipitur absolute ita quod

chose du verbe est unie [au sujet ou suppôt] par le même mode, étant donné que l'adjectif ne change pas les modes de signifier par soi.

<3> En outre, Boèce [*De interp.*, ed. secunda, IV, c. 10] dit que « toute proposition catégorique se divise en deux parties seulement », à savoir le sujet et le prédicat. Il s'ensuit par conséquent que le verbe "est" ne sera pas une partie par soi de la proposition "un homme est blanc", mais quelque chose de l'une des deux parties. Or, le verbe "est" est quelque chose du prédicat, et non point quelque chose du sujet, puisqu'une composition repose plus rationnellement sur le prédicat [que sur le sujet], et que, au livre II du *Peri hermeneias* [c. 10, 19b 21-22], Aristote dit que « "est" – qu'on l'appelle nom ou verbe – est troisième adjacent dans l'énoncé » [quand on dit, par ex., *homo iustus est*].

<4> En outre, l'être est l'actualité de tout ce qui est ; donc, quand je dis "l'homme est un animal", je notifie que l'homme est en acte un animal ; je n'énonce pas seulement "animal", mais animal pris sous l'acte.

<5> En outre, Aristote dit que « "est" troisième adjacent est prédiqué » ; ce n'est donc pas seulement une copule.

<6> En sens contraire :

Si le verbe "est" était une partie du prédicat, nulle proposition ne se convertirait simplement en prenant les mêmes termes ; en effet, quand on dit "un homme est blanc", pour toi, la chose du verbe est une partie du prédicat. Si donc cette proposition doit être convertie en permutant les termes [soit "blanc est un homme"], il faut que la chose du verbe soit une partie du sujet dans la proposition convertie, ce qui est faux ["est" n'est pas une partie de "blanc"]. D'autre part, tout syllogisme de la première figure aurait quatre termes, puisque dans la majeure le moyen terme est pris absolument, de sorte que

"esse" non est pars eius, sed in minori, quando praedicatur "esse", est pars eius.

<7> Item, hic esset nugatio "homo est animal", quia si ens praedicatur, et animal; et in animali intelligitur ens; tunc ex eadem parte orationis bis diceretur idem, ut ens.

<8> Item, Boethius dicit, super II huius, quod "est" ponitur tertium adiacens, "non quasi quaedam pars propositionis, sed sicut demonstratio qualitatis in propositione; demonstrat enim qualis sit propositio, quoniam affirmativa". Et non constituit propositionem tanquam pars eius; igitur est tantum copula.

<9> Item, communiter dicitur quod quando "est" praedicat tertium, praedicat quod in alio est; ita quod non praedicat rem suam secundum se, sed aliud. Et Boethius dicit quod non praedicatur, sed adiacet praedicato.

[QUAESTIO 6. UTRUM VERBUM DE PRAESENTI COPULET NUNC QUOD INSTAT VEL INDIFFERENTER QUODLIBET PRAESENS]

Iuxta hoc quaeritur utrum verbum de praesenti copulet nunc quod instat vel indifferenter quodlibet praesens.

"être" n'en est pas une partie, tandis que, dans la mineure, quand "être" est prédiqué, il en est [*var.* serait] une partie [tout homme est un animal; or Socrate est un homme; donc, Socrate est un être animal].

<7> En outre, il y aurait une tautologie dans la proposition "l'homme est un animal", puisque, si "être" est prédiqué, "animal" l'est aussi; or, "être" est conçu dans "animal"; donc, la même chose, à savoir "être", serait dite deux fois à partir d'une même partie de l'énoncé [*i.e.* le prédicat].

<8> En outre, dans son commentaire au livre II, Boèce [*De interp.*, ed. secunda, IV, c. 10] dit que "est" est placé dans une proposition en troisième adjacent, "non point comme une partie de la proposition, mais comme une indication de la qualité de la proposition; il indique en effet de quelle qualité est la proposition, à savoir affirmative". Et il ne constitue pas la proposition en tant qu'une partie de celle-ci; donc, il est seulement copule.

<9> En outre, l'on dit communément que lorsque "est" prédique en troisième adjacent, il prédique ce qui est dans un autre [*i.e.* le sujet], en sorte qu'il ne prédique pas sa chose prise selon soi, mais autre chose. Et Boèce dit qu'il n'est pas prédiqué, mais est adjacent au prédicat.

[QUESTION 6. SI UN VERBE AU PRÉSENT EST MIS POUR
LE MAINTENANT ACTUEL OU BIEN POUR N'IMPORTE
QUEL PRÉSENT INDIFFEREMMENT]

L'on demande ensuite si un verbe au présent est mis pour le maintenant actuel ou bien pour n'importe quel présent indifféremment.

<10> Et quod non nunc quod instat, probo :

Haec est vera "curro, si curro", licet sedeam. Si tantum "currere" supponeret pro tempore quod nunc instat, propositio falsa esset.

<11> Item, si copularet pro nunc quod instat, hic esset repugnantia intellectuum "Socrates semper est".

<12> Dicitur quod copulat pro tempore de praesenti quod instat cum institerit ut "nunc" pro illo quod est nunc, et alias pro alio cum institerit. Exemplum ponatur quod ista porta fuerit angusta quam non posset nisi unus homo pertransire; et quod quodlibet ens in porta, cum fuerit in porta, vocetur *a*. Tunc *a* stabit semper pro ente in porta, scilicet nunc pro Ioanne nunc pro Roberto. Sic hic "homo est", "est" copulat pro illo nunc; et cras cum dico "homo est", copulabit pro illo nunc quod est tunc sub ratione praesentis, et non pro hoc singulari nunc. Unde sic copulat verbum de praesenti pro quolibet praesenti, quousque habeat rationem praesentis, et non pro instanti signato. Quod sic ostenditur : quia si copularet tantum pro illo nunc quod instat (signetur et vocetur *a*), tunc dicendo "homo est", sensus est "homo est in *a*"; transeat *a* et dicatur "homo est", haec est falsa, quia homo non est in *a,* cum *a* non sit. Igitur si illa propositio sit vera nunc ut prius, oportet necessario quod ad instans signatum

<10> Preuve qu'il n'est pas mis pour le maintenant actuel :

La proposition "si je cours, je cours" est vraie, bien que je sois assis. Si "courir" était mis uniquement pour le temps qui est maintenant actuel, la proposition serait fausse.

<11> En outre, s'il était mis pour le maintenant qui est actuel, alors, dans la proposition "Socrate est toujours", les concepts seraient incompatibles.

<12> L'on dit [Simon de Faversham, *Periherm.* q. 11] qu'il est mis pour le temps présent qui est actuel, aussi longtemps qu'il aura été actuel; ainsi, il est mis maintenant pour le temps présent qui est maintenant, et d'autres fois pour un autre temps présent, aussi longtemps qu'il aura été actuel. Supposons, par exemple, une porte si étroite qu'un seul homme pourrait la franchir à la fois, et appelons *a* tout être dans la porte, aussi longtemps qu'il aura été dans celle-ci. Alors, *a* sera toujours mis pour l'être dans la porte, c'est-à-dire maintenant pour Jean, maintenant pour Robert. De même, quand on dit "un homme est", "est" est mis pour ce maintenant-ci; et demain, quand je dis "un homme est", le verbe sera mis pour le maintenant qui est alors sous la raison du présent, et non point pour ce maintenant-ci, singulier. De là que le verbe au présent est mis pour quelque présent que ce soit, aussi longtemps qu'il a la raison de présent, et non point pour un instant signé[*]. Ce qui se montre comme suit : s'il était mis uniquement pour ce maintenant-ci qui est actuel (marquons-le, et appelons-le *a*), alors, quand on dit "un homme est", le sens est "un homme est en *a*"; que *a* passe, et que l'on dise "un homme est", cette proposition est fausse, puisque cet homme n'est pas en *a*, étant donné que *a* n'est pas. Si donc cette proposition est vraie maintenant, comme elle l'était auparavant, il faut nécessairement que "maintenant" soit rapporté à un instant signé, comme il

copuletur nunc ut prius. Vel oportet dicere quod multoties imponeretur hoc verbum "est", ut signaret sub novo tempore.

<13> Contra hoc :

Nulla determinatio sub qua intelligitur determinabile coartat determinabile ultra suam formam, quia sic dicendo "homo albus", albus non coartat hominem nisi ut stet pro albo, et non artatur ut stet pro aliquo magis contracto quam sit album virtute albi, saltem nec ad aliquid nisi ad album. Verbi autem primo intelligitur significatum absolute prout est quid in se; deinde additur sibi modus significandi cum tempore per modum dicendi de altero, sub quo intelligitur modus significandi cum tempore de praesenti, sub quo significatum primum intelligitur. Nunc autem ratio eius, quod est tempus praesens, non magis respicit nunc quam tunc, sed de praesenti dicitur in quantum habet rationem praesentis. Igitur significatum verbi, intellectum sub illa praesentialitate ut modus est, non magis intelligitur sub illa praesentialitate exsistente quam non-exsistente.

<14> Item, nisi verbum de praesenti copularet hoc praesens determinatum, haec "homo currit" posset esse vera pro homine currente cras; quia virtus sermonis non artaret ad hoc praesens magis quam ad illud.

l'était auparavant. Ou alors, il faut dire que le verbe "est" serait imposé de multiples fois, afin qu'il signe [*var.* signifie] sous un temps présent [à chaque fois] nouveau.

<13> Contre cela :

Nulle détermination sous laquelle un déterminable est intelligé ne restreint le déterminable au-delà de la forme de cette détermination ; en effet, quand on dit "un homme blanc", "blanc" ne restreint pas "homme", sinon afin qu'il soit mis pour un homme blanc, et "homme" n'est pas restreint afin qu'il soit mis pour quelque chose qui serait davantage restreint que ne l'est "homme blanc" en vertu du blanc ; à tout le moins, il n'est restreint à rien d'autre, si ce n'est à "homme blanc". Or, le signifié d'un verbe est d'abord intelligé absolument, en tant que c'est un *quid** en soi ; ensuite, le mode de signifier avec le temps lui est ajouté par le mode "se dire d'un autre" [*i.e.* le sujet], sous lequel est intelligé le mode de signifier avec le temps du présent, et [par conséquent] le signifié premier du verbe est intelligé sous le mode de signifier avec le temps du présent. Or, la raison de temps présent ne se réfère pas au maintenant présent davantage qu'au maintenant passé, mais se dit d'un présent en tant qu'il a la raison de présent. Par conséquent, le signifié du verbe, intelligé sous la présentialité en tant que c'est un mode, n'est pas intelligé sous une présentialité existante davantage que sous une présentialité non-existante [*i.e.* passée].

<14 – continue [12]> En outre, si un verbe au présent n'était pas mis pour un présent déterminé, la proposition "un homme court" pourrait être vraie pour un homme courant demain, puisque le présent ne serait pas restreint à ce présent-ci davantage qu'à ce présent-là, au pied de la lettre.

<15> Item, ad principale : si sic, quaelibet propositio de praesenti esset necessaria simpliciter; quia quod est vel non est in hoc instanti, necesse est esse vel non esse in hoc instanti.

<16> Ad oppositum :
Nisi sic, haec esset falsa "omne quod est, est in hoc instanti". Et ita aliquid esset et non esset in hoc instanti.

<17> Dicitur quod haec est vera "omne quod est, est in hoc instanti", et copulatur praesens instans quod instat, sed per accidens, scilicet quia non est aliud praesens.

<18> Contra :
Haec solutio ostendit quod multa sunt praesentia simul, et tunc non oportet hoc copulare, quia nullum aliud est, quia « praesens est cuius pars praeteriit, parsque futura est » ; et non est praesens indivisibile, quia tunc non esset tempus ; multa ergo sunt partialia praesentia simul, sicut multa praeterita.

<19> Item, si non de virtute sermonis copularetur pro hoc instanti, sed per accidens, non oportet propositionem esse veram "omne quod est, est in hoc nunc", vel "in hoc instanti".

<15> En outre, objection à l'argument initial [§ 10] : s'il en est ainsi [si le verbe au présent n'est pas mis pour un présent déterminé], n'importe quelle proposition au présent serait nécessaire simplement, étant donné qu'il est nécessaire que ce qui est, ou n'est pas, en un instant soit ou ne soit pas en cet instant.

<16> En sens contraire :
S'il n'en est pas ainsi [si le verbe au présent n'est pas mis pour n'importe quel présent indifféremment], la proposition "tout ce qui est, est en cet instant" serait fausse. Et ainsi, il se pourrait que quelque chose soit et ne soit pas en cet instant.

<17> L'on répond que la proposition "tout ce qui est, est en cet instant" est vraie, et que le verbe est mis pour l'instant présent qui est actuel, mais par accident, c'est-à-dire parce qu'il n'existe pas d'autre présent [que le présent actuel].

<18> Contre : Cette solution montre qu'il existe plusieurs présents en même temps, et donc il n'est pas nécessaire que le verbe soit mis pour le présent qui est actuel pour la raison qu'il n'existe pas d'autre présent que le présent actuel, étant donné que "le présent est ce dont une partie est passée, et l'autre à venir" [Priscien, *Institutiones grammaticales* VIII, c. 10] ; et le présent n'est pas indivisible, faute de quoi ce ne serait pas du temps ; donc, il existe plusieurs présents partiels en même temps, et de même plusieurs passés.

<19> En outre, si ce n'est pas au pied de la lettre, mais par accident, que le verbe "est" est mis pour cet instant-ci, alors la proposition "tout ce qui est, est en ce maintenant-ci", ou "en cet instant-ci", ne serait pas vraie nécessairement.

[I. *Ad quintam quaestionem*

    A. *Opinio prima*

        1. *Expositio opinionis*]

<20> Ad quaestionem :

Dicentes quod copula sit pars extremi, hi sic ponunt : esse est actualitas entis. Unde cum dicitur "hoc est album", significatur praedicatum inesse subiecto sub ratione actus ipsius subiecti, et hoc mediante verbo essendi. Sicut enim sic dicendo "Socrates est" significatur actualitas entis in Socrate, sic cum dicitur "Socrates est albus" significatur Socratem esse sub praedicato sicut sub actu. Propter quod "esse" ponitur pars eius quod praedicatur; quia "album" non significat per se actum subiecti et per modum actus.

      [2. *Ad rationes principales quintae quaestionis secundum hanc opinionem*]

<21> Ad rationes : sic dici potest ad primam quod contingit considerare in praedicato duo, scilicet rem quae praedicatur, et rationem sub qua praedicatur. "Esse" potest intelligi esse partem praedicati dupliciter : vel quod sit pars rei quae praedicatur, sicut hic "animal rationale currit" – "rationale" est

[I. *Réponse à la cinquième question*

A. *Première opinion*

1. *Exposé de cette opinion*]

<20> Réponse à la question :

Ceux qui disent que la copule est une partie de l'un des extrêmes établissent leur position comme suit : l'être est l'actualité de ce qui est. D'où, quand on dit "ceci est blanc", il est signifié que le prédicat est inhérent au sujet sous la raison de l'acte de ce sujet, et cela par l'intermédiaire du verbe être. De même, en effet, que, lorsqu'on dit "Socrate est", est signifiée l'actualité de l'être en Socrate, de même, lorsqu'on dit "Socrate est blanc", il est signifié que Socrate est sous le prédicat comme sous l'acte. Et la raison pour laquelle ils posent que "être" est une partie de ce qui est prédiqué, c'est que "blanc" ne signifie pas par soi l'acte du sujet, ou ne signifie pas le sujet sous le mode de l'acte [donc, l'acte du sujet est signifié par l'intermédiaire du verbe "est"].

[2. *Réponse aux arguments initiaux de la cinquième question selon les tenants de l'opinion susdite*]

<21> Réponse aux arguments initiaux : en réponse au premier argument [§ 1], l'on peut dire [selon les tenants de l'opinion susdite] qu'il est possible de considérer dans le prédicat deux éléments, à savoir, d'une part, la chose qui est prédiquée, et, d'autre part, la raison sous laquelle elle est prédiquée. "Être" peut être compris de deux façons différentes comme étant une partie du prédicat : ou bien en ce sens qu'il est une partie de la chose qui est prédiquée, de la façon dont, quand on dit "un animal rationnel court", "rationnel" est une

pars illius quod subicitur; vel quod sit ratio sub qua praedicatur res ipsa. "Esse" primo modo non est pars praedicati, quia non facit compositionem cum re. Quia esse et album non faciunt compositionem sicut homo et album, quia actualitas rei non facit compositionem cum eo cuius est actualitas. Sed "esse" secundo modo est pars praedicati, quia est ratio rei in quantum ipsa est praedicabilis.

<22> Ad aliud dicendum quod "animal" appositum ei quod est "esse", non apponitur ei sicut res rei, sed sicut potentia intelligitur apponi actui. "Animal" enim accipitur ut potentia, cuius actualitas importatur per "esse". Sed si sic diceretur "homo est ens animal" esset nugatio, quia in essentiali intellectu eius quod est animal intelligitur ens, eo modo quo significatur per "ens". Unde sic dicendo "homo est ens animal", hoc totum "ens animal" accipitur ut res praedicata, cuius actualitas est illud quod importatur per "esse".

<23> Ad dictum Boethii concedo quod "est" non sit pars principalis aliquo modo in propositione quando praedicatur tertium adiacens, quia neque subiectum neque praedicatum; potest tamen esse pars partis aliquo modo in propositione. Et quod dicit ipsum esse demonstrationem qualitatis in propositione, dico quod hoc dicit de eo ratione

partie du sujet; ou bien en ce sens que "être" est la raison sous laquelle la chose elle-même est prédiquée. Si l'on prend le premier sens, "être" n'est pas une partie du prédicat, puisqu'il qu'il ne forme pas une composition avec la chose [*i.e.* avec "blanc", quand on dit "un homme est blanc"]. En effet, "être" et "blanc" ne forment pas une composition comme le font "homme" et "blanc", puisque l'actualité d'une chose ne forme pas une composition avec la chose dont elle est l'actualité. En revanche, si l'on prend le second sens, "être" est une partie du prédicat, puisqu'il est la raison d'une chose en tant que celle-ci est prédicable.

<22> L'on doit répondre à l'autre argument [§ 4] que [lorsqu'on dit "l'homme est un animal"] "animal", qui est adjoint à "être", ne lui est pas adjoint comme une chose à une autre chose, mais de la façon dont la puissance est conçue comme adjointe à l'acte. En effet, "animal" est pris en tant qu'une puissance, dont l'actualisation est introduite par "être". Cependant, si "l'homme est un être animal" se disait ainsi [*i.e.* si "animal" était adjoint à "être" comme une chose à une autre], ce serait une tautologie, puisque l'être est intelligé dans le concept essentiel de l'animal, de la même manière qu'il est signifié par "être" [dans "être animal"]. Par conséquent, quand on dit "l'homme est un être animal", le tout – "être animal" – est pris comme la chose qui est prédiquée, dont l'actualité est introduite par "être".

<23> En réponse à ce que dit Boèce [§ 3], je concède que, lorsqu'il est prédiqué en troisième adjacent, "est" n'est pas en quelque façon une partie pleine de la proposition, puisqu'il n'est ni sujet ni prédicat; cependant, il peut être en quelque façon une partie d'une partie de la proposition. Et quand Boèce dit [§ 8] que [le verbe "est"] indique la qualité de la proposition, je réponds qu'il dit cela du verbe "est" en raison de la

compositionis quam importat. Quodlibet enim verbum duo importat: rem verbi quae est de intellectu essentiali verbi in quantum significat rem quae concipitur a mente; et importat compositionem quae est ipsius in quantum verbum. Unde ratione rei quam importat hoc verbum "est", cum illa sit actualitas, est ratio sub qua praedicatur quidlibet quod praedicatur de alio.

<24> Ad aliud dicitur quod quando hoc verbum "est" praedicat tertium et alteri adiacens, primo praedicat esse illius, cui adiacet, de tertio. Ut sic dicendo "Homerus est poeta", praedicatur esse poetae de Homero, non esse Homeri de Homero. Ideo dicit Boethius quod hic "Homerus est poeta", duo sunt praedicata, scilicet poeta principaliter et esse secundarie. Praedicat igitur esse quod in alio est, quia praedicat esse quod subiectum habet, non de se sed secundum quid aliud ut esse quod convenit Homero secundum quod poeta. Sed quando praedicatur per se, tunc praedicat esse simpliciter et actuale; et hoc est secundum quod in se est. Est igitur "esse tertium" ratio secundum quam praedicatur aliquid, et non pars eius in quantum sibi accidit haec intentio "praedicabile".

<25> Sed rationes rerum distinguuntur per actum et potentiam. Sicut enim in composito naturali est unum habens rationem potentiae ut materia, aliud habens rationem actus ut

composition que ce verbe introduit. En effet, un verbe, quel qu'il soit, introduit deux éléments : d'une part, la chose du verbe, laquelle appartient au concept essentiel du verbe, en tant qu'il signifie la chose qui est conçue par l'esprit [ex. "courir", quand on dit "Socrate court"] ; d'autre part, il introduit la composition qui provient du verbe en tant que verbe. Par suite, la raison [var. *ratio*] de la chose introduite par le verbe "est" – à savoir l'actualité – est la raison sous laquelle est prédiqué tout ce qui est prédiqué d'un autre [*i.e.* le sujet].

<24> À l'autre argument [§ 5], il est répondu que lorsque le verbe "est" est adjacent à un second terme, et prédique en troisième, il prédique en premier lieu l'être de ce à quoi il est adjacent, et l'attribue à un troisième. De là que, lorsqu'on dit "Homère est un poète", l'être du poète est prédiqué d'Homère, et non point l'être d'Homère d'Homère. C'est pourquoi Boèce [*De interp.*, ed. secunda, V, c. 11] dit que, dans "Homère est un poète", deux choses sont prédiquées, à savoir "poète" principalement, et "être" secondairement. Donc, le verbe "est" prédique l'être qui est dans un autre, puisqu'il prédique l'être que possède le sujet, non pas de soi mais relativement à autre chose, c'est-à-dire l'être qui convient à Homère en tant que poète. En revanche, lorsque le verbe "est" est prédiqué par soi, alors il prédique l'être simple ou actuel, et cela selon que le sujet est en soi. Donc, "l'être troisième" est la raison sous laquelle quelque chose est prédiqué, et il n'est pas une partie du prédicat, dans la mesure où l'intention "prédicable" est pour lui un accident.

<25> Mais les raisons des choses se distinguent selon l'acte et la puissance. En effet, de même que, dans le composé naturel, il y a, d'une part, une chose ayant la raison de puissance en tant que matière, et, d'autre part, une autre chose ayant la raison d'acte en tant que forme, de même en

forma, sic est in composito artis quod est propositio; subiectum enim est sicut materia, praedicatum sicut forma. Unde
propter hoc quod de eo quod est subiectum fit praedicatum,
ideo requiritur quid aliud a re subiecta quod notificet illud
quod fuit prius subiectum accipi in ratione actus et formae,
et hoc est hoc verbum "est". Sunt igitur tria, scilicet res cui
accidit praedicari, intentio praedicandi, et res ut informatur tali
intentione. Et duobus primis modis non est pars praedicati, sed
tertio modo.

[B. *Opinio secunda*

1. *Expositio opinionis*]

<26> Aliter dicitur quod res verbi et illud quod sequitur
rem verbi, simul cum compositione, integrant unum
extremum propositionis quod est praedicatum. Et non est
intelligendum quod compositio sit sicut quoddam medium
et non alterum extremorum, quia ratio praedicati est ratio
dicibilis de altero, et ratio dicibilis de altero est ratio
dependentis ad alterum. Res autem verbi non inclinatur
ex se. Sed in verbo sunt duo: res verbi et compositio. Illud
ratione cuius inclinatur res verbi in altero constituit rationem

va-t-il de ce qui est composé par l'art, à savoir une proposition ; en effet, le sujet est comme la matière, et le prédicat comme la forme. Par suite, du fait que ce qui est sujet devient prédicat [quand ce qui est potentiellement le prédicat devient en acte le prédicat], pour cette raison quelque chose est requis, qui est autre que la chose en position de sujet, afin de notifier que ce qui était d'abord sujet [ou matière] est pris sous la raison de l'acte ou de la forme, et ce quelque chose, c'est le verbe "est". Il y a donc trois éléments, à savoir la chose à qui il advient d'être prédiqué ["homme"], ensuite l'intention [ou raison] de prédicabilité ["homme" en tant que prédicable de S.], enfin la chose en tant qu'elle est informée par cette intention ["S. est un homme"]. Le verbe "est" n'est pas une partie du prédicat selon les deux premiers modes, mais il en est une partie selon le troisième mode.

[B. *Deuxième opinion*

1. *Exposé de cette opinion*]

<26> L'on fait une réponse différente, à savoir que la chose du verbe et ce qui suit la chose du verbe, en même temps que la composition, constituent un extrême de la proposition qui est un, à savoir le prédicat. Et il ne faut pas comprendre que la composition serait comme un intermédiaire [entre le sujet et le prédicat], mais il est faut comprendre qu'elle est l'autre extrême, parce que "prédicat" veut dire "qui peut se dire d'un autre", et "qui peut se dire d'un autre" veut dire "qui dépend d'un autre" ["courir" dépend d'un autre, ou est incliné à un autre, par ex. "homme"]. Or, la chose du verbe n'est pas, de soi, inclinée à un autre. Mais il y a deux éléments dans le verbe : la chose du verbe et la composition. Ce sous la raison de quoi la chose du verbe est inclinée à un autre constitue la raison

praedicati, propter quod compositio constituit formaliter praedicatum.

[2. *Contra opinionem secundam*]

<27> Contra hoc :

Compositio, de qua est quaestio, est compositio uniens extrema secundum quod per compositionem significatur verum vel falsum. Haec autem compositio non est modus significandi verbalis, qui est principium construendi suppositum cum apposito, quia haec compositio est eadem in propositione affirmativa et. negativa, sicut nominativus casus est idem. Sed manifestum est quod compositio qua significatur aliquid esse vel non esse, non est eadem in affirmativa et negativa. – Responsio igitur non est ad propositum, quia tantum respondet de compositione quae est modus significandi verbalis.

<28> Item, quod dicitur compositionem et rem verbi et praedicatum integrare unum praedicatum, non est verurn, quia modus in propositione nunquam est extremum, neque pars extremi.

[C. *Responsio Scoti ad quintam quaestionem*

1. *Expositio*]

<29> Ideo ad quaestionem est sciendum quod hoc verbum "est" quando praedicat tertium, proprie nec est subiectum nec pars eius, nec praedicatum nec pars eius, sed denotat praedicatum esse idem subiecto secundum actum.

de prédicat, et c'est pourquoi la composition constitue formellement le prédicat.

[2. *Contre la seconde opinion*]

<27> Contre ce qui précède :

La composition dont il est question est une composition unissant les extrêmes, en tant que le vrai ou le faux est signifié par la composition. Or, cette composition n'est pas le mode de signifier verbal, lequel sert à construire un suppôt avec le verbe qui lui est adjoint [ex. "un homme" construit avec "courir"], étant donné que cette composition [*i.e.* le mode de signifier verbal] est la même dans une proposition affirmative et une négative, de même que le cas nominatif est le même. Or, il est manifeste qu'une composition par laquelle est signifié que quelque chose est, ou n'est pas [vrai d'un autre], n'est pas la même dans une affirmative et une négative. La réponse qui précède n'est donc pas à propos, puisque cette réponse concerne uniquement la compositon qui est le mode de signifier verbal.

<28> En outre, ce qui est dit [§ 26] n'est pas vrai, à savoir que la composition et la chose du verbe et le prédicat forment ensemble un prédicat qui est un, puisque le mode de signifier verbal n'est jamais un extrême dans une proposition, ni non plus une partie d'un extrême.

[C. *Réponse de Duns Scot à la cinquième question*

1. *Exposé*]

<29> Pour répondre à la question, il faut donc savoir que, lorsqu'il prédique en troisième, le verbe "est" n'est propre-ment ni sujet ni une partie du sujet, ni prédicat ni une partie du prédicat ; il notifie que le prédicat est identique au sujet selon l'acte.

<30> Ad quod sciendum quod omne intellectum intelligitur per modum actus, quia quodlibet est intelligibile ex hoc quod habet actum; actus autem uniuscuiusque est illud secundum quod praedicatur propria ratio eius. Sed hoc modo dicitur potentia esse in actu, nam aliqua est propria ratio potentiae secundum quam distinguitur a non-potentia; sic etiam privatio est in actu.

<31> Aliud est intelligendum quod esse significat actualitatem entis. Ideo cum volumus hoc significare esse actu, dicimus quod "hoc est". Et propter hoc quod actus non facit compositionem cum eo cuius est actus, ideo "esse" non facit aliquam compositionem cum eo quod apponitur sibi; designat enim illud quod sibi apponitur esse idem alteri secundum actum. Ideo sic dicendo "Homerus est poeta", significatur quod poeta secundum suum actum est idem Homero; quia ratio essendi rerum et res non faciunt compositionem. Unde non intelligitur praedicatum esse compositum ex duobus, scilicet ex apposito et verbo essendi.

<32> Unde intelligendum quod duplex est compositio. Una quae est modus significandi in verbo, secundum quam actus inclinatur ad substantiam, et illa compositio communiter est in omni verbo personali; unde a quibusdam vocatur "personatio". Alia est compositio quae designatur per hoc verbum "est", et non est modus significandi, sed est res verbaliter significata. Quae compositio differt a prima, quia prima non facit propositionem affirmativam vel negativam, sed est in

<30> Il faut savoir à cet égard que tout ce qui est intelligé est intelligé selon le mode de l'acte, étant donné que quoi que ce soit est intelligible du fait qu'il possède l'acte ; or, l'acte de chaque chose est ce selon quoi sa notion propre est prédiquée de cette chose. En ce sens, la puissance est dite être en acte, car il existe une notion propre de la puissance, selon laquelle elle se distingue de la non-puissance ; en ce sens, la privation est en acte également.

<31> Il faut comprendre autre chose, à savoir que le verbe "être" signifie l'actualité d'un être. C'est pourquoi, lorsque nous voulons signifier que "ceci" est en acte, nous disons "ceci est" [plutôt, "ceci est cela" – *hoc est hoc*]. Et, comme l'acte ne se compose pas avec ce dont il est l'acte, pour cette raison, le verbe "être" ne fait pas une composition avec ce qui lui est adjoint ; il notifie en réalité que ce qui lui est adjoint est identique à un autre selon l'acte. C'est pourquoi, quand on dit "Homère est un poète", il est signifié que "poète" est identique selon son acte à Homère ; et, comme les choses et ce qu'elles sont ne font pas une composition, pour cette raison, l'on ne conçoit pas que le prédicat est composé de deux éléments, à savoir le verbe être et ce qui lui est adjoint.

<32> À partir de là [§ 30 et 31], l'on doit comprendre qu'il existe une double composition. L'une – qui est le mode de signifier dans un verbe –, selon laquelle un acte est incliné à une substance, et cette composition est communément dans toute verbe personnel ; de là qu'elle est nommée par certains "personnation" [par opposition aux verbes impersonnels]. L'autre est la composition qui est notifiée par le verbe "est" [en tant que verbe] ; ce n'est pas un mode de signifier, mais la chose signifiée verbalement. Cette compositon est différente de la première, étant donné que la première ne produit pas une proposition affirmative ou négative, mais se trouve dans tout

verbo personali. Secunda autem, propter hoc quod designat aliquid esse vel non-esse de aliquo, facit propositionem affirmativam vel negativam. Nam ab hac compositione dicitur propositio affirmativa vel negativa, et est alia in affirmativa et negativa. Prima non. Et hoc intelligitur de omni verbo secundum quod est pars enuntiationis.

[2. *Ad argumenta principalia secundum mentem Scoti*]

<33> Ad primum argumentum dico quod si huic verbo "est" apponeretur aliquid, per modum quo apponitur aliquid ei quod est "homo" cum dico "Socrates est homo albus", teneret consequentia, quia hoc verbum "est" esset pars praedicati. Sed non est ita, quia quando per se praedicatur, praedicatur actus essendi absolute. Quando autem praedicatur tertium, alterum principaliter praedicatur, et ipsum secundarie, in quantum designat alterum (scilicet praedicatum) secundum actum eiusdem de tertio; vel esset idem, id est de subiecto.

<34> Ad aliud dico quod quando "est" praedicatur per se, compositio, quae est modus significandi verbalis, est modus uniendi praedicatum cum subiecto; sed non est principium significandi verum vel falsum. De illa compositione nihil ad logicum, sed ad grammaticum pertinens. Sed compositio, quam importat verbum ex sua significatione verbali, est compositio quae significat verum vel falsum, ita

verbe personnel. En revanche, parce qu'elle notifie que quelque chose est, ou n'est pas [vrai] de quelque chose, la seconde composition produit une proposition affirmative ou négative. Car, c'est en raison de cette composition qu'une proposition est dite affirmative ou négative, et elle est différente dans une affirmative et une négative. La première, non. Et cela s'entend de tout verbe en tant qu'il est une partie d'un énoncé.

[2. *Réponse aux arguments initiaux selon l'opinion de Duns Scot*]

<33> En réponse au premier argument [§ 1], je dis que si quelque chose était adjoint au verbe "est" [quand je dis "Socrate est blanc"] de la même façon que quelque chose est adjoint à "homme" quand je dis "Socrate est un homme blanc", alors l'inférence serait concluante, selon laquelle le verbe "est" serait une partie du prédicat. Mais il n'en est pas ainsi, parce que, quand le verbe "est" est prédiqué par soi, ce qui est prédiqué, c'est l'acte d'être pris absolument. En revanche, quand le verbe "est" est prédiqué en troisième, l'autre terme [blanc] est prédiqué principalement, et lui-même secondairement, en tant qu'il notifie que l'autre terme (c'est-à-dire le prédicat) se dit selon son acte d'un troisième, c'est-à-dire le sujet.

<34> En réponse à l'autre argument [§ 2], je dis que lorsque "est" est prédiqué par soi [quand on dit "un homme est"], la composition qui est le mode de signifier verbal, est le mode d'unir le prédicat au sujet, mais ce n'est pas le principe de signifier le vrai ou le faux. Cette composition ne concerne nullement le logicien, mais relève du grammairien. En revanche, la composition que le verbe "est" introduit à partir de sa signification verbale [à savoir l'affirmation et la négation] est une composition qui signifie le vrai ou le faux, de

quod res ipsa verbalis apud grammaticum est ipsa compositio apud logicum, in hoc verbo "est" quando praedicat tertium adiacens. Unde etiam grammaticus dicit quod exigit nominativum casum post se ex vi copulae vel significationis; sed illa compositio non est modus significandi verbalis, sicut ratio supponit. Unde ratio tantum ostendit quod compositio, quae est modus significandi, sit quid aliud a re designata in esse; et hoc est verum.

<35> Ratio ultimae positionis procedit de modo significandi.

[II. *Ad sextam quaestionem*

A. *Responsio Scoti*]

<36> Ad secundum quaesitum dicendum quod verbum copulat sub tempore de praesenti discreto.

<37> Ad quod sciendum primo quod verbum praesens per se acceptum significat praesens. Significat autem verbum de praesenti rem suam non prout aliquid est habens esse in praeterito vel futuro, sed sub modo essendi praesentis rem suam denotat. Quia praeteriti nulla pars instat nec futuri, sed praesens instat; et verbum praesentis temporis rem suam significat per modum instantis. Et est quodammodo simile de nomine respectu suorum suppositorum, et de verbo praesenti. Quia "homo" significat formam hominis vel hominem in actu, non hominem in potentia nec hominem qui

sorte que ce qui, pour le grammairien, est la chose signifiée par le verbe, est pour le logicien cette composition [signifiant le vrai ou le faux] dans le verbe "est", quand il prédique en troisième adjacent. C'est pourquoi aussi le grammairien dit que le verbe "est" exige que le terme qui le suit soit au nominatif, en vigueur de la copule, ou de la signification ; or, cette composition n'est pas la même chose que le mode de signifier verbal, contrairement à ce que cet argument suppose. C'est pourquoi, tout ce que montre cet argument, c'est que la composition qui est le mode de signifier verbal est autre chose que la chose notifiée dans l'être [*i.e.* affirmée] ; et cela est vrai.

<35> Quant à la dernière position [§ 26], son argument procède du mode de signifier verbal.

[II. *Réponse à la sixième question*

A. *Réponse de Duns Scot*]

<36> À la seconde demande [« Si un verbe au présent est mis pour le maintenant actuel ou bien pour n'importe quel présent indifféremment »], l'on doit répondre que le verbe unit [le prédicat au sujet] sous le temps présent discret.

<37> À cet égard, il faut savoir tout d'abord qu'un verbe au présent, pris en tant que tel, signifie le présent. Or, un verbe au présent ne signifie pas sa chose pour autant que le sujet possède l'être dans le passé ou le futur ; il notifie sa chose sous le mode d'être du présent. Car, du passé, nulle partie n'est actuelle, ni du futur, tandis que le présent est actuel ; et un verbe au temps présent signifie sa chose selon le mode de l'actualité. Or, il existe une certaine similitude entre un nom et ses suppôts, d'un côté, un verbe au présent, de l'autre. En effet, "homme" signifie la forme de l'homme ou l'homme en acte, non point un homme en puissance [*i.e.* futur], ni un homme qui

fuit sub illis rationibus vel nominibus, sed hominem secundum actum suum; et quodlibet, cum intelligitur ut actum habens hominis, intelligitur homo. Sic verbum de praesenti denotat rem suam prout actum praesentis habet; et quodlibet tempus, cum intelligitur ut actum praesentem habens, consignificatur per verbum de praesenti. Differentia tamen est in hoc quod – quia terminus communis significat sine tempore – nihil prohibet ipsum intelligi simul convenire pluribus, quorum quodlibet intelligitur habere actum eius. Sed de temporibus praesentibus, quae multa sunt secundum ordinem et successionem, non potest intelligi quod multa sunt simul quibus conveniat praesens in actu; propter quod dissimile est de nomine ad supposita et de verbo praesentis temporis.

<38> Sciendum secundo quod verbum de praesenti pro eodem tempore copulat extremum extremo quod consignificat. Unde sicut consignificat tempus praesens discretum, ut distinguitur a praeterito et futuro, sic sub tali tempore copulat. Unde non potest intelligi quod copulet pro hoc nunc significato, quia tunc, transacto hoc nunc non significaret verbum praesentis temporis, ut praeargutum est. Nec copulat praesens commune ad praesens quod fuit et ad praesens quod erit, prout nomen commune significat; nam tunc ista "tu eris albus" posset istam verificare "tu es albus";

a été, en prenant "homme" sous ces raisons ou ces noms ["futur", "ayant été"], mais un homme selon son acte ; et quoi que ce soit qui est conçu comme possédant l'acte de l'homme est conçu comme étant un homme. De même, un verbe au présent notifie sa chose pour autant qu'elle possède l'acte du présent ; et quelque temps que ce soit, quand il est conçu comme ayant l'acte présent, est co-signifié par un verbe au présent. Il y a cependant une différence : comme un terme commun [nominal] signifie indépendamment du temps, rien n'empêche de concevoir qu'il convient à plusieurs suppôts en même temps, dont n'importe lequel est conçu comme ayant l'acte correspondant [ex. l'acte ou la forme de l'homme]. Par contre, concernant des temps présents, qui sont multiples selon l'ordre et la succession [*var.* selon l'ordre de la succession], l'on ne peut pas concevoir qu'il en existe plusieurs en même temps, auxquels conviendrait le présent en acte ; et c'est pourquoi il existe une dissimilitude entre un nom dans son rapport à ses suppôts et un verbe au temps présent.

<38> Il faut savoir, en second lieu, qu'un verbe au présent unit un extrême à l'autre pour le même temps qu'il co-signifie. Par suite, de même qu'il co-signifie le temps présent discret, en tant que celui-ci se distingue du passé et du futur, de même il unit un extrême à l'autre sous le temps présent discret. C'est pourquoi il est impossible de concevoir qu'il unisse un extrême à l'autre pour ce maintenant-ci qui est signifié, car alors, quand ce maintenant sera passé, le verbe au temps présent ne signifierait plus, ainsi qu'il a été dit dans un argument antérieur [§ 12]. Un verbe au présent n'unit pas un présent commun à un présent qui a été ou un présent qui sera, de la façon dont un nom commun signifie [ses suppôts] ; sinon, en effet, celle-ci : "tu seras blanc" pourrait vérifier celle-là : "tu es blanc" ;

copulat igitur pro quolibet tempore praesenti, cum fuerit actu praesens.

[B. *Ad argumenta principalia sextae quaestionis*]

<39> Ad primum argumentum dico quod in condicionalibus non praedicatur praesens tempus absolute, nec aliquid praesentis absolute; sed ponitur praesens unius sub habitudine unius ad alterum, ita quod significatur quod, cum hoc habeat esse praesentiale, et illud habebit; unde ibi copulatur praesens confusum, quia sic se habet ad alterum. Sed hic loquimur de verbo copulante aliquid absolute.

<40> Ad secundum dico quod licet hoc verbum "est" copulet tempus quod instat sub ratione qua instat, non tamen est repugnantia intellectuum cum dicitur "Socrates semper est", quia hic copulatur extremum extremo sub tempore de praesenti prout distinguitur a ratione praeteriti et a ratione futuri. Nam quod praeteritum est, non est, et futurum similiter non est. Sed quia "semper" est determinativum huius verbi "est", et non repugnat ei ut intelligitur distinctum a praeterito et futuro, ideo non est repugnantia intellectuum sic dicendo "Socrates semper est", quia copulatur pro quolibet tempore ut distinguitur a praeterito et futuro.

<41> Ad aliud dico quod "praesens" ex sua significatione significat praesens quod instat, quia alioquin

il unit donc un extrême à l'autre pour n'importe quel temps présent, aussi longtemps que celui-ci aura été présent en acte.

[B. *Réponse aux arguments initiaux de la sixième question*]

<39> En réponse au premier argument [§ 10], je dis que, dans les propositions conditionnelles [ex. "si je cours, je cours"], le temps présent n'est pas prédiqué absolument, ni quelque chose du présent n'est prédiqué absolument; en réalité, le présent de l'une des parties est posé sous le rapport d'une partie à l'autre, de sorte que ce qui est signifié, c'est que, si l'une possède l'être présentiel, l'autre le possédera aussi; c'est pourquoi, ce qui est uni [au sujet] dans des propositions de ce genre, c'est le présent indéterminé, car c'est ainsi qu'une partie se rapporte à l'autre. Or, cet argument parle du verbe qui unit quelque chose [au sujet] absolument.

<40> Au second [§ 11], je réponds ceci : bien que le verbe "est" unisse au sujet le temps qui est actuel sous la raison sous laquelle il est actuel, néanmoins, il n'y a pas incompatibilité des concepts quand on dit "Socrate est toujours", parce qu'ici un extrême est uni à l'autre extrême sous le temps présent, en tant que celui-ci se distingue de la raison du passé et de la raison du futur. Car, ce qui est passé n'est pas et, pareillement, ce qui est futur n'est pas. Cependant, comme "toujours" est un déterminant du verbe "est", et qu'il n'est pas contraire à celui-ci d'être conçu comme distinct du passé et du futur, pour cette raison, il n'y a pas incompatibilité des concepts quand on dit "Socrate est toujours", étant donné qu'un extrême est uni à l'autre pour n'importe quel temps, en tant qu'il se distingue du passé et du futur.

<41> À l'autre argument [§ 14], je réponds que, de par sa signification, "présent" signifie le présent qui est actuel, faute

non esset praesens. Nam praesens quod erit vel quod fuit, non est praesens, ideoque ex sua forma artat rem verbi, ut intelligatur sub praesenti quod instat. Sed licet ex eo quod nomen posset intelligi habere multa supposita simul, sicut hoc nomen "homo", tamen praesens tempus, ratione formae rei quam significat sub propria ratione, non potest simul multa habere sub ratione praesentis. Ideo res verbi intellecta sub ratione praesentis non intelligitur sub indifferentia ad multa praesentia simul. Unde haec "homo currit" non verificatur quia homo curret cras.

<42> Ad aliud dico quod si copularet praesens pro hoc praesenti de necessario, haec esset impossibilis "Antichristus est", sicut haec "Antichristus est in *a*". Sed quia non sic copulat, sed pro quolibet nunc cum institerit, et propositio prolata hodie non est alia propositio quam ipsa prolata cras "Antichristus est", ideo non est propositio impossibilis, licet nunc non posset verificari. Sed solum sequitur quod sit impossibilis nunc, et non quod sit impossibilis.

<43> Ad aliud dico quod totum tempus, quod intelligitur ut distinctum a praeterito (scilicet ratione praeteriti) et a futuro in ratione futuri, dicitur tempus praesens. Unde quantitas temporis praesentis accipitur secundum comparationem ad actionem, sicut dicimus quod in septimana facit aliquis domum,

de quoi ce ne serait pas le présent. Car le présent qui sera, ou le présent qui a été, n'est pas le présent. C'est pourquoi, de par sa forme, le présent restreint la chose du verbe, de façon qu'elle soit conçue sous le présent qui est actuel. Et, bien que, en tant que nom, le présent puisse être conçu comme ayant plusieurs suppôts en même temps, de la même façon que le nom "homme" [a plusieurs suppôts en même temps], néanmoins, du fait qu'il signifie la forme de la chose [du verbe] sous la raison propre du présent, le temps présent ne peut avoir en même temps une multiplicité sous la raison du présent. Par suite, comme la chose du verbe est conçue sous la raison du présent, elle n'est pas conçue comme indifférente par rapport à plusieurs présents simultanément. De là que "un homme court" n'est pas vérifié par ceci, qu'un homme courra demain.

<42> À l'autre argument [§ 15], je réponds que si un verbe au présent unissait un extrême à l'autre pour ce présent-ci de façon nécessaire, la proposition "l'Antéchrist est" serait impossible, de même que celle-ci : "l'Antéchrist est en a". Or, comme il ne les unit pas de cette façon, mais pour n'importe quel maintenant quand il sera devenu actuel, et que la proposition "l'Antéchrist est", prononcée aujourd'hui, n'est pas une autre proposition que la proposition "L'Antéchrist est", prononcée demain, pour cette raison, cette proposition n'est pas impossible, bien qu'elle ne puisse être vérifiée maintenant. Il s'ensuit seulement qu'elle est impossible maintenant, et non pas qu'elle est impossible.

<43> À l'autre argument [§ 17-19], je réponds que tout le temps qui est conçu comme distinct du passé (c'est-à-dire le temps pris sous la raison du passé), et du futur sous la raison du futur, est dit temps présent. Par suite, une quantité de temps présent se prend par rapport à une action, comme lorsque nous disons que quelqu'un construit une maison en une semaine,

intelligendo quod in illo toto tempore agit tantam actionem, et non quod immediate agit vel immediate egit. Et comparando partem temporis ad partem actionis, distinguimus idem tempus per praesens et futurum, quia respectu totius facti intelligitur praesens. Ideo dicit Priscianus quod "praesens tempus est cuius pars praeteriit, parsque futura est". Totum tamen accipitur ut unum tempus per comparationem ad opus. Ideo licet unius praesentis sint plures partes, nulla tamen habet rationem praesentis ut posset dici multa praesentia simul; sed illud dicitur praesens per comparationem ad unum opus, et praeteritum ad aliud. Est enim tempus accommodatum verbo, ut mensuret actum eius.

[Quaestio 7. An propositio de futuro sit determinate vera vel falsa]

Quaeritur an propositio de futuro sit determinate vera vel falsa.

<1> Quod falsa, videtur:

Quia aliter significat esse quam est in re; igitur etc. Consequentia patet, quia in eo quod res est praesens, sic orationes sunt verae. Et in littera dicitur quod "orationes sunt verae sicut et res". Antecedens patet, quia propositio de futuro significat nunc quod res habebit esse determinatum, quod esse est indeterminatum.

comprenant par là que pendant ce temps total il accomplit l'action correspondant à ce temps total, et non pas qu'il l'accomplit, ou l'a accomplie immédiatement. Puis, en comparant une partie du temps à une partie de l'action, nous distinguons le même temps en présent et futur, étant donné que, par rapport à la totalité de ce qui est accompli, il est conçu comme présent. C'est pourquoi Priscien dit que "le présent est ce dont une partie est passée, et l'autre à venir". Cependant, le temps total est pris comme un temps et un seul par rapport à l'ouvrage. Par conséquent, bien que, pour un même présent, il y ait plusieurs parties, aucune d'entre elles cependant n'a la raison du présent de façon telle qu'il serait possible de dire qu'il y a plusieurs présents en même temps ; en réalité, le temps total est dit présent par rapport à un ouvrage, et passé par rapport à un autre. En effet, le temps est adapté au verbe, afin qu'il mesure l'acte du temps.

[QUESTION 7. SI UNE PROPOSITION AU FUTUR
EST DÉTERMINEMENT VRAIE OU FAUSSE]

L'on demande si une proposition au futur est déterminément vraie ou fausse.

<1> Il apparaît qu'elle est fausse :

Parce qu'elle signifie l'être autrement qu'il n'est dans la chose ; donc, etc. L'inférence est manifeste, puisque les énoncés sont vrais en ce que la chose est présente. Et il est dit dans le texte [Arist., *De interp.* I, c. 9, 19a 33] que "les énoncés sont vrais dans la mesure où les choses le sont aussi". L'Antécédent est manifeste, étant donné qu'une proposition au futur signifie maintenant qu'une chose aura un être déterminé, alors que cet être est indéterminé.

<2> Item, Boethius dicit super secunda ratione Aristotelis, « qui dicit quod "navale bellum erit cras", quasi necesse sit evenire, futurum pronuntiat. Sed si evenerit, non nunc verus est qui dicit quod contingenter evenit, dicit ex necessitate evenire; unde non in eventu rei est falsitas, sed in praedicationis modo. »

<3> Item, omnis propositio significat se esse veram. Sic igitur dicendo "tu curres in a", significatur quod te esse cursurum in a est verum; hoc autem est determinate falsum, quia significatur verum inesse pro tempore quod nunc est; igitur et haec "tu eris albus" determinate verum vel falsum significat.

<4> Ad oppositum est Aristoteles, qui dicit quod in his quae sunt ad utrumlibet, non magis est oratio vera vel falsa; igitur etc.

[QUAESTIO 8. AN HAEC SIT NUNC
DETERMINATE VERA "A ERIT"]

Supposito quod a eveniat postea, quaeritur an haec nunc sit determinate vera "a erit"?

<5> Quod sic, videtur:
Nulla propositio iudicatur vera vel falsa nisi pro tempore pro quo praedicatum potest inesse subiecto, ut patet de praeteritis propositionibus, quae non iudicantur secundum disposi-

<2> En outre, Boèce [*De interp.*, ed. secunda, III, c. 9] dit ceci, au sujet du second argument d'Aristote [*De interp.* I, c. 9, 18b 9-16] : «Celui qui dit "une bataille navale aura lieu demain", comme étant quelque chose qui doit arriver nécessairement, celui-là annonce ce qui sera. Or, si la bataille aura eu lieu, celui-là n'est pas maintenant dans le vrai, qui dit arriver de façon nécessaire ce qui arrive de façon contingente ; par suite, la fausseté n'est pas dans le fait que la chose arrive, mais dans le mode de prédication ».

<3> En outre, toute proposition signifie qu'elle est vraie. Donc, quand on dit "tu courras en *a*", il est signifié qu'il est vrai que tu courras en *a* ; or, cela est déterminément faux, puisqu'il est signifié que le vrai est inhérent à cette proposition pour le temps qui est maintenant ; de même, donc, la proposition "tu seras blanc" signifie déterminément quelque chose qui est vrai ou faux [*var.* signifie comme déterminément vrai quelque chose qui est faux].

<4> À l'opposé, il y a Aristote, qui dit que, concernant les choses qui sont indéterminées, l'énoncé n'est pas davantage vrai ou faux ; donc, etc.

[QUESTION 8. SI LA PROPOSITION "A SERA"
EST DÉTERMINÉMENT VRAIE MAINTENANT]

L'on demande si, supposé que *a* arrivera par après, la proposition "*a* sera" est déterminément vraie maintenant.

<5> Il apparaît que oui :

Nulle proposition n'est jugée vraie ou fausse, si ce n'est pour le temps pour lequel le prédicat peut être inhérent au sujet, comme il ressort des propositions au passé, lesquelles ne sont pas jugées vraies ou fausses en fonction de la disposition

tionem rei quam nunc habent, sed secundum illam quam habuerunt. Igitur similiter erit in illis de futuro. Sic autem dicendo "tu eris albus in *a*", non significatur aliquid de re nunc esse vel non esse, sed significatur quod in *a* verum erit dicere quod "tu es albus". Si igitur sic se habebit res in *a* sicut nunc enuntiat propositio rem se habere in *a*, haec nunc est determinate vera.

<6> Item, propositio singularis de futuro enuntiat rem fore eo modo quo adveniet, nam enuntiat rem fore pro determinato tempore sic quod posset non esse; sed nunc se habet res sic ad esse cras quod posset non esse; ergo etc.

<7> Dicitur quod propositio de futuro significat nunc quod determinate ita est in re quod tunc erit; ideo non stant simul quod ipsa nunc sit determinate vera et quod posset res non fore cras.

<8> Contra hoc :
Non sequitur "hoc erit, ergo hoc necessario erit"; igitur oppositum stat "hoc potest non fore cras".

<9> Ad oppositum est Aristoteles.

que les choses ont maintenant, mais en fonction de celle qu'elles ont eue. Il en ira donc de même pour les propositions au futur. Or, quand on dit "tu seras blanc en a", il n'est pas signifié que quelque chose est ou n'est pas vrai maintenant de la chose [à savoir que tu es blanc, ou n'es pas blanc, maintenant]; il est signifié que, en a, il sera vrai de dire "tu es blanc". Si donc la chose se comportera en a de la façon dont, maintenant, la proposition énonce que la chose se comporte en a, cette proposition est déterminément vraie maintenant.

<6> En outre, une proposition singulière au futur énonce qu'une chose sera selon le mode selon lequel elle arrivera, car elle énonce que la chose sera pour un temps déterminé, de façon telle qu'elle pourrait ne pas être [demain]; or, la chose se comporte maintenant à l'égard de son existence demain de façon telle qu'elle pourrait ne pas être [demain]; donc, etc.

<7> Il est objecté [à § 6] qu'une proposition au futur signifie maintenant qu'il en est déterminément ainsi de la chose, que demain elle sera; c'est pourquoi, il est impossible que cette proposition soit déterminément vraie maintenant, et, en même temps, que la chose pourrait ne pas être demain.

<8> Contre cela :

De "ceci sera", il ne suit pas "donc, ceci sera nécessairement"; donc, l'opposé – "ceci peut ne pas être demain" - est compatible [avec "ceci sera demain"].

<9> À l'opposé, Aristote.

[QUAESTIO 9. AN POSSIBILE SIT NEUTRAM PARTEM CONTRADICTIONIS ESSE VERAM]

Quaeritur an possibile sit neutram partem contradictionis esse veram.

<10> Quod sic, videtur :

Quaelibet propositio significat se esse veram, ergo ista "tu eris albus cras" significat se esse veram. Antecedens patet, quia ad omnem propositionem veram sequitur suum dictum fore verum. Similiter contradictorium affirmativae ut ista "tu non eris albus" infert hanc "« te non fore album » est verum". Utrumque igitur contradictoriorum in illis de futuro significat se esse determinate veram. Cum igitur neutra sit vera, sequitur utramque esse falsam. – Hoc conceditur, quod utraque pars contradictionis simul sit falsa in futuris, ratione modi essendi qui in neutro contradictoriorum negatur.

<11> Contra hoc sunt rationes Aristotelis :

Si utraque pars contradictionis sit simul falsa, non « de quolibet dicitur affirmatio vel negatio vera ». Quod est impossibile, quia negatio opposita est remotio eiusdem et eodem modo ab eodem, sicut contradictoria huius "omnis homo currit" est "non omnis homo currit". Et in hac ideo "omnis homo currit" negatio non tantum removet affirmationem, sed similiter affirmatum. Quo igitur modo haec "tu eris

[QUESTION 9. S'IL EST POSSIBLE QUE NI L'UNE NI L'AUTRE
PARTIE D'UNE CONTRADICTION NE SOIT VRAIE]

L'on demande s'il est possible que ni l'une ni l'autre partie
d'une contradiction ne soit vraie.

<10> Il apparaît que oui :

N'importe quelle proposition signifie qu'elle est vraie ;
donc, la proposition "tu seras blanc demain" signifie qu'elle
est vraie. L'Antécédent est manifeste. Et puisque, de toute
proposition vraie, il suit que son *dictum** sera vrai [*var.* est
vrai], il en va dc même de la contradictoire d'une affirmative ;
par exemple, "tu ne seras pas blanc" implique la suivante :
« "tu ne seras pas blanc" est vrai ». Donc, dans les propositions
au futur, l'une et l'autre des contradictoires signifie qu'elle est
déterminément vraie. Puisque donc ni l'un ni l'autre n'est
déterminément vraie, il suit que l'une et l'autre sont fausses –.
L'on concède ceci, que l'une et l'autre parties d'une contradiction sont fausses dans les propositions au futur en raison du
mode d'être qui n'est nié ni par l'une ni par l'autre des contradictoires [tandis que, dans les propositions au présent, si une
partie d'une contradiction est vraie, l'autre est fausse].

<11> Il y a contre cela les arguments d'Aristote.

Si l'une et l'autre partie d'une contradiction étaient fausses
en même temps, alors il faudrait nier que « l'affirmation ou
la négation est dite vraie de n'importe quoi ». Ce qui est
impossible, étant donné que la négation opposée à l'affirmation écarte le même du même sous le même mode. Ainsi,
la contradictoire de "tout homme court" est "ce n'est pas le
cas que tout hommc court". Et c'est pourquoi la négation
de "tout homme court" n'écarte pas seulement l'affirmation, elle écarte pareillement ce qui est affirmé. Donc, "tu seras

albus in *a*" affirmat, eodem modo haec "tu non eris albus in *a*" negat; et "non erit utraque falsa in talibus", in littera.

<12> Item, si haec sit falsa determinate "tu eris albus in *a*", nunc est verum dicere quod cum *a* fuerit, non eris albus. Similiter si non sit determinate falsa haec "tu non eris albus in *a*", verum erit dicere quod tu eris albus. Igitur in *a* erunt contradictoria vera.

<13> Ad oppositum est Aristoteles.

[I. *Responsio ad septimam quaestionem*]

<14> Ad primum quaesitum dicendum quod propositio singularis de futuro contingenti nec simpliciter est vera nec falsa, nec determinate vera nec determinate falsa. Ad quod sciendum quod "verum" significat esse quod est, "falsum" esse quod non est. Ex quo sequitur quod "sicut res se habet ad esse, sic ad veritatem". Quod autem est actualiter in praesenti, in se ipso habet quod sit verum, sicut habet esse per se. Quod autem futurum est, non est in se ipso, sed in causa; quod contingit tripliciter. Primo modo est aliquid in causa quod necessario sequitur ex illa; alio modo quod habet inclinationem ad causam ut producatur a causa, potest tamen impediri; tertio modo quod non magis se habet ad esse

blanc en a" affirme déterminément [que tu seras blanc en a], ce que "tu ne seras pas blanc" nie déterminément; or, le texte [Arist. *De interp.*, I, c. 9, 18a 35-39] dit que "concernant des propositions de ce genre, l'une et l'autre ne seront pas fausses".

<12 – continue [§ 10]> En outre, si la proposition "tu seras blanc en a" est déterminément fausse, alors il est vrai maintenant de dire que, lorsque a sera venu, tu ne seras pas blanc. De même, si la proposition "tu ne seras pas blanc en a" n'est pas déterminément fausse, il sera vrai de dire que tu seras blanc [quand a sera venu]. Donc, en a, ces contradictoires seront vraies [en même temps].

<13> À l'opposé, il y a Aristote.

[I. *Réponse à la septième question*]

<14> En réponse à la première demande, il faut déclarer qu'une proposition singulière portant sur un futur contingent n'est ni simplement vraie ni simplement fausse, ni déterminément vraie ni déterminément fausse. Il faut savoir à cet égard que "vrai" signifie être ce qui est et "faux", être ce qui n'est pas. D'où il suit que "comme une chose a rapport à l'être, elle a rapport à la vérité" [Arist., *Métaph.* II, c. 1, 993b 30-31]. Or, ce qui est en acte dans le présent a en lui-même ce qui fait qu'il est vrai, de même qu'il possède l'être par soi. En revanche, ce qui est futur n'est pas en lui-même, mais dans une cause, et cela est possible de trois façons. De la première façon, est dans une cause ce qui s'ensuit de celle-ci nécessairement; de la seconde façon, ce qui a une inclination envers une cause, afin qu'il soit produit par cette cause; cependant, il peut en être empêché; de la troisième façon, ce qui n'a pas rapport à l'être

quam ad non-esse. Istis tribus modis se habent res in futuro ad esse.

<15> Secundo est intelligendum quod "orationes sunt verae sicut res se habent ad esse". Nam oratio enuntians esse de re, secundum quod se habet ad esse, vera est; aliter enuntians falsa est.

<16> Tertio intelligendum est quod propositio de futuro ex suo significato vel modo significandi aequaliter designat determinate esse de quolibet, quia esse rerum non mutat significationem sermonis, quia dictio et oratio idem significant re exsistente et non-exsistente.

<17> Quarto est intelligendum quod propositio de futuro potest intelligi dupliciter significare aliquid in futuro. Vel ita quod propositio de futuro significet nunc verum esse quod aliquid in futuro verum esse habebit; verbi gratia quod haec "tu eris albus in a" significet nunc esse in re, ita quod tu in a tempore eris albus. Vel potest intelligi quod significet nunc quod tu eris albus tunc; non quod significet nunc ita esse quod tunc debeas esse albus, sed quod significet nunc quod tunc tu eris albus. Quia significare nunc esse quod tu in a eris albus, hoc est plus significare quam significare tu eris albus in a.

<18> Dico igitur quod haec "tu eris albus in a", absolute enuntiata, si illa significet rem sic se habere ad esse ut tu in a debeas esse albus, haec propositio est determinate falsa, quia

davantage qu'au non-être. Les choses ont rapport à l'être dans le futur de l'une ou l'autre de ces trois façons.

<15> En second lieu, il faut savoir que "les propositions sont vraies selon que les choses ont rapport à l'être". En effet, une proposition énonçant qu'une chose est est vraie, selon que la chose a rapport à l'être ; une proposition énonçant l'être d'une chose autrement est fausse.

<16> En troisième lieu, il faut savoir que, de par son signifié ou son mode de signifier, une proposition au futur notifie de manière également déterminée l'être de quoi que ce soit, étant donné que l'existence des choses ne change pas la signification d'un discours, puisque les mots et les énoncés signifient la même chose, que la chose existe ou qu'elle n'existe pas.

<17> En quatrième lieu, il faut savoir que l'on peut comprendre de deux façons différentes qu'une proposition au futur signifie quelque chose dans le futur. Ou bien en ce sens que la proposition au futur signifie qu'il est vrai maintenant que quelque chose aura l'être vrai dans le futur ; par exemple, l'on peut comprendre que la proposition "tu seras blanc en a" signifie que, maintenant, il en est ainsi dans la chose que, au moment a, tu seras blanc. Ou bien l'on peut comprendre qu'elle signifie maintenant que tu seras blanc à ce moment ; non pas qu'elle signifie que, maintenant, il en est ainsi que tu doives être blanc à ce moment, mais qu'elle signifie maintenant que tu seras blanc à ce moment. En effet, signifier que, maintenant, il en est ainsi, que tu seras blanc en a, c'est signifier davantage que signifier [simplement] que tu seras blanc en a.

<18> Je déclare donc que si la proposition "tu seras blanc en a", énoncée absolument, signifie que la chose a rapport à l'être de façon telle que tu doives être blanc en a, alors cette proposition est déterminément fausse, parce que "les

« orationes sunt verae », etc., per secundam praemissarum. Res autem talis enuntiata non sic se habet nunc in sua causa ut tunc debeat habere esse, quia si nunc se haberet res in sua causa ut tunc debeat habere esse, hoc iam foret ex necessitate et esset nunc determinate verum. Et sic procedunt duae primae rationes quas facit Aristoteles. Sub hoc enim intellectu significat propositio de futuro aliquid esse nunc determinate ad esse pro tempore de futuro quod non est determinatum.

<19> Si autem propositio de futuro non significat nisi quodcumque futurum pro quo significat si fuerit praesens, quod tunc verum est dicere – quoniam illud est quod nunc enuntiatur futurum – propositio de futuro est indeterminate vera vel falsa. Cuius ratio est quia propositio de futuro sic enuntians, non enuntiat de eo quod nunc est esse vel non esse ut aliquid determinatum, quia secundum istum intellectum non enuntiatur esse quod habet res in sua causa, quia propositio est de futuro. Propter quod, licet res nunc habeat esse determinatum in sua causa et enuntietur esse de re pro aliquo futuro, non diceretur nunc propositio vera vel falsa. Quia non enuntiatur nunc esse determinatum ut sit pro aliquo futuro,

propositions sont vraies, etc.", selon la deuxième thèse posée antérieurement [§ 15]. Or, quand elle est énoncée, une chose de ce genre ne se comporte pas maintenant dans sa cause de façon telle qu'elle doive avoir l'être au moment a ; en effet, si la chose se comportait maintenant dans sa cause de façon telle qu'elle doive avoir l'être à ce moment, alors, cela se produirait d'ores et déjà par nécessité, et cela serait déterminément vrai maintenant. Et tel est le sens d'où procèdent les deux premiers arguments avancés par Aristote [pour les combattre, cf. *De interp.* I, c. 9, 18a 39-18b 9, 18b 9-16]. En effet, ainsi comprise, une proposition au futur signifie que quelque chose se rapporte déterminément à l'être maintenant pour un temps futur qui n'est pas déterminé.

<19> En revanche, si une proposition au futur ne signifie rien d'autre, sinon quelque chose de futur, quel qu'il soit, pour lequel elle signifie que, s'il vient à être présent, il est vrai à ce moment-là de dire qu'il est – puisque ce quelque chose est ce qui est énoncé maintenant comme futur –, alors cette proposition au futur est vraie ou fausse de façon indéterminée. La raison en est qu'une proposition au futur, qui énonce cela de cette façon, ne l'énonce pas de ce qui, maintenant, est un être, ou un non-être, en tant que quelque chose de déterminé, puisque ce qui est énoncé par la proposition, comprise de cette façon, n'est pas l'être qu'une chose a dans sa cause, étant donné que la proposition est au futur. C'est pourquoi, quand bien même une chose aurait maintenant un être déterminé dans sa cause, si la proposition énonçait l'être de la chose pour quelque temps futur, cette proposition ne serait pas dite vraie ou fausse maintenant. Car, il n'est pas énoncé que l'être de la chose est maintenant déterminé de façon qu'il soit pour quelque futur ;

sed enuntiatur nunc quod sic se habebit, et non enuntiatur rem sic se habere ut tunc debeat esse.

<20>Ideo dicit Aristoteles quod in illis quae sunt ad utrumlibet, non magis est affirmatio vera quam negatio. Unde non contingit dividentem dicere definite hoc erit, neque definite hoc non erit; definite autem dicit hoc fore, quando enuntiat sic esse nunc ut aliquid habebit esse in futuro [1].

[II. *Ad argumenta principalia quaestionis septimae*]

<21>Ad primum argumentum dico quod propositio de futuro, si significet nunc esse ita quod res in futuro habebit esse tunc, significat esse aliter quam est, et est falsa – quamvis eveniat res quae enuntiatur evenire – non propter eventum rei, sed propter modum enuntiandi; enuntiatur enim aliter evenire quam evenit. Si intelligitur secundo modo, quod enuntiet determinate esse de re pro tempore determinato futuro, propositio nunc nec est vera nec falsa, quia nunc est indeterminatum quod contradictoriorum habebit esse pro illo tempore.

---

1. *Sequitur adnotatio interpolata :* Concluditur igitur ex praedictis quod propositio singularis de futuro contingenti sumpta hoc secundo modo, sicut etiam Aristoteles accipit, nec simpliciter est vera vel falsa, nec determinate vera nec determinate falsa.

il est énoncé maintenant que la chose se comportera ainsi, [puisqu'en raison de son mode de signifier, une proposition au futur énonce toujours quelque chose déterminément – *cf.* § 16], mais il n'est pas énoncé que la chose se comporte de telle façon qu'elle doive être dans le futur.

<20> C'est pourquoi Aristote dit que, s'agissant des choses qui sont indifférentes [envers l'être ou le non-être], l'affirmation n'est pas davantage vraie que la négation. Par suite, il n'est possible ni de dire de manière définie "ceci sera", ni, de manière définie, "ceci ne sera pas". Or, celui qui dit de manière définie "ceci sera" énonce qu'il en est maintenant ainsi, que quelque chose aura l'être dans le futur.

[II. *Réponse aux arguments initiaux de la septième question*]

<21> En réponse au premier argument [§ 1], je déclare que, si elle signifie qu'il en est maintenant ainsi, qu'une chose aura l'être dans le futur à un moment donné, une proposition au futur signifie l'être de la chose autrement qu'il n'est, et elle est fausse – quand bien même la chose qui est énoncée comme devant advenir adviendrait –, non point à cause du fait que la chose advient, mais à cause du mode de l'énonciation [*i.e.* le mode du nécessaire]; en effet, il est énoncé que la chose advient autrement qu'elle n'advient. En revanche, si la proposition est comprise de la seconde façon [*cf.* § 17], à savoir comme énonçant de façon déterminée l'être de la chose pour un moment futur déterminé [*cf.* § 16], alors cette proposition n'est ni vraie ni fausse maintenant, puisque, maintenant, est indéterminé lequel des contradictoires aura l'être à ce moment-là.

<22> Ad aliud dico quod ratio procedit sub uno intellectu propositionis de futuro.

<23> Ad tertium dicitur quod haec « "te fore album" est verum » est distinguendum secundum compositionem vel divisionem. In sensu compositionis est propositio falsa, et significat quod verum insit huic dicto pro praesenti "te fore album"; nec sic sequitur ex prima. Alio modo accipitur in sensu divisionis, et non significat nisi quod "te fore album" verum est, et haec est indeterminate, sicut et prima.

<24> Aliter tamen dicendum quod ista propositio « "te fore album" est verum » in sensu compositionis significat, non quod nunc res sic se habeat ut haec enuntiat "tu eris albus in *a*" – tunc enim significaret determinate falsum –, sed verum enuntiatum de dicto intelligitur, sicut vera quaedam assertio rei quae importatur per dictum pro tempore pro quo denotantur extrema dicti uniri. Ideo etiam in sensu compositionis est propositio indeterminate vera, quia veritas eius enuntiata debet intelligi sicut quaedam assertio compositionis importatae per dictum pro tempore pro quo enuntiatur praedicatum dici de subiecto.

<22> À l'autre argument [§ 2], je réponds qu'il procède de la première façon de comprendre une proposition au futur [*cf.* § 17].

<23> Il est répondu au troisième argument [§ 3] que la proposition « "tu seras blanc" est vrai » doit être distinguée, selon qu'elle est prise soit au sens composé*, soit au sens divisé*. Prise au sens composé, la proposition est fausse, et elle signifie que le vrai serait dans le *dictum* "tu seras blanc" pour le présent [donc, "tu seras blanc" serait vrai pour le présent] ; et cela ne s'ensuit pas de la première proposition [« "tu seras blanc" est vrai »]. La proposition se prend d'une autre façon, au sens divisé, et elle ne signifie rien d'autre, sinon que "tu seras blanc" est vrai, et cette proposition est indéterminément [vraie ou fausse], de même que la première.

<24> [Rectification] Toutefois, il faut faire une réponse différente : prise au sens composé, la proposition « "tu seras blanc" est vrai », ne signifie pas que la chose se comporte maintenant comme l'énonce la proposition "tu seras blanc en *a*" – car alors elle signifierait en effet quelque chose qui est déterminément faux ; en réalité, le vrai qui est énoncé du *dictum* s'entend comme une assertion vraie de la chose, qui est posée par le *dictum* pour le temps pour lequel les extrêmes du *dictum* sont notifiés comme étant unis [à savoir le futur]. Par conséquent, même prise au sens composé, la proposition est vraie de manière indéterminée, parce que la vérité énoncée par cette proposition [« "tu seras blanc" est vrai »] doit être comprise comme une assertion de la composition posée par le *dictum* pour le temps pour lequel le prédicat est énoncé comme étant dit du sujet.

[III. *Responsio ad octavam quaestionem*]

<25> Ad secundum quaesitum dicendum quod propositio de futuro non est determinate vera, sicut patet ex dictis.

[IV. *Ad argumenta principalia quaestionis octavae*]

<26> Ad primum argumentum dico quod propositio de futuro contingenti non enuntiat nunc esse sicut res se habet ad esse; nec enuntiat nunc non esse aliter quam res se habet. Sed dico quod pro isto tempore enuntiat determinatum esse rei pro futuro tempore. Propter quod, cum pro illo tempore (ut patet) non sit determinatum, propositio nunc enuntians determinatum esse pro illo tempore, dicetur nec nunc determinate vera nec determinate falsa.

<27> Ad aliud dico quod non stant simul quod haec nunc sit determinate vera "hoc erit" et quod "hoc potest non fore"; quia si haec nunc sit determinate vera "tu eris albus cras" – sicut nunc non stant simul quod "tu es albus nunc" et "tu potes

[III. *Réponse à la huitième question*]

<25> En réponse à la seconde demande [§ 5-9], il faut déclarer qu'une proposition au futur n'est pas vraie déterminément, ainsi qu'il ressort de ce qui a été dit.

[IV. *Réponse aux arguments initiaux de la huitième question*]

<26> Au premier argument [§ 5], je réponds qu'une proposition portant sur un futur contingent n'énonce pas maintenant l'être d'une chose tel que cette chose a rapport à l'être [maintenant] ; elle n'énonce pas non plus maintenant le non-être d'une chose autrement que la chose a rapport à l'être maintenant [*var.* elle n'énonce pas non plus maintenant l'être d'une chose autrement que cette chose a rapport à l'être maintenant]. Je dis qu'elle énonce pour ce temps-ci l'être déterminé d'une chose pour un temps futur [l'affirmation est au présent, mais l'affirmé, c'est-à-dire le *dictum*, porte sur le futur]. C'est pourquoi, comme, pour ce temps-là, l'être de la chose n'est pas déterminé (ainsi qu'il est manifeste), une proposition énonçant maintenant l'être déterminé de la chose pour ce temps-là sera dite ni déterminément vraie maintenant, ni déterminément fausse.

<27> À l'autre argument [§ 6], je réponds qu'il est incompatible que la proposition "ceci sera" soit déterminément vraie maintenant, et que "ceci peut ne pas être dans le futur" [il est contradictoire de dire à la fois "ceci sera et ceci peut ne pas être dans le futur"] ; car, si la proposition "tu seras blanc demain" est déterminément vraie maintenant, alors ces deux choses sont incompatibles, qu'il soit vrai maintenant que "tu seras blanc demain", et que "tu puisses ne pas être blanc demain" – de même que "tu es blanc maintenant" et "tu peux

nunc non esse albus" –, sic non stant simul quod nunc sit verum
quod "tu eris albus cras" et quod "tu possis non esse albus
cras". Ista tamen stant simul, quod haec determinate nunc sit
vera "tu eris albus cras" et quod "cras possis non esse albus";
quia non oportet, cum fueris albus, quod non possis fore non-
albus. Sed quia haec "tu eris albus cras" non impedit quin cras
possis esse non-albus, ideo stant simul quod "tu eris albus
cras" et quod "possis esse non-albus cras".

[III. *Responsio ad nonam quaestionem*]

<28> Ad tertium quaesitum dico quod si propositio de
futuro enuntiat nunc esse determinatum quod res enuntiata
habeat esse in futuro, utraque pars contradictionis in illis de
futuro falsa est; quia una pars enuntiat esse definitum quod
erit, alia esse definitum quod non erit; et (ut patet) falsum est,
cum neutrum sit determinatum sed utrumque indeterminatum.
Et si propositio de futuro tantum enuntiat rem esse pro futuro,
et non determinate aliquid de esse quod nunc habet res in sua
causa, utraque pars est indeterminate vera vel falsa.

ne pas être blanc maintenant" sont incompatibles maintenant. Cependant, ces deux choses ne sont pas incompatibles, que "tu seras blanc demain" soit déterminément vrai maintenant [puisque toute proposition au futur énonce quelque chose comme étant vrai déterminément – *cf.* § 16], et que demain tu pourrais ne pas être blanc, étant donné qu'il n'est pas nécessaire, dans le cas où tu serais devenu blanc, que tu ne puisses pas devenir non-blanc. Et comme la proposition "tu seras blanc demain" n'empêche pas que, demain, tu pourrais être non-blanc, pour cette raison, "tu seras blanc demain" et "tu pourrais être non-blanc demain" ne sont pas incompatibles.

[III. *Réponse à la neuvième question*]

<28> En réponse à la troisième demande [§ 10-13], je déclare que si une proposition au futur énonce qu'il est maintenant déterminé que la chose énoncée ait l'être dans le futur [ou le contraire], l'une et l'autre partie de la contradiction dans ces propositions au futur sont fausses, puisque la première partie énonce comme défini ce qui sera, l'autre comme défini ce qui ne sera pas – ce qui est faux (ainsi qu'il est manifeste), puisque ni l'un ni l'autre n'est déterminé, et que l'un et l'autre sont indéterminés. Cependant, si une proposition au futur énonce seulement l'être d'une chose pour le futur [ou le contraire], sans énoncer déterminément quelque chose concernant l'être que la chose a maintenant dans sa cause, alors l'une et l'autre partie de la contradiction sont indéterminément vraies ou fausses.

[IV. *Ad argumenta principalia quaestionis nonae*]

<29> Ad primum argumentum in contrarium dico quod haec propositio "«te fore album» est verum", non est nunc determinate vera vel falsa; quia per illam propositionem intelligitur "fore album" affirmari de te pro aliquo tempore futuro, non pro tempore quod nunc instat. Unde licet non sit indeterminatum "te fore album" in futuro – quia te fore album in sua causa est ad utrumlibet –, quia tamen non significatur te nunc esse album vel non esse nec significatur respectum esse determinatum in causa ut in futuro habeat hoc esse, ideo haec propositio `tu eris albus'non est nunc determinate vera vel falsa. Si tamen propositio significaret nunc esse determinatum quod nunc enuntiatur de futuro et in futuro haberet esse, propositio esset determinate falsa, quia significaret nunc quod est contingens esse determinatum ad alteram partem; et hoc dato, esset utraque pars contradictionis falsa, quia una pars significaret hoc esse determinatum ad esse, altera significaret hoc esse determinatum ad non-esse – et ipsum est contingens.

[IV. *Réponse aux arguments principaux de la neuvième question*]

<29> En réponse au premier argument en sens contraire [§ 10], je dis que la proposition « "tu seras blanc" est vrai » n'est pas déterminément vraie ou fausse maintenant ; en effet, par cette proposition, l'on comprend que "être blanc dans le futur" est affirmé de toi pour quelque temps futur, et non point pour le temps qui est actuel maintenant. Par conséquent, quoique "le fait, pour toi, d'être blanc" dans le futur ne soit pas indéterminé [*var.* soit maintenant indéterminé] – puisque le fait pour toi d'être blanc dans le futur [ou de n'être pas blanc dans le futur] est indifférent dans sa cause –, néanmoins, comme il n'est pas signifié que, maintenant, tu es blanc ou ne l'es pas, et qu'il n'est pas signifié non plus que la relation [de toi à "blanc"] est ainsi déterminée dans sa cause qu'elle aura cet être dans le futur, pour ces deux raisons, la proposition "tu seras blanc" n'est pas déterminément vraie ou fausse maintenant. Par contre, si cette proposition signifiait que ce qui est maintenant énoncé au futur est maintenant déterminé, et si ce qui est énoncé avait l'être dans le futur, alors cette proposition serait déterminément fausse, parce qu'elle signifierait maintenant que quelque chose qui est contingent est déterminé à l'une ou l'autre branche de l'alternative ; et, cela étant donné [à savoir que ce qui est énoncé a l'être ou le non-être dans le futur], l'une et l'autre partie de la contradiction seraient fausses, parce qu'une partie signifierait que ceci est déterminé à être, et l'autre signifierait que ceci est déterminé à n'être pas – or, ceci est contingent.

[V. *Aliquae instantiae et responsiones*]

<30> Adhuc potest argui quod propositio de futuro sit determinate vera, quia sequitur "futurum est futurum, igitur futurum est". Antecedens est determinate verum; ergo et consequens.

<31> Item, propositio de futuro, secundum nunc dicta, non asserit aliquid determinate nunc esse, sed fore de re enuntiat, non determinando aliquid esse vel non esse. Igitur sicut propositio de contingenti est nunc determinate vera – quia enuntiat eventum rei determinate, nec tamen determinat nunc aliquid esse vel non esse –, sic propositio de futuro erit vera.

<32> Ad primum dicendum quod consequentia deficit penes figuram dictionis, quia commutatur quid in quale; quia sic dicendo "omne futurum est futurum", hic praedicatur illud quod futurum est; sed hic "futurum erit" praedicatur esse sub modo de futuro; ideo etc. Unde haec "futurum est futurum" est de praesenti, sicut haec "homo est homo"; haec non: "futurum erit". Si tamen supponitur quod haec sit vera determinate "futurum erit", adhuc non sequitur propter hoc quod propositio de futuro contingenti singulari sit determinate vera. Nam si sic arguitur «omne futurum erit; haec "tu eris episcopus" est futurum; igitur hoc erit», hic est figura dictionis; quia in maiori fit distributio

[V. *Quelques objections et réponses*]

<30> L'on peut argumenter encore qu'une proposition au futur est déterminément vraie, parce que l'on a l'inférence suivante : "le futur est futur ; donc, il est futur". L'Antécédent est déterminément vrai ; donc aussi le Conséquent.

<31> En outre, une proposition au futur, énoncée selon le maintenant [quand on dit "ceci est futur"], n'asserte pas que quelque chose est maintenant de façon déterminée, mais énonce l'être futur d'une chose, sans déterminer que quelque chose est ou n'est pas. Donc, de même qu'une proposition contingente [ex. "ceci peut arriver"] est déterminément vraie maintenant – puisqu'elle énonce l'avènement d'une chose de façon déterminée, et cependant ne détermine pas que quelque chose est ou n'est pas maintenant –, de même une proposition au futur sera vraie.

<32> Au premier argument [§ 30], il faut répondre que l'inférence pèche par figure du discours, parce qu'une qualité est substituée à une quiddité ; en effet, quand on dit "tout futur est futur", ce qui est prédiqué, c'est ce qui est futur ; en revanche, quand on dit "le futur sera", ce qui est prédiqué, c'est l'être sous le mode du futur ; donc, etc. D'où l'on voit que la proposition "le futur est futur" est au présent, de même que celle-ci : "un homme est un homme" ; par contre, celle-là n'est pas au présent : "le futur sera". Cependant, même si l'on suppose que la proposition "le futur sera" est déterminément vraie [en tant que proposition générale], il ne s'ensuit pas pour cette raison qu'une proposition portant sur un futur contingent singulier soit déterminément vraie. Car, si l'on raisonne de la façon suivante : "tout futur sera ; or, ceci : « tu seras évêque » est un futur ; donc, ceci sera", il y a là une figure du discours ; en effet, dans la majeure, le terme commun [le futur] se distribue

pro suppositis, quorum quiditatem dicit distributum; sed in minori praedicatur futurum de quodam, ut dicens eius qualitatem, propter quod commutatur quid in quale – sicut hic "quod scriptum est, scripsit aliquis; falsum scriptum est; igitur falsum scripsit aliquis". Si autem descendatur sic "omne futurum erit; hoc est futurum «"tu eris" est futurum»; igitur hoc futurum erit", sequetur conclusio; sed minor implicat falsum.

<33> Ad aliud dico quod propositio de futuro non asserit nunc aliquid esse vel non esse de eo quod est, sed pro tempore futuro; ideo nec nunc est determinate vera nec falsa. Sed propositio de contingenti nunc asserit aliquid determinate, quia cum dicitur "hoc contingenter eveniet", significatur quod eventus eius est contingens, et ita determinate est vel non est; ideo illa de contingenti est determinate vera vel falsa.

<34> Arguitur aliter ad principale :
Si dicatur "hoc erit", idem est dicere "et hoc est futurum". Sed secunda propositio est determinate vera vel falsa; igitur et prima.

sur ses suppôts [ce futur-ci, ce futur-là], et le terme distribué exprime la quiddité de ces suppôts; en revanche, dans la mineure, "futur" est prédiqué de quelque chose, comme exprimant la qualité de celui-ci. C'est pourquoi [dans la mineure], une qualité [futur] est substituée à une quiddité [le futur]. Même substitution ici: "ce qui est écrit [ex. "Socrate. est assis"], quelqu'un l'a écrit; ce qui est écrit est faux [parce que S. est maintenant debout]; donc, quelqu'un a écrit quelque chose de faux" [*cf.* Arist., *De soph. elenchis*, c. 22, 178b 24-29]. Certes, si l'on raisonnait comme suit, en descendant: "tout futur sera; ceci est futur « "tu seras" est futur » [*var.* ce futur: "tu seras", est un futur]; donc, ce futur sera", alors la conclusion s'ensuivrait. Mais la mineure implique quelque chose de faux ["tu seras" n'est pas un futur, mais une proposition au futur].

<33> En réponse à l'autre argument [§ 31], je dis qu'une proposition au futur [ex. "ceci sera"] n'asserte pas maintenant l'être ou le non-être de quelque chose qui est [ceci *est* futur], elle asserte l'être ou le non-être de quelque chose pour le futur [ceci est *futur*]; c'est pourquoi une proposition au futur n'est ni déterminément vraie ni fausse maintenant. En revanche, une proposition contingente asserte maintenant quelque chose déterminément, puisque, quand on dit "ceci adviendra de manière contingente", il est signifié que l'avènement de ceci est contingent, et qu'il est déterminément ou n'est pas de cette manière [*i.e.* de manière contingente]; c'est pourquoi une proposition contingente est déterminément vraie ou fausse.

<34> Autre objection contre l'argument initial [§ 28]:

Si l'on dit "ceci sera", la même chose est de dire "ceci est futur". Or, la seconde proposition est déterminément vraie ou fausse; donc aussi la première.

<35> Dico quod sic dicendo "hoc erit", actus copulatus subiecto intelligitur copulari pro tempore futuro, cuius terminus initialis est praesens; et ideo cum resolvitur "hoc erit" in "hoc est futurum", intelligitur actus mensuratus sub tempore futuro copulari subiecto pro tempore praesenti, quod est terminus initialis eiusdem futuri; propter quod idem valent "homo erit" et "homo est futurus". Sed quia nunc est indeterminatum an actus futurus esse habebit, cum tempus mensurans ipsum sit praesens, ideo haec "hoc est futurum" est indeterminate vera, sicut haec "hoc erit". Et cum dicitur quod hoc est de praesenti, dico quod hoc non est de praesenti; quia ad hoc quod sit de praesenti, necesse est actum designatum tempore de praesenti mensurari, et non solum consignificative. Sic non accidit in proposito; ideo non est de praesenti.

<35> Je réponds que lorsqu'on dit "ceci sera", l'acte uni au sujet est compris comme étant uni à celui-ci pour un temps futur; or, le point de départ initial d'un temps futur est le présent; c'est pourquoi lorsqu'on ramène "ceci sera" à "ceci est futur", l'on comprend que l'acte mesuré sous le temps futur [ceci est *futur*] est uni au sujet pour le temps présent [ceci *est* futur], lequel est le point de départ initial de ce même futur; pour cette raison, "un homme sera" et "un homme est futur" sont équivalents. Cependant, comme savoir si l'acte futur aura l'être est indéterminé maintenant, bien que le temps mesurant cet acte soit le présent [quand on dit "ceci est futur"], pour cette raison, la proposition "ceci est futur" est vraie indéterminément, de même que la proposition "ceci sera". Et lorsqu'on dit [§ 34] que "ceci est futur" est au présent, je réponds qu'il n'est pas au présent; car, afin qu'il soit au présent, il est nécessaire que l'acte désigné soit mesuré par le temps présent, et il ne suffit pas qu'il soit seulement co-signifié par le temps présent. Or, tel n'est pas le cas ici; c'est pourquoi cette proposition n'est pas au présent.

QUAESTIONES IN DUOS LIBROS
PERIHERMENEIAS – IN LIBRUM SECUNDUM

[QUAESTIO 6. AN HAEC SIT UNA "HOMO ALBUS CURRIT"]

Quaeritur circa capitulum de unitate propositionis an haec sit una "homo albus currit".

<1> Quod non, videtur:
Quia dicit Boethius quod « Si ex his, quae subicis aut praedicas, non fiat unum, non est propositio una »; sed ex homine et albo non constituitur unum; igitur etc.

<2> Item, dicit Boethius « Si ex illis, quae subicis, non fiat unum, sicut ex substantia animata sensibili, non est una propositio »; sed ex homine et albo non fit unum isto modo; igitur etc.

<3> Dicitur quod Boethius intelligit, ubi illud sub quo accipitur terminus, non fit unum, ut species una,

QUESTIONS SUR LES DEUX LIVRES
DU *PERI HERMENEIAS* – SUR LE SECOND LIVRE

[QUESTION 6. SI LA PROPOSITION "UN HOMME
BLANC COURT" EST UNE]

Concernant le chapitre sur l'unité de la proposition, l'on demande si la proposition "un homme blanc court" est une.

<1> Il apparaît que non :

En effet, Boèce [*De interpr.* – ed. secunda –, V, c 11] dit que « si, à partir des termes que tu poses comme sujet, ou à partir de ceux qui tu poses comme prédicat, il ne vient pas une chose une, la proposition n'est pas une » ; or, à partir de "homme" et de "blanc" ne se constitue pas une chose une ; donc, etc.

<2> En outre, Boèce dit ceci : « Si, à partir des termes que tu poses comme sujet ne vient pas une chose une – comme, à partir de "substance vivante capable de sentir", vient une chose une [*i.e.* "animal"] –, la proposition n'est pas une » ; or, à partir de "homme" et de "blanc" ne vient pas quelque chose qui est un de cette façon ; donc, etc.

<3> L'on répond que Boèce veut dire ceci : là où ce sous quoi un terme est pris ne fait pas une chose une, comme une

non erit propositio una; sed illud sub quo accipitur terminus, ut album, sic est unum; igitur etc.

<4> Contra: sic dicendo "homo albus currit", currere attribuitur principaliter homini albo; aut homini albo per accidens; ergo sub ratione albi non accipitur homo respectu cursus.

<5> Item, eadem ratione haec tota propositio esset una "homo albus ambulans currit", quia quod praecedit, posset accipi sub ratione ambulantis, quod negat Aristoteles et Boethius.

<6> Item, Aristoteles dicit in littera quod duorum quae praedicantur de tertio per accidens, vel duorum quorum unum praedicatur de altero per accidens, non est ex illis unum de quo, ut uno, posset aliquid affirmari aut negari. Album autem de homine dicitur per accidens. Ergo non erit propositio una.

<7> Item, cuiuslibet unius affirmationis est una negatio; sed huius "omnis homo albus currit", non est una negatio. Quia si sic, esset illa "homo albus non currit"; quod non convenit, quia ambae sunt simul falsae, supposito quod nullus homo sit albus. Quia in utraque implicatur esse medium inter hominem et album, sicut inter exigens et exactum. Utraque enim

espèce une, la proposition ne sera pas une ; or, ce sous quoi le terme ["un homme"] est pris, en tant que blanc, est une chose une de la même façon ; donc, etc.

<4> Objections : lorsqu'on dit "un homme blanc court", "courir" est attribué principalement à ["un homme" dans] "un homme blanc" ; ou alors il est attribué à "un homme blanc" par accident ; donc, "un homme" n'est pas pris sous la raison de "blanc" par rapport à la course.

<5> En outre, [dans l'affirmative], la proposition tout entière "un homme blanc se promenant court" serait une pour la même raison, puisque ce qui précède "se promenant" pourrait être pris sous la raison "se promenant", ce que nient Aristote et Boèce.

<6> De même, Aristote dit dans le texte [*De interp.* c. 11, 21a 17-33] que lorsque deux choses sont prédiquées d'une troisième par accident, ou bien lorsque l'une est prédiquée de l'autre par accident, il n'en résulte pas une chose une, dont il serait possible d'affirmer ou de nier quelque chose, en tant que c'est une chose une. Or, "blanc" se dit de "homme" par accident. Donc, la proposition ne sera pas une.

<7> En outre, pour toute affirmation qui est une, il y a une négation et une seule ; or, il n'y a pas une seule négation pour la proposition "tout homme blanc court". Car, si c'était le cas, ce serait "un homme blanc ne court pas" ; or, cela ne convient pas, puisque l'affirmative et la négative sont fausses en même temps, si l'on suppose que nul homme n'est blanc, étant donné que, dans l'une et l'autre propositions, "être" est impliqué en intermédiaire entre "homme" et "blanc", comme entre l'exigeant* et l'exigé*. En effet, l'affirmative et la négative

implicat hominem esse album; ergo utraque falsa propter implicationem falsi.

<8> Contra hoc : quando de aliquo subiecto affirmatur aliquid universaliter sumpto, in propositione contradicente eidem sufficit negare totum, quod prius affirmabatur de eodem, et ab eodem particulariter sumpto. Sed haec "omnis homo albus currit", praedicatum affirmatur de hoc subiecto "homo albus" universaliter. Ergo idem praedicatum negare ab eodem subiecto particulariter sumpto est contradictio primi.

<9> Item, haec est una "omne animal rationale currit", cui contradicit haec "aliquod animal rationale non currit", non obstante implicatione intercedente inter animal et rationale. Ergo non obstante implicatione intercedente inter hominem et album, illa contradicunt "omnis homo albus currit" et "aliquis homo albus non currit".

<10> Dicitur quod propter accidens non eodem modo respiciens subiectum et differentiam respicientem genus, non est implicatio eadem; propter quod licet una impediat contradictionem, altera tamen non impedit.

<11> Contra : non habetur unde dicatur quod implicatio cadit media, nisi quia hoc est exigens et illud exactum. Ergo

impliquent que l'homme est blanc ; donc, l'une et l'autre sont fausses, puisqu'elles impliquent quelque chose qui est faux [si l'on suppose que nul homme n'est blanc].

<8> Contre ce qui précède : quand un prédicat est affirmé d'un sujet pris universellement, il suffit, pour avoir une proposition qui contredit la première, de nier du même sujet pris particulièrement le tout qui était antérieurement affirmé de ce sujet. Or, dans la proposition "tout homme blanc court", le prédicat est affirmé du sujet "homme blanc" pris universellement. Donc, la contradictoire de la première proposition est la proposition qui nie le même prédicat du même sujet pris particulièrement [*i.e.* "quelque homme blanc ne court pas" ; la contradictoire n'est donc pas "un homme blanc ne court pas"].

<9> En outre, la proposition "tout animal rationnel court" est une, et sa contradictoire est "quelque animal rationnel ne court pas", nonobstant l'implication tombant entre "animal" et "rationnel" [*i.e.* "tout animal qui est rationnel"]. Donc, nonobstant l'implication tombant entre "homme" et "blanc", les propositions suivantes sont contradictoires : "tout homme blanc court" et "quelque homme blanc ne court pas".

<10> L'on répond ceci [à § 9] : l'implication n'est pas la même dans l'un et l'autre cas ["homme" et "blanc" ; "animal" et "rationnel"], étant donné qu'un accident ne se rapporte pas à un sujet de la même façon qu'une différence [spécifique] se rapporte à un genre ; pour cette raison, l'implication ne fait pas obstacle à la contradictoire dans le second cas ["tout animal rationnel court"], mais elle lui fait obstacle dans le premier cas ["tout homme blanc court"].

<11> Objection : la raison pour laquelle on dit qu'une implication tombe entre [ceci et cela] n'est rien d'autre, sinon que ceci est l'exigeant et cela, l'exigé. Comme

cum similiter animal exigat rationale vel e converso, sicut
homo album vel e converso, mutata non erit ratio de
implicatione.

<12> Ad oppositum :

In ista propositione est una veritas, ergo est una. Non enim
est idem dicere "omnis homo albus currit" et "omnis homo est
albus et omnis homo currit". Si enim sic, esset propositio
plures; "homo" in utraque esset subiectum absolute, et sequeretur "omnis homo albus currit, ergo omnis homo currit", quia
album est praedicatum in una, et currere in alia.

<13> Item, Aristoteles inquirens quae praedicata divisim
ut duo, possint praedicari ut unum, dicit quod Socrates est
homo et albus, et hoc ut unum.

<14> Item, Ammonius dicit hanc esse unam "Socrates est
homo albus".

[QUAESTIO 7. UTRUM HAEC SIT UNA "ALBUM EST MUSICUM"]

Iuxta hoc quaeritur utrum haec sit una "album est
musicum".

<15> Quod non, videtur :

Quia musicum praedicatur de albo ratione alicuius
tertii, ut Socratis vel Platonis; idem est ergo dicere ac
si diceretur "Socrates, qui est albus, est musicus";

"animal" exige "rationnel", et réciproquement, de même que "homme" exige "blanc", et réciproquement, la nature de l'implication ne sera donc pas changée.

<12> En sens contraire :

Dans cette proposition, il y a une vérité qui est une ; donc, cette proposition est une. En effet, ce n'est pas la même chose de dire "tout homme blanc court", et de dire "tout homme est blanc et tout homme court". Si, en effet, c'était la même chose, alors la proposition "tout homme blanc court" serait deux propositions ; dans l'une et l'autre, "homme", serait un sujet pris absolument, et l'on aurait l'inférence suivante : "tout homme blanc court, donc tout homme court", puisque "blanc" est prédicat dans l'une, et "courir" dans l'autre [si "homme" est le même sujet pris absolument].

<13> En outre, quand il cherche quels prédicats, pris séparément comme étant deux, pourraient être prédiqués comme un seul, Aristote [*De interp.*, c. 11, 20b 31-37] dit que Socrate est homme et blanc, et cela en tant qu'un prédicat un.

<14> En outre, Ammonius [*Periherm.*, c. 11] dit que la proposition "Socrate est un homme blanc" est une.

[QUESTION 7. SI LA PROPOSITION "LE BLANC
EST MUSICIEN" EST UNE]

L'on demande ensuite si la proposition "le blanc est musicien" est une.

<15> Il apparaît que non :

Parce que "musicien" est prédiqué de "blanc" sous la raison d'un troisième, par exemple Socrate ou Platon ; donc, c'est la même chose que si l'on disait "Socrate, qui est blanc,

sed Aristoteles vult quod haec sit plures "Socrates, qui est albus, est musicus", quia dicit in littera : "quando duo accipiuntur, quorum unum praedicatur de altero per accidens, vel ambo de tertio per accidens, ex his non fit unum".

<16> Item, tot compositiones implicitae sunt huius "album est musicum", quot huius "est albus musicus"; sed propter compositiones implicitas est haec plures "Socrates est albus musicus"; ergo et haec erit plures "album est musicum". Nam cum dicitur "album est musicum", sunt duae propositiones implicitae sicut hic "Socrates est albus, qui est musicus"; et eaedem compositiones sunt implicitae hic : "Socrates est albus musicus". Assumptum patet. Nam cum dico "album est musicum", dico illud cui inest albedo est musicum de virtute sermonis.

<17> Ad oppositum :
Propositio est una in qua praedicatur unum de uno. Eadem autem unitas extremi sufficit ad subiectum quae ad praedicatum; sed haec est una "Socrates est musicus" et haec similiter "Socrates est albus"; ergo et haec "album est musicum".

[QUAESTIO 8. AN HAEC SIT UNA "HOMO ALBUS
EST HOMO MUSICUS"]

Quaeritur iuxta hoc an haec sit una "homo albus est homo musicus".

est musicien". Or, Aristote [*De interp.*, c. 11, 21a 7-10] soutient que la proposition "Socrate, qui est blanc, est musicien" n'est pas une, puisqu'il dit ceci dans le texte : "quand on a deux prédicats, dont l'un est prédiqué de l'autre par accident, ou l'un et l'autre d'un troisième par accident, il n'en résulte pas une chose une".

<16> En outre, il y a autant de compositions implicites dans "le blanc est musicien" qu'il y en a dans "il est blanc musicien" ; or, en raison des compositions implicites, la proposition "Socrate est blanc musicien" n'est pas une ; donc "le blanc est musicien" ne sera pas une non plus. Car, lorsqu'on dit "le blanc est musicien", il y a deux propositions implicites, comme ici : "Socrate est blanc, qui est musicien" ; et les mêmes compositions sont implicites ici : "Socrate est blanc musicien". La thèse assumée est manifeste. Car, lorsque je dis "le blanc est musicien", je dis que ce à quoi la blancheur est inhérente est musicien, au pied de la lettre.

<17> En sens contraire :
Une proposition est une, dans laquelle un prédicat qui est un est prédiqué d'un sujet qui est un. Et la même unité en tant qu'extrême [de la proposition] suffit au sujet, qui suffit au prédicat ; or, la proposition "Socrate est musicien" est une, et celle-ci pareillement, "Socrate est blanc". Donc, la proposition "le blanc est musicien" est une également.

[QUESTION 8. SI LA PROPOSITION "UN HOMME BLANC
EST UN HOMME MUSICIEN" EST UNE]

L'on demande ensuite si la proposition "un homme blanc est un homme musicien" est une.

<18> Quod sic, videtur :

Haec est una "homo albus currit", ut ostensum est. Unitas ergo hominis albi sufficit ad unitatem extremi; et eadem ratione illud est unum "homo musicus"; ergo huiusmodi propositiones "homo albus est homo musicus", utrumque extremum est unum.

<19> Item, ex homine et albo fit unum, sicut ex actu et potentia.

<20> Similiter, ex homine et musico eadem ratione; ergo utrumque extremum est unum; igitur etc.

<21> Ad oppositum :

Dicit Aristoteles quod "eorum quae subiciuntur vel praedicantur, quaecumque duo vel plura dicuntur de tertio per accidens, et alterum de altero per accidens dicitur, ex his non fit unum extremum"; nec est affirmatio vel negatio una. Sed sic est in proposito, quia homo et musicus dicuntur de homine albo per accidens, et alterum de altero per accidens. Ergo haec non erit una, sicut nec haec "Socrates est homo albus".

[Quaestio 9. Utrum haec sit una "homo, qui est albus, currit"]

Quaeritur utrum haec sit una "homo, qui est albus, currit".

<18> Il apparaît que oui :

La proposition "un homme blanc court" est une, ainsi qu'il a été montré [*cf.* § 12-14]. Donc, l'unité de "homme blanc" est suffisante pour que l'un des extrêmes soit un ; pour la même raison, "homme musicien" est un ; donc, dans des propositions du genre "un homme blanc est un homme musicien", l'un et l'autre extrêmes sont uns.

<19> En outre, de "homme" et de "blanc" vient quelque chose qui est un, comme de l'acte et de la puissance.

<20> Pareillement, de "homme" et de "musicien" vient quelque chose qui est un, pour la même raison ; donc, l'un et l'autre extrêmes sont uns ; donc, etc.

<21> En sens contraire :

Aristote dit que "dans les sujets ou dans les prédicats, chaque fois où deux ou plus de deux termes se disent d'un troisième par accident, et que l'un se dit de l'autre par accident, ils ne forment pas un extrême qui est un" ; et l'affirmation n'est pas une, ni la négation. Or, il en est ainsi dans le cas présent, puisque "homme" et "musicien" se disent de "homme blanc" par accident, et que l'un se dit de l'autre par accident. Donc, la proposition "un homme blanc est un homme musicien" ne sera pas une, de même que la proposition "Socrate est un homme blanc" ne sera pas une non plus.

[QUESTION 9. SI LA PROPOSITION "UN HOMME
QUI EST BLANC COURT" EST UNE]

L'on demande si la proposition "un homme qui est blanc court" est une.

<22> Quod sic, videtur :

Quia hoc quod est "qui" habet naturam articuli subintellectam, propter quod facit subsequens artare praecedens; unde praecedens accipitur ratione subsequentis, ut ad tertium comparatur; ergo etc.

<23> Item, unitas subiecti distributionis sufficit ad unitatem subiecti actus; sed hoc totum "homo, qui est albus" est unum subiectum distributionis, quia ex illa "omnis homo, qui est albus, currit", contingit sic syllogizare : "iste est homo, qui est albus; ergo iste currit". In syllogismo autem medium est totum illud quod in utraque propositione accipitur, et in maiori supra totum, ut unum disponibile, cadit signum.

<24> Item, unitas huius quod est "homo, qui est albus" sufficit ad unitatem medii syllogistici; ergo et extremi in propositione, quia ex propositione plures non fit syllogismus.

<25> Item, eadem est unitas nominis et suae qualitatis; sed pluralitas resultans ex compositione actus et suae qualitatis non impedit unitatem propositionis. Haec enim est una "iste currit velociter".

<26> Item, quando propositio est plures, necesse est esse plura extrema, quia ad minus quattuor; quia cuiuslibet

<22> Il apparaît que oui :

Parce que le terme "qui" a une nature d'article sous-entendue [*var.* a une fonction restrictive sous-entendue], en raison de laquelle il fait que le subséquent ["blanc"] restreint l'antécédent ["homme"] ; c'est pourquoi l'antécédent est pris sous la raison du subséquent, en tant qu'il est rapporté à un troisième ["court"] ; donc, etc.

<23> En outre, l'unité d'un sujet de distribution suffit à l'unité du sujet de l'acte ; or ce tout : "un homme qui est blanc" est un sujet de distribution qui est un, puisque, à partir de la proposition "tout homme qui est blanc court" [majeure], il est possible de syllogiser comme suit : "cet homme est un homme qui est blanc [mineure] ; donc cet homme court [conclusion]". Dans ce syllogisme, le moyen terme est le tout ["un homme qui est blanc"] qui est pris dans l'une et l'autre prémisses, et, dans la majeure, le signe ["tout"] tombe sur ce tout, comme sur un sujet un qui peut être distribué.

<24> En outre, l'unité de "un homme qui est blanc" suffit à l'unité d'un moyen terme syllogistique ; donc, elle suffit aussi à l'unité d'un extrême de la proposition "un homme qui est blanc court", parce que l'on ne peut pas faire un syllogisme à partir d'une proposition qui est plusieurs propositions [or, « il est possible de syllogiser comme suit, etc. » – § 23].

<25> En outre, un nom et sa qualité forment une même unité ; or, la non-unité résultant de la composition d'un acte avec sa qualité ne fait pas obstacle à l'unité d'une proposition. En effet, la proposition "cet homme court rapidement" est une [donc, "un homme qui est blanc" ne fait pas obstacle à l'unité de la proposition "un homme qui est blanc court"].

<26> En outre, quand une proposition est plusieurs propositions, il est nécessaire qu'il y ait plusieurs extrêmes, parce qu'il en faut au moins quatre, étant donné que, pour toute

unius sunt duo extrema. – Accipio aliud quod non artet subiectum. Si ergo in hac "homo, qui est albus, currit", praedicatur "currere" de homine sicut de suo subiecto, et "album" de homine sicut de suo subiecto, non coartatur homo per ly album; ergo sequeretur "omnis homo, qui est albus, currit; ergo omnis homo currit".

<27> Ad oppositum :
Relativum substantiae refert idem numero cum suo antecedente; "qui" est relativum substantiae. Ergo sic dicendo "homo, qui est albus, currit", denotatur homo replicari, ita quod homo semel acceptus videtur subici actui currendi, et iteratus ei quod est esse album. Ex homine autem iterato respectu diversorum non potest esse subiectum propositionis unum.

<28> Item, hic sunt plures compositiones; ergo non est una propositio.

<29> Dicitur quod una compositio est materialis respectu alterius, et ideo non impedit unitatem propositionis.

<30> Contra hoc : licet homo referatur per ly qui, tamen semper hoc dictum ita formaliter unit album cum homine, sicut si diceretur "homo est albus". Ergo compositio qua unitur album cum homine relato formalis est, et non materialis respectu alicuius.

proposition qui est une, il y a deux extrêmes – Je suppose que le sujet n'est pas restreint : si donc, dans "un homme qui est blanc court", "courir" est prédiqué de "homme" comme de son sujet, et si "blanc" est aussi prédiqué de l'homme comme de son sujet, "homme" n'est pas restreint par le terme "blanc"; l'on aurait donc l'inférence suivante : "tout homme qui est blanc court; donc tout homme court" [donc, "blanc" n'est pas prédiqué de l'homme comme de son sujet, mais restreint le sujet; donc, "un homme qui est blanc" est un sujet un].

<27> En sens contraire :

Le relatif d'une substance est numériquement identique à l'antécédent auquel il se rapporte ; "qui" est le relatif d'une substance. Donc, quand on dit "un homme qui est blanc court", il est notifié que "homme" est pris deux fois, en ce que "homme" est pris une première fois comme le sujet de l'acte de courir, et, une seconde fois, comme le sujet de "être blanc". Or, puisque "homme" est pris deux fois par rapport à des prédicats différents, il ne peut être un sujet un dans la proposition.

<28> En outre, il y a ici plusieurs compositions ; donc cette proposition n'est pas une.

<29> L'on répond que l'une des compositions ["un homme qui est blanc"] est matérielle* par rapport à l'autre ["un homme... court"], et c'est pourquoi elle ne fait pas obstacle à l'unité de la proposition.

<30> Objection : bien que "homme" soit référé par le terme "qui", néanmoins, ce mot unit toujours "blanc" à "homme" formellement, tout autant que si l'on disait "un homme est blanc". Donc, la composition par laquelle "blanc" est uni à "homme", auquel il se rapporte, est formelle, et non point matérielle par rapport à quelque chose [i.e. l'autre composition].

<31> Item, compositio dicitur materialis, quia ipsa secundum se est ut materia respectu alterius; sed compositio importata per hoc verbum "est", est ita simpliciter formalis, sicut compositio importata per hoc verbum "currit".

<32> Item, ad principale: propositio una habet unam contradictionem. Sed haec "omnis homo, qui est albus, currit" non habet unam contradictionem; quia si sic, esset ista "homo, qui est albus, non currit".

<33> Dicitur quod est ista "homo, non qui est albus, non currit".

<34> Contra: per ipsos propositio est una cuius subiectum est "homo, qui est albus"; sed si particularis negativa de eodem subiecto et eodem praedicato contradicit universali affirmativae, igitur priori, si sit una, contradicit haec "homo, qui est albus, non currit".

<35> Item, intellectus cuiuscumque compositionis categorematicae resolvitur in duos intellectus simplices sine vero et falso; sed haec propositio non sic resolvitur, nam sic dicendo "homo, qui est albus" sine additione alterius, sequitur verum vel falsum, quia denotatur quod homo sit albus. Sed quia "homo" refertur, et relatio est ad

<31> En outre, une composition est dite matérielle pour la raison que, prise en soi, elle est comme une matière par rapport à autre chose; or, la composition apportée par le verbe "est" [dans "un homme qui est blanc"] est simplement formelle, tout autant que la composition apportée par le verbe "court".

<32> En outre, objection à l'argument principal [§ 22] : une proposition qui est une admet une contradictoire. Or, la proposition "tout homme qui est blanc court" n'admet pas une contradictoire; en effet, si tel était le cas, ce serait "un homme qui est blanc ne court pas".

<33> L'on répond que la contradictoire est celle-ci : "un homme qui n'est pas blanc ne court pas"[*var.* "un homme, non un homme qui est blanc, court" – *homo, non qui est albus, currit*].

<34> Objection : pour eux [*i.e.* les partisans de l'affirmative, *cf.* § 22-26], la proposition est une, dont le sujet est "un homme qui est blanc"; or, puisqu'une particulière négative de même sujet et de même prédicat contredit une universelle affirmative [de même sujet et de même prédicat], alors, si la proposition initiale ["tout homme qui est blanc court"] est une, elle a pour contradictoire "un homme qui est blanc ne court pas".

<35> En outre, le concept d'une composition de catégorèmes*, quelle qu'elle soit [ex. "un homme blanc"], se résout en deux concepts simples, lesquels, par eux-mêmes, ne posent ni le vrai ni le faux; or, la proposition "un homme qui est blanc court" ne se résout pas ainsi, car, lorsqu'on dit "un homme qui est blanc", sans ajouter autre chose, le vrai ou le faux s'ensuivent, puisqu'il est notifié qu'un homme est blanc. Cependant, comme "homme" est en relation, et que la relation

alium actum, ideo animus audientis est suspensus donec aliquid aliud addatur de homine; sicut si dicatur "homo, qui currit", verum significatur per ipsam propositionem, sed adhuc dependet animus audientis quid debeat ulterius dicere.

<36> Item, negatio adveniens propositioni uni tantum negat compositionem a qua accipitur unitas et veritas propositionis. Si ergo haec sit una "omnis homo, qui" etc., in hac "non omnis homo" etc. refertur negatio ad unam compositionem tantum, quod non est possibile. Quia ad quamcumque compositionem referatur negatio, haec est falsa "non omnis homo" etc., quia posito quod sint multi homines albi, et quod aliqui currant et aliqui non currant, haec est falsa "omnis homo, qui est albus, currit", et haec similiter "non omnis homo, qui est albus currit", intelligendo tamen quod negatio referatur ad compositionem materialem. Similiter, posito quod nullus homo sit albus, haec est falsa "omnis homo, qui est albus, currit", et haec similiter "non omnis homo" etc., intelligendo negationem referri ad compositionem principalem, eo quod implicatur aliquem hominem esse album. Ad nullam ergo compositionem unam potest negatio referri; si autem esset

vise un autre acte, pour cette raison, l'esprit de l'auditeur est tenu en suspens, jusqu'à ce que quelque chose d'autre soit ajouté au sujet de "un homme" [donc, tenu en suspens, l'esprit de l'auditeur ne voit pas que le vrai ou le faux est déjà posé par "un homme qui est blanc"]; de même, si l'on dit "un homme qui court", quelque chose est signifié comme vrai [*i.e.* qu'un homme court] par cette proposition, mais l'esprit de l'auditeur est suspendu à ce qu'on doit dire par après [ex. "un homme qui court… est blanc"].

<36> En outre, une négation appliquée à une proposition qui est une nie uniquement la composition d'où vient l'unité et la vérité de la proposition. Si donc la proposition "tout homme qui est blanc court", est une, alors, dans la proposition "tout homme qui est blanc ne court pas", la négation porte uniquement sur une composition et une seule. Or, ce n'est pas possible. En effet, quelle que soit la composition sur laquelle porte la négation [soit la relative, soit la principale], la proposition "tout homme qui est blanc ne court pas" est fausse. Car, si l'on pose qu'il existe plusieurs hommes blancs, et que certains courent, d'autres non, la proposition "tout homme qui est blanc court" est fausse; et la proposition "tout homme qui est blanc ne court pas" est fausse également, si l'on comprend toutefois que la négation porte sur la composition matérielle ["tout homme qui est blanc"]. Pareillement, si l'on pose que nul homme n'est blanc, la proposition "tout homme qui est blanc court" est fausse, et la proposition "tout homme qui est blanc ne court pas" est fausse également, si l'on comprend que la négation porte sur la composition principale ["tout homme… court"], étant donné qu'il est impliqué que quelque homme est blanc. Donc, la négation ne peut pas porter sur aucune composition qui est une; or, si la proposition "tout homme qui est blanc court" était une, alors, dans la proposition

una, posset in sua contradictoria negatio referri ad unam compositionem.

[I. *Ad quaestionem sextam*

A. *Responsio*

1. *Opinio aliorum et obiectio*]

<37> Ad primum quaesitum dicitur quod haec est plures "homo albus currit" propter auctoritates Boethii adductas, quia duae sunt compositiones, una implicita et alia explicita; quia "homo" et "album" se habent ut exigens et exactum, inter quae cadit "qui est" medium.

<38> Contra : tunc haec esset plures "animal rationale currit", quia inter animal quod est exigens, et rationale quod est exactum, cadit "qui est" medium.

[2. *Responsio Scoti ad quaestionem*]

<39> Dici potest quod propositio est una; unde ex homine et albo fit unum extremum respectu compositionis; non tamen simpliciter unum. Ad quod sciendum quod unitas in propositione est proportionalis unitati in rebus. In rebus autem quaedam habent unitatem simpliciter, sicut quae sunt entia simpliciter; quaedam dicuntur unum secundum quid, ut quae ex talibus componuntur, ut domus. Exemplum est in propositionibus. Unde haec est simpliciter una "homo est animal", ubi

contradictoire, la négation pourrait porter sur une composition et une seule.

[I. *Réponse à la sixième question*

A. *Réponse*

1. *Opinion d'autres personnes et objection*]

<37> En réponse à la première demande, l'on dit que la proposition "un homme blanc court" n'est pas une, en raison des autorités de Boèce qui ont été avancées, parce qu'il y a là deux compositions, l'une explicite, l'autre implicite, étant donné que "homme" est à "blanc" comme l'exigeant à l'exigé, entre lesquels tombe l'intermédiaire "qui est".

<38> Objection : s'il en est ainsi, la proposition "un animal rationnel court" ne serait pas une, puisque, entre "animal", qui est l'exigeant, et "rationnel", qui est l'exigé, tombe l'intermédiaire "qui est".

[2. *Réponse de Duns Scot à la question*]

<39> L'on peut dire que la proposition "un homme blanc court" est une, du fait que "homme" et "blanc" forment un extrême qui est un par rapport à la composition, bien qu'il ne soit pas un simplement. Il faut savoir à cet égard que l'unité dans une proposition est proportionnelle à l'unité dans les choses. Or, si l'on considère les choses, certaines possèdent une unité simple, comme celles qui sont des êtres simples [*i.e.* sans composition]; d'autres sont dites unes en un sens relatif, comme celles qui sont composées d'êtres simples, par exemple une maison [composée de pierres]. Cette différence est reproduite dans les propositions. De là que la proposition "un homme est un animal" est une simplement, parce qu'un

simplex praedicatum enuntiatur de simplici subiecto; haec autem "homo albus currit" non simpliciter est una sicut prior, quia propositio dicitur una ab unitate extremorum. Sed "currere" non ita affirmatur de uno secundum conceptum cum dicitur "homo albus currit", sicut sic dicendo "homo est animal". Est tamen prima una, quia sibi competunt condiciones propositionis unae, quae sunt oppositio, contradictoria et contraria, et dividi per affirmationem et negationem, et syllogizationem. Et secundum sensum illorum patet quod, I huius, non dividit Aristoteles aliquam propositionem in affirmativam et negativam, nisi unam.

[B. *Ad argumenta principalia sextae quaestionis*]

<40> Ad primum argumentum dico quod Boethius intelligit quod non est propositio simpliciter una nisi ex praedicatis et subiectis fiat unum, quemadmodum species una et unum est.

<41> Aliquo modo tamen potest propositio esse una, licet extremum non sit unum. Nam unum fit ex actu et potentia. Et album quodammodo est actus hominis, licet non simpliciter; est tamen, ut ipse dicit, actus superficialis, propter quod ex homine et albo fit quodammodo unum.

<42> Ad aliud patet per idem.

prédicat simple est énoncé d'un sujet simple ; en revanche, la proposition "un homme blanc court" n'est pas une simplement comme la précédente, étant donné qu'une proposition est dite une en raison de l'unité des extrêmes. Or, lorsqu'on dit "un homme blanc court", "courir" n'est pas affirmé de quelque chose dont le concept est un de la même façon que lorsqu'on dit "un homme est un animal". Cependant, la première proposition est une, puisqu'elle vérifie les conditions pour qu'une proposition soit une, à savoir admettre l'opposition, contradictoire et contraire, la distinction en affirmative et négative, ainsi que la syllogisation. Et, selon l'opinion de ces personnes [§ 37], il est clair qu'au livre I, Aristote [*De interp.*, c. 5, 17a 9-10] ne distingue pas une proposition en affirmative et négative, si ce n'est une proposition qui est une.

[B. *Réponse aux arguments initiaux de la sixième question*]

<40> En réponse au premier argument [§ 1], je déclare que Boèce veut dire qu'une proposition n'est pas une simplement, à moins que tant les prédicats que les sujets ne forment une unité, de la façon dont une espèce est une.

<41> Cependant, une proposition peut être une en quelque façon, bien que l'un des extrêmes ne soit pas un. En effet, de l'acte et de la puissance vient quelque chose qui est un. Or, "blanc" est en quelque façon un acte de "homme" ; bien que ce ne soit pas un acte simple, c'est malgré tout un acte « superficiel », ainsi qu'il le dit lui-même [Ammonius, *Periherm.*, c. 11], en raison de quoi, de "homme" et de "blanc" vient quelque chose qui est un en quelque façon.

<42> La réponse à l'autre argument [§ 2] est manifeste pour la même raison.

<43> Ad tertium dico quod haec est sua contradictoria "aliquis homo albus non currit". Et cum dicitur quod "utraque est falsa posito quod nullus homo sit albus", dico quod non; quia haec "homo albus non currit" non ponit hominem esse album.

<44> Cum dicitur "qui est" est medium, dico quod adiectivum conformatur suo substantivo et sibi unitur ut actus potentiae. Potentia autem respectu sui actus rationem habet cuiusdam actualitatis secundum quod actualitas est ratio cuiuscumque; similiter cum dicimus quod Antichristus est actualiter nunc in potentia; similiter cum dico "homo albus", accipiendo hominem secundum quod habet rationem potentiae respectu albi, quae quidem potentia nata est actuari per album. Unde ut notetur actualitas potentiae in comparatione ad suam qualitatem vel ad suum actum, intercipio "ens" vel "qui est". Quod quidem "ens" vel "qui est" non significat aliquid esse vel non esse, sed designat rationem conformitatis adiectivi ad substantivum, tanquam modus quidam intelligendi vel significandi. Propter quod dico quod "ens" vel "qui est" subintellectum in "homo albus currit", non asserit album de homine esse vel non esse, sed manet adhuc simplex intellectus sine vero vel falso. Nam remanet quod haec "homo albus currit" non ponit hominem esse album, sicut haec "animal rationale" non ponit animal esse rationale.

<43> Au troisième argument [§ 7], je réponds que la contradictoire [de "tout homme blanc court"] est "quelque homme blanc ne court pas". Et quand on dit que "l'une et l'autre sont fausses, si l'on pose que nul homme n'est blanc", je dis que non, parce que la proposition "un homme blanc ne court pas" ne pose pas que qu'un homme est blanc.

<44> Quand on dit [§ 7] que "qui est" est intermédiaire entre "homme" et "blanc", je réponds que l'adjectif est en accord avec le substantif correspondant, et lui est uni comme l'acte à la puissance. Or, par rapport à l'acte qui est le sien [*i.e.* l'acte de la puissance], la puissance contient la notion d'une certaine actualité, dans la mesure où l'actualité est la raison de toutes choses ; de même que nous disons que l'Antéchrist est en puissance actuelle maintenant, de même en va-t-il quand je dis "un homme blanc", en prenant "homme" en tant qu'il a la raison de puissance par rapport à "blanc", laquelle puissance est par nature apte à être actuée par "blanc". C'est pourquoi, afin de notifier l'actualité de la puissance par rapport à sa qualité, ou à son acte, j'intercale "étant" ou bien "qui est" [en disant : "un homme étant blanc court", ou "un homme qui est blanc court"]. Cependant, "étant", ou "qui est", ne signifient pas que quelque chose est, ou n'est pas [vrai de "un homme"] ; ils indiquent que l'adjectif est en accord avec le substantif, en tant qu'ils sont un mode de concevoir ou de signifier [et non en tant qu'ils affirment]. C'est pourquoi je dis que "étant", ou "qui est", sous-entendus dans la proposition "un homme blanc court", n'assertent pas que "blanc" est vrai de "homme", ou le contraire, et il demeure un concept simple ["un homme blanc"], sans que le vrai ou le faux ne soit encore posé. Car il reste que la proposition "un homme blanc court" ne pose pas qu'un homme est blanc, de même que l'expression "animal rationnel" ne pose pas qu'un animal est rationnel.

<45> Ad aliud : dico quod non est eadem ratio, quia ambulans et album sunt duo quorum utrumque accidit alteri, et neutrum est actus respectu alterius nec potentia; propter quod "homo albus" accipitur ut unum subiectum respectu praedicati. Unde ex homine et albo et ambulante non fit unum, licet ex homine et utroque istorum divisim fiat unum. Sed haec fortè est una "substantia superficiata alba currit", quia substantia superficiata est potentia respectu albi; et ideo ex illis fit unum sicut ex homine et albo; nam substantiae adveniunt accidentia secundum ordinem, ita quod unum accidens est sicut dispositio ad aliud.

<46> Ad aliud : dico quod quando duo accidentia, quorum utrumque accidit tertio, praedicantur de illo vel subiciuntur illi, tunc non est propositio una. Sic non est in proposito : "homo" enim et "album" non accidunt tertio, ut Socrati, licet album accidat homini.

[II. *Ad quaestionem septimam*

A. *Responsio*]

<47> Ad secundum quaesitum dicendum quod haec "album est musicum" est una. Quia tamen album se subicit per accidens, ideo simpliciter non est una sicut nec haec "homo

<45> À l'autre argument [§ 5], je réponds que le cas n'est pas le même, parce que "se promenant" et "blanc" sont deux adjectifs dont chacun est un accident pour l'autre, et qu'aucun des deux n'est un acte pour l'autre, ou en puissance par rapport à l'autre ; c'est pourquoi [comme le cas n'est pas le même] "un homme blanc" est pris comme un sujet un par rapport au prédicat. Par suite, de "homme", "blanc", et "se promenant" ne vient pas un sujet un, tandis que de "homme" et de l'un de ces adjectifs, pris séparément, vient un sujet un. En revanche, la proposition "une substance plane blanche court" est assurément une, parce que "substance plane" est en puissance par rapport à "blanc" ; et c'est pourquoi de "substance plane" et de "blanc" il vient un sujet un, de même que de "homme" et "blanc" ; car ces accidents adviennent à une substance selon un ordre, de sorte qu'un accident [antérieur : "planc"] est comme une disposition à recevoir un autre accident ["blanche"].

<46> À l'autre argument [§ 6], je réponds que lorsque deux accidents, dont l'un et l'autre adviennent à un troisième, se prédiquent de celui-ci, ou sont des sujets de celui-ci, alors la proposition n'est pas une. Il en va différemment dans le cas présent ; en effet, "homme" et "blanc" ne sont pas des accidents pour un troisième, par exemple Socrate, bien que "blanc" soit un accident pour "homme".

[II. *Réponse à la septième question*

A. *Réponse*]

<47> L'on doit répondre à la seconde demande que la proposition "le blanc est musicien" est une. Cependant, comme "blanc" se place en position de sujet par accident, pour cette raison, la proposition n'est pas une simplement, et celle-ci n'est pas simplement une non plus : "un homme

albus est musicus"; unum enim subicitur et unum praedicatur.
Nisi enim unitas termini concreti sufficeret ad unitatem
extremi, propositio una converteretur in plures, quia haec est
una "Socrates est albus", quae convertitur in hanc "album est
Socrates".

[B. *Ad argumenta principalia septimae quaestionis*]

<48> Ad rationes quaesiti :

Ad primum argumentum dico quod oratio ostendit
extremum propositionis non esse simpliciter unum; unum
tamen est quantum sufficit ad unitatem veritatis et falsitatis
et affirmationis et negationis, et ut sufficit ad orationem
syllogisticam.

<49> Ad secundum dico quod cum dicitur "album est
musicum", compositio implicata in subiecto est compositio
actus et potentiae; compositio similiter implicata in praedicato est compositio actus et potentiae, propter quod ex sumptis
in subiecto fit unum; similiter ex sumptis in praedicato.
Sed cum dicitur "homo est albus musicus", album et musicum sunt duo, quorum neutrum est in potentia respectu
alterius, sed utrumque est actus; ideo per modum unius non
possunt praedicari de eodem. Sed cum utrumque sumatur
ut praedicatum, necesse est utrumque per se praedicari; ideo

blanc est musicien". En effet [dans "le blanc est musicien"], le sujet est un et le prédicat est un. Si, en effet, l'unité d'un terme concret ne suffisait pas à l'unité d'un extrême, une proposition qui est une se convertirait en plusieurs propositions. Or, "Socrate est blanc" est une proposition une, qui se convertit en celle-ci : "blanc est Socrate".

[B. *Réponse aux arguments initiaux de la septième question*]

<48> Réponse aux arguments de cette question :

Au premier [§ 15], je réponds que ce raisonnement montre qu'un des extrêmes ["le blanc"] de la proposition ["le blanc est musicien"] n'est pas un simplement ; cependant, il est un, dans la mesure où il suffit à l'unité de la vérité et de la fausseté, de l'affirmation et de la négation, et dans la mesure où il suffit au raisonnement syllogistique.

<49> Au second [§ 16], je réponds que quand on dit "le blanc est musicien", la composition impliquée dans le sujet est une composition d'acte et de puissance ["un homme blanc"] ; de même, la composition impliquée dans le prédicat est une composition d'acte et de puissance ["un homme musicien"]. Pour cette raison, à partir des éléments pris dans le sujet vient quelque chose qui est un ; pareillement, à partir des éléments pris dans le prédicat. En revanche, quand on dit "un homme est blanc musicien", "blanc" et "musicien" sont deux prédicats, dont aucun n'est en puissance par rapport à l'autre, et l'un et l'autre sont des actes [de "un homme"] ; c'est pourquoi ils ne peuvent être prédiqués du même sous le mode de l'un. Et, comme l'un et l'autre sont pris comme prédicats, il est nécessaire que l'un et l'autre soient prédiqués par soi [*i.e.* séparément] ; c'est pourquoi une proposition n'est pas une, dans

est propositio plures ubi duo accidentia praedicantur vel subiciuntur.

[III. *Ad quaestionem octavam*

A. *Responsio*]

<50> Ad tertium quaesitum dicendum quod haec est una "homo albus est homo musicus", propter rationem dictam, quia album ad hominem se habet ut actus ad potentiam, et musicum similiter. Ideo ex homine et albo fit unum extremum, et ex homine et musico fit aliud extremum. Ideo praedicatur unum de uno. "Ens" autem subintellectum inter adiectivum et substantivum non designat aliquid esse vel non esse, sicut compositio propositionis affirmativae vel negativae, sed designat quandam conformitatem adiectivi ad substantivum, secundum quod haec habet rationem dispositi et illud rationem disponibilis. Unde magis est modus intelligendi quam verbalis copula designans aliquid esse.

[B. *Ad argumentum in contrarium octavae quaestionis*]

<51> Ad argumentum in contrarium dico quod quamvis plura praedicantur, quorum utrumque accidit tertio et alterum alteri accidit, non est propositio plures. Sed si

laquelle deux accidents sont prédicats ou sujets [sujets dans "blanc musicien est un homme"].

[III. *Réponse à la huitième question*

A. *Réponse*]

<50> En réponse à la troisième demande [§ 18-21], l'on doit déclarer que la proposition "un homme blanc est un homme musicien" est une, pour la raison qui a été dite [§ 47], étant donné que "blanc" se rapporte à "homme" comme l'acte à la puissance, et pareillement "musicien". C'est pourquoi de "homme" et "blanc" vient un extrême qui est un, et de "homme" et "musicien" vient l'autre extrême. Par suite, quelque chose qui est un est prédiqué de quelque chose qui est un. Quant à "étant", qui est sous-entendu entre l'adjectif et le substantif [*cf.* § 44], il ne notifie pas que quelque chose est, ou n'est pas [vrai du sujet], à la façon de la composition d'une proposition affirmative ou négative; il notifie un accord de l'adjectif avec le substantif, dans la mesure où une substance est conçue comme susceptible de recevoir une disposition, et l'adjectif comme susceptible de lui conférer une disposition. C'est pourquoi [le terme "étant", sous-entendu] est davantage un mode de concevoir qu'une copule verbale notifiant que quelque chose est [vrai d'un autre].

[B. *Réponse à l'argument contraire de la huitième question*]

<51> À l'argument en sens contraire [§ 21], je réponds ceci : bien que [dans la proposition "Socrate est un homme blanc"] il y ait plus d'un prédicat, dont l'un et l'autre adviennent à un troisième, et dont le second est un accident pour le premier, la proposition n'est pas plusieurs propositions. En

duo praedicentur, quorum unum accidit alteri per quoddam tertium cui insunt et cuius sunt actus, tunc erit propositio plures. Quia si duo accidentia sibi invicem, quae sunt actus cuiusdem tertii, praedicentur, ex his non fiet unum sicut ex actu et potentia; ex aliis autem fieri potest. Per hoc patet quod ratio procedit ex insufficienti, quia omittit ultimam particulam.

[IV. *Ad quaestionem nonam*

A. *Responsio*]

<52> Ad quartum quaesitum dicitur quod haec est una "homo, qui est albus, currit", quia est syllogizabilis, et contradictoria habet et consimilia. Sed secundum illud non potest salvari competenter contradictio in talibus, quia particularis negativa de eodem subiecto et de eodem praedicato debet contradicere universali affirmativae. Unde si haec sit una, sequitur hanc esse eius contradictoriam "aliquis homo, qui est albus, non currit". Unde erit "homo, qui est albus" subiectum illud particulariter sumptum quod sumebatur in universali universaliter.

revanche, s'il y a deux prédicats, dont l'un est un accident pour l'autre par l'intermédiaire d'un troisième auquel il sont l'un et l'autre inhérents, et dont ils sont chacun un acte [ex. "Socrate est blanc musicien"], alors la proposition sera plusieurs propositions. Car, si deux accidents se prédiquent l'un de l'autre, qui sont chacun des actes d'un troisième, il ne vient pas de ces accidents quelque chose qui est un, comme de l'acte et de la puissance ; en revanche, cela est possible à partir des autres prédicats [ceux qui sont ordonnés]. Il est par là manifeste que l'argument en question pèche par insuffisance, puisqu'il omet la dernière partie [*i.e.* « en revanche, cela est possible à partir des autres prédicats »].

[IV. *Réponse à la neuvième question*

A. *Réponse*]

<52> En réponse à ce qui est demandé en quatrième lieu [§ 22-36], l'on dit que la proposition "un homme qui est blanc court" est une, parce qu'elle est syllogisable, admet des contradictoires [*var.* une contradictoire], et autres choses semblables. [Objection :] Mais, si l'on adopte cette position, il n'est pas possible de maintenir de manière pertinente une négation contradictoire pour des propositions de ce genre, puisque ce qui doit contredire une universelle affirmative, c'est une particulière négative ayant le même sujet et le même prédicat. Par conséquent, si cette proposition est une, il s'ensuit que sa contradictoire est celle-ci : "quelque homme qui est blanc ne court pas" [qui ne serait pas fausse, s'il n'existait aucun homme blanc – *cf.* § 53]. Car, "un homme qui est blanc" sera le même sujet, pris particulièrement, qui était pris universellement dans l'universelle.

<53> Ideo potest dici quod haec "homo, qui est albus, currit" plures est simpliciter, quia duo actus per duas compositiones formales homini attribuuntur. Nam "album" attribuitur homini per hoc verbum "est" importans formalem compositionem. Ita enim formaliter attribuitur "album" homini, licet per "qui" referatur homo, sicut si diceretur "homo est albus", quia formalis attributio speciem accipit a compositione verbali. Sed hoc quod est "qui est" homini relato, denotat album attribui cui etiam currere attribuitur. Nec attribuitur currere homini, qui est albus, ita ut hoc totum accipiatur ut unum subiectum. Nunquam enim respectu tertii accipitur ut unum subiectum quod de alio significat formaliter esse vel non-esse. Hoc autem quod est "qui est albus", licet ratione relationis importatae per ly qui suspendatur animus audientis, ut homo interim ad alium referat, tamen aliquid de alio significatur esse. Alioquin nullo homine exsistente albo, non esset haec falsa "aliquis homo, qui est albus, non currit"; sicut si dicam quod tu curris, verum vel falsum significatur. Suspensus tamen est animus quousque additur aliquid; nam antecedens hypothetice, ut pars est propositionis, verum vel falsum significat. Si tamen intelligatur ly "qui est" ut modus quidam intelligendi inter

<53> [Réponse de Duns Scot] En raison de ce qui précède, l'on peut dire que la proposition "un homme qui est blanc court" est plusieurs propositions simples, parce que deux actes sont attribués à "homme" par deux compositions formelles différentes. Car, "blanc" est attribué à "homme" par le verbe "est", lequel introduit une composition formelle. En effet, bien que "homme" soit l'antécédent de "qui" [non le sujet de "blanc"], "blanc" est attribué à "homme" formellement, tout de même que si l'on disait "un homme est blanc", étant donné qu'une attribution formelle reçoit son espèce de la composition verbale. Or, l'expression "qui est" notifie que "blanc" est attribué à "homme" – auquel il se rapporte –, auquel "courir" est également attribué. Et "courir" n'est pas attribué à "un homme qui est blanc" de façon que ce tout serait pris comme un sujet un. Jamais, en effet, ce qui signifie formellement l'être ou le non-être d'un autre [ici, "être blanc" ou "n'être pas blanc"] n'est pris comme un sujet un par rapport à un troisième. Or, bien que l'esprit de l'auditeur soit tenu en suspens par la relation introduite par le terme "qui" [*i.e.* la relation à "court"], néanmoins, dans la mesure où "homme" réfère [*var.* est référé] dans l'intervalle à autre chose ["blanc"], quelque chose est signifié par "qui est blanc" comme étant vrai d'un autre. Faute de quoi, s'il n'existait aucun homme blanc, la proposition "quelque homme qui est blanc ne court pas" ne serait pas fausse ; de même, lorsque je dis "toi, tu cours", il est signifié quelque chose qui est vrai ou faux [que c'est toi qui cours, et non pas seulement que tu cours]. Cependant, l'esprit de l'auditeur est tenu en suspens jusqu'à ce que quelque chose soit ajouté, car l'antécédent ["un homme qui est blanc"], en tant que partie de la proposition, signifie quelque chose de vrai ou de faux hypothétiquement. Toutefois, si l'on entend l'expression "qui est" comme un mode de concevoir l'accord

adiectivum et substantivum, tunc est propositio una; sicut hic "homo albus currit", et eius contradictoria est "homo, qui est albus, non currit".

[B. *Ad argumenta principalia nonae quaestionis*]

<54> Ad rationes quaestionis quartae. Ad primum argumentum, cum dicitur «"qui" habet naturam articuli subintellecti», dico quod hic "homo, qui est albus, currit" coartatur "homo" per sequens, quia denotatur quod idem homo subicitur cursui et albedini. Ideo sic artatur homo quod non stat universaliter pro quolibet eius. Tamen ex hoc non sequitur quod hoc totum sit unum subiectum "homo, qui est albus, currit" respectu currere, quia sic dicendo "homo, qui est albus ambulans, currit" per hoc totum magis coartatur homo quam si dicam "qui est albus currit", quia tria denotantur inesse eidem homini et haec tria concomitantur se in quolibet, ideo coartatur homo non ita quod fiat unum subiectum respectu alicuius ex ipsis.

<55> Ad secundum dico quod absolute et primo non distribuitur totum hoc "homo, qui est albus", sed "homo" per se, tamen in habitudine ad hoc "qui est albus", quia homo

de l'adjectif avec le substantif [et non comme introduisant une composition formelle], alors la proposition est une de la même façon que la proposition "un homme blanc court" est une, et sa contradictoire est "un homme qui est blanc ne court pas".

[B. *Réponse aux arguments initiaux de la neuvième question*]

<54> Réponse aux arguments de la quatrième question. En réponse au premier [§ 22], selon lequel « le terme "qui" a une fonction restrictive sous-entendue », je dis que dans "un homme qui est blanc court", "homme" est restreint par ce qui le suit, puisqu'il est notifié que le même homme qui est sujet de la course est sujet de la blancheur. Par conséquent, "homme" est restreint en ce qu'il n'est pas mis indifféremment pour n'importe quel suppôt de "homme". Cependant, il ne s'ensuit pas que le tout "un homme qui est blanc" soit un sujet un par rapport à "courir" quand on dit "un homme qui est blanc court", parce que si l'on dit "un homme qui est blanc se promenant court", "homme" est davantage restreint par ce tout ["qui est blanc se promenant"] que si je disais "un homme qui est blanc court"; comme trois choses sont notifiées comme étant inhérentes au même homme, et que ces trois choses sont concomitantes les unes des autres dans tous les cas [et non pas ordonnées], pour cette raison, "homme" est restreint, mais non point de façon telle qu'il devienne un sujet un par rapport à l'une ou l'autre de ces trois choses.

<55> En réponse au second argument [§ 23], je déclare que le tout "un homme qui est blanc" ne se distribue pas pris en tant quel et au principe; ce qui se distribue, c'est "homme" par soi, en relation toutefois avec "qui est blanc", parce que "homme" est pris comme restreint en quelque façon, du fait qu'il est pris

accipitur quodammodo coartatus ex hoc quod simul accipitur secundum quod ei inest album et currere.

<56> Ad tertium dico quod hoc quod est "qui est albus", per se non est pars medii syllogistici, nec debent tales determinationes addi ad subiecta, sicut nec aliae determinationes. Ut si sic syllogizatur "omnis homo et duo homines sunt tres; iste est homo; ergo iste et duo homines sunt tres"; sic debet syllogizari in proposito "omnis homo, qui est albus, currit; iste est homo; ergo iste, qui est albus, currit".

<57> Vel potest dici quod haec "omnis homo, qui est albus, currit" simpliciter non est syllogizabilis, quia simpliciter est plures. Et cum dicitur quod « "homo albus" est unum distribuibile », negandum est.

<58> Quarta ratio ostendit hanc esse unam "homo albus currit", sed de illa "homo, qui est albus, currit" non est simile. Quod adducitur "quod est unum extremum", significat verum vel falsum in propositione una.

<59> Ad quintum dico quod sunt quattuor extrema : homo et currere, homo relatus, et album ibidem denotantur inesse; ideo propositio plures.

à la fois en tant que "blanc" lui est inhérent, et en tant que "courir" lui est inhérent.

<56> En réponse au troisième [§ 24], je déclare que "qui est blanc" n'est pas, par soi, une partie du moyen terme du syllogisme [le moyen terme complet est "un homme qui est blanc"], et que des déterminations de ce genre ne doivent pas être ajoutées aux sujets, ni non plus d'autres déterminations. De même que l'on syllogise ainsi : "tout homme et deux hommes sont trois; celui-ci est un homme; donc, celui-ci et deux hommes sont trois"; de même, dans le cas présent, il faut syllogiser comme suit : "tout homme qui est blanc court; celui-ci est un homme; donc, celui-ci, qui est blanc, court".

<57> Ou bien l'on peut dire que la proposition "tout homme qui est blanc court" n'est pas syllogisable comme une proposition simple, parce qu'elle est plusieurs propositions simples. Et alors, quand on dit [§ 23] que "homme blanc" est un terme un qui peut être distribué, il faut le nier.

<58> Le quatrième argument [§ 25] montre que la proposition "un homme blanc court" est une, mais il n'en va pas de même de celle-ci : "un homme qui est blanc court". Ce qui est ajouté, à savoir "un extrême un", signifie quelque chose de vrai ou de faux dans une proposition qui est une [*var.* parce que ce qui est ajouté à "homme" ne forme pas avec "homme" un extrême qui est un; il signifie quelque chose de vrai ou de faux dans une proposition qui est une].

<59> En réponse au cinquième [§ 26], je déclare qu'il y a quatre extrêmes : "homme" et "courir", "homme rapporté à blanc" et "blanc" sont notifiés ici comme étant inhérents [*var.* "homme" et "courir", "homme rapporté à blanc" et "blanc", notifié comme lui étant inhérent]; c'est pourquoi la proposition est plusieurs propositions.

GLOSSAIRE

ACCIDENT : tout prédicat autre que celui de la substance. Choisi par Boèce pour ses traductions d'Aristote, le terme latin *accidens* rend le grec συμβεβηκός, signifiant "ce qui va avec, ce qui accompagne autre chose". Il faut donc comprendre qu'un accident, tel que "grand" ou "blanc", va avec une substance, et non pas qu'il est accidentel ou fortuit, pour une substance grande ou blanche, d'être grande ou blanche. Reste que nul accident n'entre dans la définition par soi d'une substance. Par ailleurs, l'on distingue les accidents dits absolus (quantité et qualité) des autres accidents, lesquels sont dits relatifs parce qu'ils enveloppent nécessairement une relation (ex. "actif" et "passif").

ACCIDENT PAR ACCIDENT ET ACCIDENT PAR SOI : quand il se dit d'un homme, "blanc" est un accident par accident ; "capable de rire" est un accident par soi, également appelé un "propre". Un accident par soi est « plus immédiat » à une nature que ne l'est un accident par accident. En effet, si l'homme est capable de rire, c'est parce qu'il est rationnel, c'est-à-dire capable de comprendre ; or, "rationnel" est la différence spécifique de l'homme. Par suite "capable de rire" appartient à tout homme, mais non pas "blanc".

ANTÉCHRIST : désigne un homme qui viendra à l'approche de la fin des temps pour prêcher une doctrine contraire à celle du Christ.

APPELLATION : selon certains, un suppôt passé de l'homme, tel César, n'est pas un homme aujourd'hui, mais peut être appelé du nom d'homme. De même pour un suppôt futur de l'homme, tel l'Antéchrist.

CATÉGORÈME : tout terme signifiant une espèce relevant d'un « genre généralissime ». Ainsi, "homme" est un catégorème relevant du genre de la substance, qui est généralissime ; "blanc" est également un catégorème, puisqu'il est le "concret" de "blancheur", qui est une espèce de la couleur, laquelle relève du genre de la qualité, qui est généralissime. Un SYNCATÉGORÈME peut être défini comme un terme qui, dans le discours, signifie quelque chose en liaison avec des catégorèmes, par exemple le terme "et", quand on dit "l'homme et la femme", ou le terme "qui", quand on dit "un homme qui est blanc". Un syncatégorème est mal défini quand on dit qu'il ne signifie rien s'il est pris séparément. En effet, "et", pris séparément, signifie l'idée d'union, et "qui", pris séparément, signifie un pronom dans la métalangue qui les décrit, c'est-à-dire, en langage scolastique, quand ces termes sont pris en « supposition matérielle », où ils sont mis seulement pour eux-mêmes.

CE-QUE-C'EST : ce que l'on répond, à propos d'une chose, à la question "qu'est-ce que c'est ? (*quid est ?*)". Synonymes : quiddité, nature, espèce, forme.

CHOSE DU VERBE : l'action ou la passion signifiée par un verbe (ex. la course est la chose du verbe courir, la passion est la chose du verbe pâtir). La chose du verbe est ce qui est signifié par le « mode de signifier verbal » ; elle est la même dans une affirmative et une négative. La chose du verbe est affirmée dans une affirmative, niée dans une négative.

COMPOSITION ET DIVISION : prise au sens large, toute proposition est une composition. Une proposition affirmative est une composition prise au sens étroit, ainsi appelée parce qu'elle unit un prédicat à un sujet. Inversement, une proposition négative est appelée une « division », parce qu'elle sépare ou écarte un prédicat d'un sujet. Une composition est vraie si elle dit uni ce qui, dans la réalité, est uni ("Socrate est blanc") ; fausse, si elle dit uni ce qui, dans la réalité, n'est pas uni ("Socrate est noir"). Une division est vraie si elle dit non-uni ce qui, dans la réalité, n'est pas uni ("Socrate n'est pas noir"); fausse, si elle dit non-uni ce qui, dans la réalité, est uni ("Socrate n'est pas blanc").

COMPOSITION FORMELLE ET COMPOSITION MATÉRIELLE : une composition est dite formelle au sens strict (et appelée *praedicatio in quid*), quand le prédicat signifie l'essence, ou nature du sujet ("Socrate est un homme"). Elle est dite formelle au sens large (et appelée *praedicatio in quale*) quand le prédicat signifie une forme attribuée au sujet ("Socrate est blanc"). Une composition est dite matérielle si elle est le sujet, ou la matière, d'une prédication formelle. Ainsi, dans "un homme blanc court", la composition "un homme blanc" est dite matérielle par rapport à la composition "un homme blanc court", qui est formelle.

CONCEPT TRANSCENDANT (improprement appelé "TRANSCEN-DANTAL") : tout concept antérieur aux dix catégories aristotéliciennes. Ainsi, l'être est un concept transcendant, puisqu'il est antérieur à la première catégorie, celle de la substance, et donc antérieur aux catégories subséquentes. L'on distingue, d'une part, les concepts transcendants convertibles avec l'être (l'un, le vrai, le bon) et, d'autre part, les concepts transcendants disjoints (causé et incausé, fini et infini, etc.), ainsi nommés parce qu'ils divisent l'être sans reste, avant que l'être descende dans les dix genres, ou catégories. Convertibles avec l'être, les premiers ne sont cependant pas substituables à l'être, qui, dès lors, les précède. Les seconds présupposent l'être qu'ils divisent, tandis que celui-ci peut être conçu avant cette division. Pour ces deux raisons, le concept de l'être est dit le premier des concepts transcendants.

CONTINGENT : est contingent tout ce qui, quand il est, pourrait ne pas être. Inversement, est nécessaire tout ce qui ne pourrait pas ne pas être.

DICTUM : le *dictum* d'une proposition est ce qui est dit ou énoncé par cette proposition, c'est-à-dire ce qui est affirmé par une affirmative, resp. ce qui est nié par une négative. Toute proposition signifie qu'elle est vraie, puisque dire "Socrate court" signifie qu'il est vrai que Socrate court. Cependant, le *dictum* de cette proposition n'est pas vrai maintenant.

ESPÈCE : au plan logique, l'on distingue l'individu (Socrate), ensuite l'espèce (homme), enfin le genre (animal). Un individu est un élément d'une espèce, une espèce est une partie d'un genre. L'espèce (homme) s'obtient par application de la différence spécifique (rationnel) au genre (animal), et le genre est dit restreint à l'espèce par la différence spécifique. De même, l'individu s'obtient par application de la différence individuelle à l'espèce, et l'espèce est dite restreinte à l'individu par la différence individuelle. Toutefois, le même terme d'espèce est souvent utilisé pour désigner en abrégé la similitude d'un objet imprimée dans les sens (espèce sensible) ou dans l'intellect (espèce intelligible).

ÊTRE D'EXISTENCE ET ÊTRE D'ESSENCE : l'être d'existence (*esse exsistentiae*) est l'être que possède une chose en tant qu'elle existe en acte ; l'être d'essence (*esse essentiae*) est l'être que possède une chose en tant qu'elle a une nature intelligible. L'un et l'autre ne sont pas identiques. Cependant, rien ne possède une essence, qui ne soit apte par nature à exister. Cette terminologie semble due à Henri de Gand, et, bien que Duns Scot y ait parfois recours dans les discussions, il est réservé envers l'expression *esse essentiae*, dans la mesure où celle-ci suggère que les essences auraient un être séparé et subsistant par soi.

ÊTRE PAR ACCIDENT : par opposition à un « être par soi », qui a une unité, comme "un homme" ou "un homme blanc", un « être par accident » est un agrégat formé de déterminations mutuellement étrangères, comme "un homme-blanc-se promenant". Duns Scot considère que "un homme existant" est également un être par accident, parce qu'il n'entre pas dans un genre, qui serait le genre des hommes existants, lequel n'existe évidemment pas. Ne pas confondre un être par accident, ainsi défini, avec "être tel par accident" (ex. Socrate est musicien par accident).

EXIGEANT ET EXIGÉ (*exigens* et *exactum*) : un terme est dit exigeant s'il en appelle un autre, qui est dit l'exigé. Ainsi, quand il se dit de l'homme, le terme "animal" exige le terme "rationnel". En effet, dire que l'homme est un animal rationnel, c'est dire que l'homme est un animal qui est rationnel.

EXTRÊME D'UNE PROPOSITION : les extrêmes d'une proposition catégorique à verbe personnel sont le sujet et le prédicat.

GENRE GÉNÉRALISSIME : chacune des dix catégories aristotéliciennes est un genre généralissime, ainsi appelé parce qu'il n'est pas inclus dans un genre supérieur. Ainsi, la catégorie de la substance est un genre pour ses espèces (ex. l'homme, la pierre) et un genre généralissime, parce qu'elle n'est pas incluse dans un genre supérieur. De même pour les autres catégories. Par exemple, la catégorie de la quantité est un genre généralissime pour ses espèces (quantité discrète et quantité continue), et un genre généralissime pour la même raison.

IMPOSITION DES TERMES : l'opération par laquelle des voix sont instituées pour signifier des espèces intelligibles ou concepts. Comme l'imposition des termes est *ad placitum*, c'est-à-dire « à plaisir » (comme dira Rabelais), leur signification est conventionnelle et d'usage collectif.

INCOMPLEXES ET COMPLEXES : incomplexe se dit des concepts simples, et, par suite, des termes simples correspondants, tels que "homme" ou "pierre". Bien que le signifié de termes incomplexes puisse être résolu en ses parties essentielles (par exemple "homme" peut être résolu en "animal" et "rationnel"), les termes incomplexes sont dénommés ainsi par opposition aux complexes, à savoir les propositions, qui sont formées de termes simples.

INSTANT SIGNÉ : un instant particulier ou singulier (quelle que soit la façon dont on mesure sa durée), de même qu'un individu signé (*individuum signatum*) est un individu particulier, par opposition à un individu indéterminé ou quelconque (*individuum vagum*).

INTENTION PREMIÈRE ET INTENTION SECONDE : une intention première est une nature, par exemple l'humanité ou l'animalité, qui sont des intentions réelles. Une intention seconde est le concept logique tiré d'une intention première. Par exemple, de l'humanité se tire un concept d'espèce, à savoir l'homme ; de l'animalité se tire un concept de genre, à savoir l'animal. La proposition "l'homme est un animal" est vraie s'agissant des intentions premières, fausse s'agissant des intentions secondes, car l'homme est un animal, mais une espèce n'est pas un genre.

INTERPRÉTATION (FACULTÉ INTERPRÉTATIVE) : le terme "interprétation", provenant du titre traditionnel du traité d'Aristote *De interpretatione*, peut être remplacé par le terme "expression", et "faculté interprétative" par "faculté d'expression".

MUTATION SUBSTANTIELLE : par opposition à une mutation accidentelle, qui est le changement par lequel une substance acquiert ou perd un accident, une mutation substantielle est le changement par lequel une substance acquiert ou perd l'existence. Les deux mutations substantielles sont l'engendrement et la « corruption », ou destruction.

OPÉRATIONS DE L'INTELLECT (SIMPLE ET COMPOSÉ) : l'intellect est dit simple quand il conçoit un concept simple ou incomplexe, composé quand il forme et conçoit une proposition ou complexe.

PARATAXE ET HYPOTAXE : quand, dans une même phrase, deux (ou plusieurs) assertions sont simplement reliées entre elles, et aucune n'est subordonnée à l'autre, l'on a une parataxe (ex. *veni, vidi, vici*). L'on a une hypotaxe quand une assertion est subordonnée à l'autre (ex. *manifestum est quod venire non est idem ac vincere*).

PASSIONS DE L'ÂME : comme, selon Aristote, l'âme « pâtit » sous l'action des choses imprimant en elle leur espèce ou forme, les espèces des choses sont dites des passions de l'âme.

PRÉDICAT (PRÉDICATION) : tout catégorème est un prédicat en tant qu'il est attribué à un sujet dans une proposition, par ex. "homme", ou "blanc", ou "court", attribué à Socrate. L'attribution d'un prédicat à un sujet est une prédication. Pour préciser la notion d'attribution, qui est peu claire, il est utile de distinguer « prédication signée » et « prédication exercée ». « "Homme" se prédique par soi de Socrate » : c'est une prédication signée, et une proposition logique, sans le verbe "est". "Socrate est un homme" : c'est une prédication exercée, et une proposition grammaticale, avec le verbe "est". Et l'on a la règle : « "homme" se prédique par soi de Socrate ; donc, Socrate est un homme ».

PRÉDICAT RÉEL ET PRÉDICAT INTENTIONNEL : tandis qu'un prédicat intentionnel est un prédicat essentiel, c'est-à-dire exprimant la nature du sujet auquel il est attribué (ex. "homme"), un prédicat réel est un prédicat accidentel (ex. "blanc" ou "court"). Il va de soi qu'un prédicat intentionnel est un prédicat réel quand il se dit avec vérité d'un sujet (ex. "Socrate est un homme"). Cependant, un prédicat accidentel est dit réel pour la raison qu'il ne peut être attribué avec vérité à un sujet, si ce n'est un sujet réel ou existant (ex. Socrate, quand on dit "Socrate court").

PRÉDICATION ESSENTIELLE ET PRÉDICATION DÉNOMINATIVE : une prédication essentielle attribue à un sujet son essence ou nature. Dans une prédication essentielle, le verbe "est" signifie l'identité du prédicat avec le sujet, car dire que Socrate est un homme, c'est dire qu'il n'est pas autre chose qu'un homme. En revanche, une prédication dénominative attribue au sujet une qualité, prise au sens large. Dans une prédication dénominative, le verbe "est" ne signifie par l'identité du prédicat avec le sujet. C'est pourquoi Socrate est dit blanc, ou encore il est blanc par dénomination seulement.

PREMIER MODE DE PRÉDICATION : prédication essentielle dont le sujet est un universel pris universellement, ex. "tous les hommes sont des animaux" (a). Dans le second mode, le sujet est un universel pris exclusivement, ex. "seuls des animaux sont des hommes" (b). Dans le premier mode, le prédicat est inclus par soi dans le sujet ; dans le second, le sujet est inclus par soi dans le prédicat. (a) et (b) sont équivalents.

PREMIER (ÊTRE PREMIER) : nom donné à Dieu en métaphysique.

QUID : quiddité, essence, nature, forme.

RAISON SUBSTANTIELLE : ce qui fait qu'une chose est ce qu'elle est, un accident un accident, une substance une substance.

SENS COMPOSÉ ET SENS DIVISÉ : une proposition est prise au sens composé si le sujet et le prédicat sont pris pour le même moment ou le même instant ; elle est prise au sens divisé si le sujet et le prédicat sont pris pour des moments, ou des instants, successifs. Ainsi, une même proposition peut être fausse au sens composé, et vraie au sens divisé, par exemple "les aveugles voient, les paralytiques marchent". Elle est fausse au sens composé, si le sujet est pris pour "ceux qui sont aveugles", et vraie au sens divisé si le sujet est pris pour "ceux qui étaient aveugles".

SIGNIFIÉ ULTIME : dans une chaîne significative, tout signe, à l'exception du premier, est le signifié du précédent. Le signifié ultime est la chose, laquelle n'est plus un signe à son tour. Ainsi, la nature humaine est le signifié ultime de la chaîne comprenant le signe écrit "homme", le signe vocal *om*, ainsi que le concept de l'homme, qui est dans l'intellect.

SIMILITUDE : prise en un premier sens, une similitude est une relation mutuelle entre des choses similaires (ex. un blanc similaire à un autre blanc). Prise en un second sens, une similitude n'est pas une relation, mais une chose qui en représente une autre, et, bien qu'une similitude, prise au second sens, contienne une relation, cette relation n'est pas mutuelle, car, si le représenté est dit relatif, c'est parce que le représentant est relatif à lui. Ainsi, une espèce sensible (ou sensorielle) est une similitude représentant dans le sens quelque chose de sensible, par exemple du blanc. De même, une espèce intelligible (ou intellectuelle) est une similitude représentant dans l'intellect quelque chose qui est intelligible, mais non sensible, par exemple la nature de l'homme.

SUBSTANCE PREMIÈRE ET SUBSTANCE SECONDE : un individu est une substance première ; l'espèce à laquelle un individu appartient est une substance seconde.

SUPPÔT : un suppôt d'une espèce ou nature, plus précisément un suppôt par soi (non par accident), est tout individu ayant cette nature, ou tout individu auquel cette nature est inhérente. Comme la notion de suppôt est une notion logique, elle n'est pas restreinte aux suppôts existants d'une nature. Ainsi, bien qu'il n'existe plus, César est néanmoins un suppôt de la nature humaine.

SUPPOSITION (SUPPOSER) : tout terme commun, c'est-à-dire tout terme prédicable de plusieurs, a une signification et une supposition. La signification, ou le signifié, est une espèce ou nature (ex. l'humanité, la blancheur). La supposition est l'ensemble des individus, ou suppôts, pour lesquels le terme commun « suppose » ou « est mis » (les individus humains, les blancs individuels). Pour désigner la signification, l'on parle quelquefois d'une « supposition simple », et d'une « supposition personnelle » pour désigner les suppôts pour lesquels le terme commun est mis. Lorsque rien n'est ajouté à un terme commun qui en réduit l'extension, ce terme se distribue sur tous ses suppôts par soi, en fonction de la règle *Dici de omni*. Ainsi, le terme "homme" se distribue sur tous les hommes, présents, passés et futurs, quand rien ne lui est ajouté, qui restreint son extension à une différence temporelle, par exemple le présent. En revanche, un nom propre suppose pour un sujet et un seul, bien qu'il soit souvent nécessaire d'approprier ce nom à un sujet et un seul, en ajoutant au nom autre chose, afin de distinguer, par exemple, Jacques le Mineur de Jacques le Majeur.

SYLLOGISME PARFAIT : un syllogisme est dit parfait s'il ne fait appel à aucune prémisse implicite.

TOUT UNIVERSEL : une espèce ou nature est appelée un tout universel, parce que tout individu d'une nature donnée participe cette nature, c'est-à-dire constitue une « partie subjective » de cette nature. En revanche, un « tout intégral » est un ensemble, dont tout élément est une « partie intégrante ». Quoique distincts formellement, un tout universel et un tout intégral ne sont pas séparables. Ainsi, tout individu humain est, d'un côté, une partie subjective de la nature humaine et, de l'autre, une partie intégrante de l'ensemble des hommes. Pour marquer la différence, l'on peut noter que les parties intégrantes sont additives, tandis que les parties subjectives ne le sont pas, et que les premières sont interchangeables, les secondes non.

TOUT-COMPOSÉ (TOUT-ENSEMBLE) : traduction du σύνολον d'Aristote, un *totum compositum*, ou *simul totum*, est le tout formé d'une quiddité et d'une existence actuelle prises ensemble ; ou encore, c'est une quiddité prise dans un suppôt existant. Ainsi, l'homme est une quiddité, mais l'homme que j'ai sous les yeux est un tout-composé, ou un tout-ensemble, et un individu. Il ne faut pas confondre le tout-composé, ainsi défini, avec le *compositum*, c'est-à-dire le composé d'une matière et d'une forme, ou composé hylèmorphique. En effet, un *compositum* peut être connu « abstractivement » (l'on peut savoir que l'homme est le composé d'une âme et d'un corps, sans qu'il soit nécessaire d'avoir un homme présent sous les yeux), tandis qu'un *simul totum* ne peut être connu en tant qu'existant et présent, si ce n'est par un acte sensoriel ou « intuitif ».

UNIVERSEL : un universel est tout terme apte par nature à être prédiqué d'une multiplicité, ou plutôt de chacun des singuliers formant cette multiplicité. Ex. "homme" se prédique de tous les hommes. Par opposition, un terme singulier ne peut être prédiqué que d'un seul. Ex. "cet homme est Socrate".

UNIVERSELLE D'INHÉRENCE (SIMPLE ET ACTUELLE) : le prédicat attribué à un sujet est dit "inhérent" à ce sujet. Une universelle d'inhérence simple attribue le prédicat à un universel pris universellement, ex. "tous les hommes respirent". Une universelle d'inhérence actuelle attribue le prédicat à un universel pris sous la condition du présent (*ut nunc*), ex. "tous les hommes respirent maintenant".

VERBE ÊTRE, SECOND ADJACENT ET TROISIÈME ADJACENT : le verbe être est dit second adjacent quand, dans une proposition, il est placé en seconde position, à côté du sujet (ex. *Socrates est*). Il est dit troisième adjacent quand il est placé en troisième position, à côté du prédicat (ex. *Socrates homo est*)

VOIX : son vocal ou groupe de sons vocaux institué comme signe par convention. Le terme *vox* est l'abrégé de l'expression *vox significativa*, traduction latine du grec φωνή σημαντική.

BIBLIOGRAPHIE

Littérature primaire

ALBERTUS MAGNUS, *Opera omnia*, A. Borgnet (ed.), Parisiis, 1890-1889, 38 vols.; vol. I (1890), *Super duos libros Aristotelis Peri hermeneias*.

AMMONIUS, *Commentaire sur le* Peri hermeneias *d'Aristote*, G. Verbeke (ed.), «Corpus Latinum Commentariorum in Aristotelem Graecum» (CLCAG) 2, Lovaniensis, 1961; trad. fr. du préambule et des chapitres 1 à 5 dans *Archives et Documents de la Société d'Histoire et d'Épistémologie des Sciences du Langage* (SHESL), seconde série, n°7, déc. 1992.

ARISTOTELES, *Aristoteles Latinus* (AL), 1939-… : *Analytica priora*, AL III 1; *Analytica posteriora*, AL IV 1-4; *De interpretatione*, AL II 1; *Metaphysica*, AL XXV 2-3; *Praedicamenta*, AL I 2; *Topica*, AL V 1.

ARISTOTE, *De l'âme*, trad. fr. J. Tricot, Paris, Vrin, 1972; trad. fr. R. Bodeüs, Paris, GF-Flammarion, 1999.

– *Les réfutations sophistiques*, trad. fr. L.-A. Dorion, Paris, Vrin, 1995.

ARNAUD et LANCELOT, *Grammaire générale et raisonnée*, Paris, Allia, 1997.

AUGUSTIN, *De magistro* (*Le maître*), trad. fr. B. Jolibert, Paris, Klincksieck, 1988.

AVICENNE, *La Métaphysique du Shifa*, trad. fr. G. Anawati, Paris, Vrin, 1978.

– AVICENNA LATINUS, *Liber de philosophia prima sive Scientia divina*, édition critique de la traduction latine médiévale par S. Van Riet, 2 vols., Louvain-Leyde, Peeters, 1977-1980.

AVERROES, *Aristotelis opera cum Averrrois commentariis*, ed. Iuntina, Venetiis, 1550-1552, 11 vols.; vol. 9 (1550), *De substantia orbis*.

BOETHIUS, *Commentaria in* Isagogen *Porphyrii*, editio secunda, *Patrologiae cursus completus*, series latina, accurante J.P. Migne (PL), Parisiis, 1864 sq., vol. 64.

– *Commentaria in librum* Peri hermeneias, editio prima et secunda, PL, vol. 64.

– *Liber de divisione*, PL, vol. 64.

BURIDAN Jean, *Sophismes*, trad. fr., intro. et notes J. Biard, Paris, Vrin, 1993.

DUNS SCOTUS, *Opera philosophica*, St. Bonaventure (N.Y.), Instituti Franciscani Universitatis S. Bonaventurae (Oph), 1997-… : *Quaestiones in* Isagogen *Porphyrii*, Oph, vol. I [noté *Porph.*]; *Quaestiones super* Praedicamenta *Aristotelis*, Oph, vol. I [noté *Praedic.*]; *Quaestiones super libros* Peri hermeneias *Aristotelis*, Oph, vol. II; *Quaestiones super librum* Elenchorum *Aristotelis*, Oph, vol. II; *Quaestiones super libros* Metaphysicorum *Aristotelis*, Oph, voll. III-IV.

DUNS SCOT, *Le principe d'individuation – De principio individuationis*, texte latin et trad. fr. G. Sondag, 2ᵉ éd., Paris, Vrin, 2005.

– *L'Image*, trad. fr. G. Sondag, Paris, Vrin, 1993.

PRISCIANUS, *Prisciani Caesarensis Grammatici institutionum grammaticarum libri XVIII*, M. Herz (ed.), Grammatici latini, Lipsiae, 1855-1860, vols. II-III.

ROBERTUS GROSSATESTA LINCOLNIENSIS, *Commentarius in* Posteriorum analyticorum *libros*, P. Rossi (ed.), Unione accademica nazionale, Corpus philosophorum medii aevi, Testi e studi II, Florentiae 1981.

SIMON DE FAVERSHAM, *Quaestiones super libro* Peri hermeneias, *Opera omnia*, P. Mazzarella (ed.), Padovae, 1957, vol. I.

THOMAS AQUINAS, *Opera*, ed. Leonina (L), Romae, 1882-…, *Expositio libri* Peryermeneias, L I 1, 1989.

Littérature secondaire

AERTSEN J.A., « Being and One : The Doctrine of the Convertible Transcendantals in Duns Scotus », *Franciscan Studies*, vol. 56, Book 2, New York, The Franciscan Institute, St. Bonaventure University, 1998 [en quel sens les concepts transcendants « être » et « un » sont dits convertibles].

BIARD J. et ROSIER-CATACH I. (éds.), *La tradition médiévale des catégories (XIIᵉ-XVᵉ siècles)*, Louvain-la-Neuve, Peeters, 2003.

BOS E.P., « *Deus est*. A scotistic discussion of *Deus est* as a self-evident proposition », dans *Vestigia, Imagines, Verba (Semiotics and Logic in Medieval Theological Texts (XII ᵗʰ-XIV ᵗʰ Century)*, C. Marmo (ed.), Turnhout, Brepols, 1997.

BLACK D., « Aristotle's *Peri hermeneias* in Medieval Latin and Arabic Philosophy : Logic and Linguistic Arts », dans *Aristotle and His Medieval Interpreters*, R. Bosley et M. Tweedale (eds.), Canadian Journal of Philosophy, suppl. vol. 17 (1992), p. 25-83.

BRAAKHUIS H.A.G. et KNEEPKENS C.H. (eds.), *Aristotle's* Peri hermeneias *in the Latin Middle Ages. Essay on the Commentary Tradition*, Nimègue, Ingenium Publishers, 2003.

CESALLI L., *Le réalisme propositionnel. Sémantique et ontologie des propositions chez Jean Duns Scot, Gauthier Burley, Richard Brinkley et Jean Wyclif*, Paris, Vrin, 2007.

DEMONET M.L., « Le signe écrit dans les commentaires scotistes de Pierre Tartaret », dans G. Sondag (dir.), *Duns Scot et la métaphysique classique*, RSPT, tome 83, n° 1, janv. 1999 ; réimp. Paris, Vrin, 1999 [sur l'indépendance du signe écrit par rapport au signe oral dans l'acte de signifier].

DUMONT S.D., « John Duns Scotus », dans *A Companion to Philosophy in the Middle Ages*, J.J.E. Gracia et Th.B. Noone (eds.), Oxford, Blackwell Publishing, 2002 [une synthèse récente sur la philosophie et la théologie de Duns Scot].

EBBESEN S., « *Hoc aliquid – Quale quid*, and the Signification of Appellatives », *Philosophia*, 1975-1976, vol. 5-6 [sur la faute logique consistant à substantiver une qualité dans une assertion].

– « The Dead Man is Alive », *Synthese* 40, Dortrecht-Holland-Boston, D. Reidel Publishing Co., 1979 [à partir d'Aristote, *Meteorologica* IV, c. 12, 389b 31, « Il est clair qu'un homme mort est appelé un homme en un sens équivoque seulement » ; en relation directe avec les questions 7 et 8 de la première partie de la traduction].

HONNEFELDER L., Ens inquantum ens. *Der Begriff des Seienden als solchen als Gegenstand der Metaphysik nach der Lehre des Johannes Duns Scotus*, Münster, Aschendorff, 1989 [notamment chap. III, « Der Begriff des "Seienden" in der Aussage »].

JACOBI K., « Peter Abelard's Investigations into the Meaning and Functions of the Speech Sign "est" ", dans *The Logic of Being, Historical Studies*, J. Knuuttila (ed.), Dortrecht-Boston, D. Reidel Publishing Co., 1986 [au sujet de l'origine et du sens du terme *copula* en sémantique].

KING P., « Duns Scot on Mental Content », dans *Duns Scot à Paris, 1302-2002*, O. Boulnois, J.-L. Solère et G. Sondag (éds.), Turnhout, Brepols, 2005 [sur la postérité de l'*esse obiectivum rei*, ou « l'être que les choses ont dans l'âme », selon Duns Scot].

KLUXEN W., « Bedeutung und Funktion der Allgemeinbegriffe im thomistischen und skotischen Denken », dans *De Doctrina I. Duns Scoti*, vol. II, Problemata Philosophica, Romae, 1968.

MAIERU A., *Terminologia logica della tarde scolastica*, Roma, Edizioni dell'Ateneo, 1972.

ORS A. (d'), « *Utrum nomen significat rem vel passionem in anima* (Antonio Andrés y Juan Duns Escoto) », *Archives d'Histoire Doctrinale et Littéraire du Moyen Âge*, tome 62, 1995 [comment Antonio Andrés, ou Andreas, ne comprit pas la doctrine de son maître sur ce point].

PINI G., « Scotus on assertion and the copula : a comparison with Aquinas », dans *Medieval Theories on Assertive and Non-Assertive Language*, Acts of the 14th European Symposion on

Medieval Logic and Semantics, A. Maieru (ed.), Florence, Olschski, 2004.

PRENTICE R., « Univocity and Analogy according to Scotus's Super libros elenchorum Aristotelis », *Annales d'Histoire Doctrinale et Littéraire du Moyen Âge*, vol. 65, 1968 [un des rares articles consacrés à cet ouvrage de Duns Scot, qui est probablement contemporain des *Questions sur le Perihermeias*].

REEGEN J.G.S. ter, « O Livro das Causas. Uma introdução à sua leitura », dans *A citade de Deus e a cidade dos homens. De Agostinho a Vico*, E. Stein (org.), Porto Alegre, EDIPUCRS, 2004.

SCHNEIDER J.H.J., « *Utrum haec sit vera : Caesar est homo, Caesar est animal, Caesare non existente*. Zum Peri Hermeneias-Kommentar des Johannes Duns Scotus », dans John Duns Scotus, *Metaphysics and Ethics*, L. Honnefelder, R. Wood and M. Dreyer (eds.), Leiden, Brill, 1996 [en relation directe avec les question 7 et 8 de la première partie de la traduction].

SONDAG G., « Universel et *natura communis* dans l'*Ordinatio* et dans les *Questions sur le Peri hermeneias* – une brève comparaison », dans John Duns Scotus, *Metaphysics and Ethics*.

– *Duns Scot. La métaphysique de la singularité*, Paris, Vrin, 2005 [chap. 1.8, « Théorie de la signification »].

– et CHOLLET J., « Sur la signification du terme *fortè* dans le latin de Duns Scot », dans *Duns Scot à Paris, 1302-2002* [pourquoi le terme *fortè* est rendu par "assurément" dans la présente traduction].

VOS JACZN A., « Moments of the Ars Obligatoria According to John Duns », *Franciscan Studies*, vol. 56, Book 2, New York, The Franciscan Institute, St. Bonaventure University, 1998.

– *Contingency and Freedom* (Lectura I, 39), Dortrecht, Kluwer Academic Publishers, 1994 [sur les "futurs contingents"].

WOLTER A.B., « Is Existence for Scotus a Perfection, Predicate, or What ? », dans *The Philosophical Theology of John Duns Scotus*, Cornell University Press, Ithaca and London, 1990.

TABLE DES MATIÈRES

JEAN DUNS SCOT

SIGNIFICATION ET VÉRITÉ

QUESTIONS SUR LE TRAITÉ *PERI HERMENEIAS* D'ARISTOTE

ACHEVÉ D'IMPRIMER
EN DÉCEMBRE 2008
PAR L'IMPRIMERIE
DE LA MANUTENTION
A MAYENNE
FRANCE
N° 365-08

Dépôt légal : 4e trimestre 2008